财政部"十三五"规划教材
"创意·创新·创业"三创教育系列教材
国家重点研发计划课题（编号：2017YFB1402001）资助成果

CREATIVE
DEVELOPMENT

创意开发教程

杨德林　王　玲／编著

中国财经出版传媒集团
经济科学出版社
Economic Science Press

图书在版编目（CIP）数据

创意开发教程/杨德林，王玲编著．—北京：
经济科学出版社，2018.2（2023.12重印）
　ISBN 978-7-5141-9047-2

　Ⅰ．①创…　Ⅱ．①杨…②王…　Ⅲ．①企业
创新－创新管理－教材　Ⅳ．①F273.1

中国版本图书馆 CIP 数据核字（2018）第 029997 号

责任编辑：于海汛　刘战兵
责任校对：杨晓莹
责任印制：李　鹏　范　艳

创意开发教程

杨德林　王　玲　编著

经济科学出版社出版、发行　新华书店经销
社址：北京市海淀区阜成路甲 28 号　邮编：100142
总编部电话：010-88191217　发行部电话：010-88191522
网址：www.esp.com.cn
电子邮件：esp@esp.com.cn
天猫网店：经济科学出版社旗舰店
网址：http://jjkxcbs.tmall.com
北京季蜂印刷有限公司印装
787×1092　16 开　13.75 印张　260000 字
2018 年 2 月第 1 版　2023 年 12 月第 10 次印刷
ISBN 978-7-5141-9047-2　定价：36.00 元
(图书出现印装问题，本社负责调换。电话：010-88191510)
（版权所有　侵权必究　举报电话：010-88191586
电子邮箱：dbts@esp.com.cn）

"创意·创新·创业"
三创教育系列教材编委会

编委会主任　盛振文　杨德林

编委会成员（按姓氏笔画排序）
　　　　　　丁详政　王　玲　王兴元
　　　　　　王素琴　王翠梅　王桂云
　　　　　　孔令桂　朱　辉　安　波
　　　　　　李　建　杨震宁　杨德林
　　　　　　陈向东　陈淑英　范素华
　　　　　　周传安　房庆平　夏恩君
　　　　　　徐向艺　徐慧吉　盛振文

编写说明

创新创业教育作为创新创业人才培育的基本途径，其重要性已经为社会各界所充分认识。为了深化创新创业教育改革，适应经济社会发展对应用型人才培养的要求，我们组织山东协和学院、清华大学、山东大学、北京航空航天大学、北京理工大学、对外经济贸易大学、中国政法大学等高校创新创业领域的专家教授共同编写了这套"创意·创新·创业"三创教育系列教材，共15部。

本套教材以提升学生创新精神、创业意识和创新创业能力为宗旨，围绕学生进行创新创业实践所须掌握的知识和技能展开，理论联系实际，可操作性强，以期为学生创新创业助一臂之力。

山东协和学院是我国创新创业教育的先行者，是"全国毕业生就业典型经验高校""全国创新创业典型经验高校""全国首批深化创新创业教育改革示范高校"。在本套教材的编写过程中，山东协和学院发挥了积极作用。该校承办了数次编委会会议，邀请教材编写专家实地参观考察了学校的创新创业教育状况，为系列教材的编写、研讨提供了诸多便利条件。我们对山东协和学院的无私奉献表示衷心感谢！

限于编写人员水平，书中难免有不足之处，恳请有关专家和广大读者给予批评指正。

编委会

2018年2月

序　言

　　清华大学艺术博物馆一层曾经有一个"对话达·芬奇"的主题展，将达·芬奇的代表作品尽数展出，还摆放了很多根据其手稿制造的装置模型。展出令人叹为观止，一直以来大众多见识过作为画家、雕塑家、艺术家的达·芬奇的作品，不曾想他在排水灌溉装置、飞行机器、桥梁、人体解剖、军事机械等领域均颇有造诣，留下了大量的绘图手稿。爱因斯坦曾经评价过达·芬奇，认为他的这些创造性的想法，也就是"创意"，如果在当时能够发表的话，科技发展至少可以提前30~50年。可见在爱因斯坦眼里，创意对于科技创新是多么重要。

　　大家知道，当今中国创新者和创业者的创造性成果很大程度上改善了我们的生活质量，方便了我们的出行，提高了我们的工作效率，提升了我们的健康水平。例如，扫码支付改变了普通民众的支付方式，网购使人们的购物活动尤其便利，高铁和共享单车使百姓能够远近通达，青蒿素拯救了千万人的生命，杂交水稻解决了亿万人的吃饭问题。这些巨大成果的取得往往始于某些人的"灵光闪现"，以及此后更多人围绕其"创意"的长期不懈的努力。

　　但创意从何而来？怎样才能有效地激发创造性？怎样利用集体的智慧？创意应如何去完善？环境对创意的生成有何种影响？应如何设计创意开发的物理和文化环境？《创意开发教程》的编订试图在梳理相关研究和实践成果的基础上对诸如此类的问题给出可能的解答或解答的思路。

　　本教程共分为三个模块。

　　第一个模块即第一章，论述创意及创意开发的理论，包括创意、创意开发、创意开发能力以及创意开发的核心——创造性思维等基本概念，从问题过程模式和思维过程模式两个角度对创意开发过程进行了较为详细的讨论，并指出过程中存在的个体障碍和组织障碍，对创意开发者的个性特征也进行了较为充分的论述。

第二个模块即第二章至第八章，给出了创意开发的具体方法。这一模块大致按创意开发主体由个人到集体，依次讨论了主体促进法、思路扩展法、水平思考法、需求分析法、TRIZ方法、头脑风暴法、综摄方法。在具体筛选创意开发方法时基本遵循了以下三个原则：

一是广泛性原则。我们认为，应当选择那些传播比较广、影响比较大、实施效果比较显著的创意开发方法。广泛性就是看研究该方法的学者以及该创意开发方法的使用者有多少，这可以从该方法的衍生方法的多寡、影响的范围来识别。

二是系列化原则。为了便于掌握创意开发方法的精髓，我们认为一个较好的处理方法就是在阐述一个方法的同时，将衍生方法也进行同样的阐述，即对创意开发方法进行系列化的处理。

三是国际化原则。这里的国际化原则主要是指选择方法要站在汲取世界优秀创造学成果的立场上，排除国别的界限，精选具有广泛影响的、得到世界绝大多数相关研究学者认可的创意开发方法。

第三个模块即最后一章，论述了影响创意开发的环境及其作用。创意开发者及创意开发的过程都处在某种客观环境之中。创意开发的物理空间和文化环境是否以及如何影响创意开发的过程是近年来学者们十分重视的问题。这一章从与创意开发环境相关的理论出发，结合实践应用，详细论述了物理空间和组织文化环境对创意开发过程的影响与作用。

本教程的框架如下图所示。

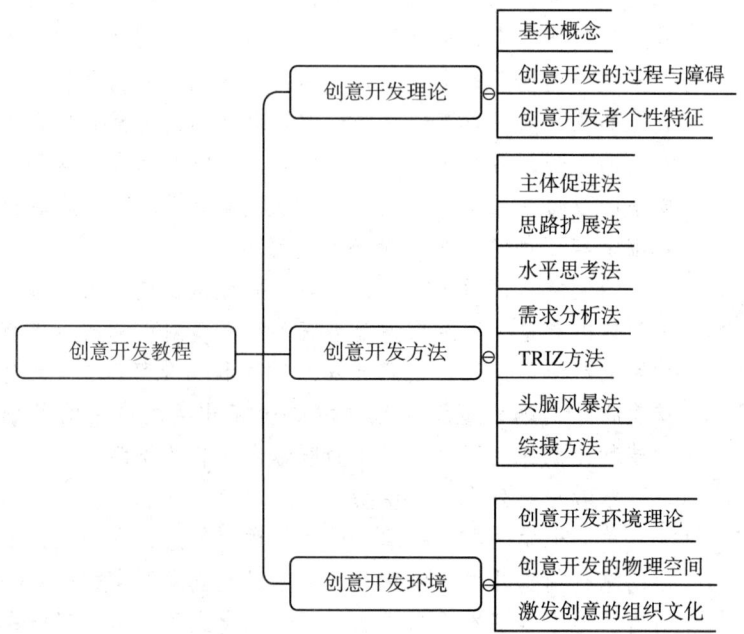

此外，为了方便读者更好地学习每一章的内容，本书在每一章的开头设置了一个导入案例，并提出该章的学习目标，让读者可以带着目标更有效率地学习；在各章的正文后面给出了一些思考题，以使读者能够进一步掌握各部分内容的关键问题；最后，为了能让有兴趣的读者进一步了解相关内容，在每章最后附有相关的延伸阅读书目。希望这种安排能对读者的学习和拓展有所帮助。

本教程的编写是集体努力的结果。两位作者共同拟定了写作框架，杨德林负责第一章至第八章的撰写，王玲负责第九章的撰写。清华大学经济管理学院博士生王君毅协助作者做了大量的工作，清华大学经济管理学院曹丝雨同学和中国政法大学商学院李倩同学参与了书稿的编写。作者对几位学生付出的艰辛努力表示诚挚的谢意。

本教材的编写得到了许多同事和朋友的帮助。在编写过程中时常得到清华大学经济管理学院创新创业与战略系吴贵生教授、陈劲教授、金占明教授、谢伟教授、高建教授、雷家骕教授、高旭东教授、王毅教授、焦捷教授、谢真臻教授、段志蓉教授、李东红教授、吴蕊教授的指导和建议。创新创业系列教材编委会的各位编委对本教程的写作提出了许多建设性的建议。经济科学出版社的各位编辑也为本书的出版付出了诸多努力。在此对他们的指导和帮助表示衷心的感谢。

我们在教材编写中参阅了大量的研究文献，在此向文献的作者表示真诚的感谢。

感谢国家重点研发计划课题（编号：2017YFB1402001）的支持。

由于作者的水平有限，难免有疏漏和不当之处，其责任自然由作者完全担负，同时我们也期望社会各界人士给予更多的意见和建议。

杨德林　王　玲
2018 年 1 月 22 日

目 录

第一章 创意开发理论 ... 1
第一节 基本概念 ... 2
第二节 创意开发的过程与障碍 ... 4
第三节 创意开发者个性特征 ... 24

第二章 主体促进法 ... 31
第一节 创造意识的培养 ... 32
第二节 思维能力的培养 ... 36

第三章 思路扩展法 ... 52
第一节 类比创意开发法 ... 53
第二节 移植创意开发法 ... 61
第三节 模仿创意开发法 ... 64
第四节 逆向创意开发法 ... 68
第五节 组合创意开发法 ... 75

第四章 水平思考法 ... 83
第一节 水平思考法简介 ... 84
第二节 水平思考法的原理 ... 85
第三节 水平思考法的实施 ... 88

第五章 需求分析法 ... 97
第一节 发现问题 ... 97
第二节 界定问题 ... 99
第三节 解决需求 ... 111

第六章 TRIZ方法 ... 128
第一节 TRIZ简介 ... 129

第二节　TRIZ 中的基本概念 ……………………………………………… 130
　　第三节　TRIZ 理论的主要内容 …………………………………………… 134
　　第四节　TRIZ 理论的应用展望 …………………………………………… 152

第七章　头脑风暴法 ……………………………………………………… 153

　　第一节　头脑风暴法简介 ………………………………………………… 153
　　第二节　头脑风暴法的基本规则 ………………………………………… 154
　　第三节　头脑风暴法的实施 ……………………………………………… 156
　　第四节　头脑风暴法的主要变式 ………………………………………… 160

第八章　综摄方法 …………………………………………………………… 169

　　第一节　综摄法简介 ……………………………………………………… 169
　　第二节　综摄法的原理 …………………………………………………… 170
　　第三节　综摄法的实施 …………………………………………………… 176

第九章　创意开发环境 ……………………………………………………… 185

　　第一节　创意开发环境理论 ……………………………………………… 186
　　第二节　创意开发的物理空间 …………………………………………… 190
　　第三节　激发创意的组织文化 …………………………………………… 197

第一章 创意开发理论

【学习目标】

1. 了解创意、创意开发、创意开发能力、创造性思维的基本内容。
2. 了解创意开发过程与障碍。
3. 了解创意开发者的个性特征。
4. 形成对创意开发的兴趣。

【导入案例】

在土地荒漠化问题日益严重的当下，若想将黄沙漫漫的沙漠变成土壤厚实的土地，有什么好办法呢？

如果加些胶水，把松散的沙子粘起来，就能化为结实的土壤。这听上去仿佛是孩童的天真创想。

而重庆交通大学的易志坚教授和他的团队就发明了这样的"胶水"——一种植物性的纤维黏合材料，将其加入沙土中，就可以赋予沙土"万向结合约束"的属性，沙土便具有了像正常土壤一般的功能。在这个科研团队驻内蒙古乌兰布的试验田中，添加了黏合剂的土地里，西瓜、西红柿等不适于种植在荒漠的作物也获得了丰收，可见这种技术在治沙工程中广阔的应用前景。尽管存在成本等现实问题，以沙变田暂时还无法大量复制推广，但这项技术的出现就已经是重大的进步。

用胶水把土壤粘起来，这样仿佛异想天开的创意，也可以通过科学研究得以实现。而很多重要成果的发明，也离不开创意火花的碰撞。如何培养创意，让创意来指导现实的工作与研究呢？让我们先从理论角度认识创意和创意产生的条件，从理论高度认识创意吧！

第一节 基本概念

一、创意

创意，通常指有创造性的想法、构思。在英文里，以下这几个词常被翻译成"创意"：

（1）Ideas，意为"思想、意见、立意、想象、观念"等。我国目前很多讨论创意方法的文献中都直接把这个词等同于创意。

（2）Creative，意为"有创造力的、创造性的"等，也常被直接翻译为"创意"。

（3）Creativity，意为"创造力"，有时也被翻译成"创意"。

在实际生活中，人们常常会有许多新疑问、新方法、新假设、新构想、新策划、新发现，甚至看来是异想天开的点子和构思，从广义上讲，这些也是"创意"。创意的范围十分广阔，小到产品的构思、设计——每个观念的提出，第一步都是先有"创意"，才有后续步骤，大到社会制度的创立——创意既是变革的起点，又蕴含在每一个环节之中。

法国文豪罗曼·罗兰说过："创意是历史进化中永远有效的契机。"从科学发明到艺术创作、从经济管理到政治军事，创意无处不在。正是因为有了创意，人类才能够认识和反映客观世界的现象和本质，通过变革客观事物，把设想变为现实，创造出形形色色的新事物，满足自身不断增长的各种需求。

二、创意开发

我们从个人与组织、结果与过程的维度来分析创意开发。在个人层面上，创意开发指提高个人创造性思维能力，开拓个人创造力以及提高个人产生创造性思想的能力；在组织层面上，创意开发指提升组织创造性解决问题的能力，提高组织对所面临问题的分析解决能力。从结果上来看，创意开发指产生解决问题的创造性方案；从过程上来看，创意开发指创造性解决问题的过程管理。

人类历史是一部记载着精彩创意的壮阔画卷——印刷术、金字塔、辩证法、相对论、计算机、因特网……无一不是人类创意开发的成果。"创意开发"是推动人类历史发展的巨大动力之一。

三、创意开发能力

创意开发能力，亦可称创造力，它是创造性人才的智慧资源，在创意开发过程中占有重要地位。人人都具有创造潜能，但是，对主要从事创造性活动的人员如科学家、艺术家的分析表明，创意开发能力并不是无源之水，而是多种知识、智力共同作用的结果。创意开发能力中的知识，以经过专业学习和训练获得的科学知识为主要成分，以主体生活、学习、工作等积累起来的经验知识为辅助成分。创意开发能力中的智力，是保证人们有效地进行认识活动的比较稳定的内在心理特征的有机结合。

创意开发能力决定个体是否能显著地显示出创造性行为。而具有种种必备能力的个体能否产生出具有创造性质的结果，还取决于他的动机和个性特质。创意开发能力受智力、想象力、记忆力、注意力、好奇心、模仿力等因素影响。

四、创造性思维

创造性思维是创意开发的核心，是人类智能活动的最高表现。一切创造成果都是创造性思维的外现和物化。它是在认识世界过程中的一种思维活动，这种活动是与创新紧密联系在一起的、具有社会价值的思维活动。

创造性思维具有独立性、想象性、灵感性、潜在性、敏锐性等诸多特点。其中，尤其显著的特点表现在其思维过程的求异性、思维结果的新颖性和思维主体的主动性与进取性方面。从构成上来讲，创造性思维是多种思维方式的有机结合，而不同的思维方式既互相排斥又互相补充，也就是对立统一的关系，因而可以说，创造性思维本质上就是各种不同的思维方式的对立统一。

创造性思维是人类心理活动的高级过程。但由于其本身的复杂性，难以进行精确的科学分析，尤其难以进行量化的实验研究，因此这方面的研究成果目前并不充分，大部分研究成果是对科学家、艺术家、企业家和工程技术人员的工作进行分析而获得的。从这些结果可以看出，不同领域的创意开发活动虽有不同的特点，但其基本条件和过程是类似的。科学上的创意启发科学家在准确地认识客观现象及其规律的基础上，更多地造福人类社会；艺术上的创意要求艺术家对生活有深刻的理解，而后创作出有价值的艺术作品；而企业界的创意则有赖于企业家和工程技术人员把握经济管理规律，以不断发展的新机制、新技术、新产品来满足市场的需要。

从个人角度看,创造性思维的表现是:唤醒新的思想,重整过去的知识和已有的假设,以便建立新理论、新范式。它是事实、观念及技能的展开和选择、交流以及交融的过程(如图1-1所示)。

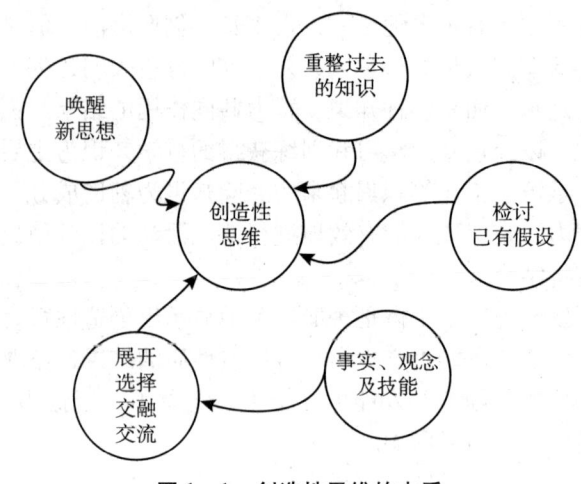

图1-1 创造性思维的本质

第二节 创意开发的过程与障碍

创意开发过程指创意开发者运用创造性思维和技能产生新思想的一系列活动[①]。创造的发生,需先分析问题,产生明确的概念及认知,继而运用各种心智能力去开发解决问题的方案,而后验证其有效性,并付诸实施,此一连串心智上的连续运作,即为创意开发过程[②]。由此可见,创意开发过程实际上可以在两个层面上来讨论:问题解决过程的层面和创意开发过程中思维变化的层面。在一定程度上,二者的区分并不十分明显,这是因为,在问题解决的各个阶段,创意开发者的思维活动是融入其中,积极参与各个阶段的活动的。下面对二者进行详细分析。

一、问题过程模式

创意开发过程常常以问题(problem)为起始点。一些学者倾向

[①] Hong‑Sen Yan. Creative Design of Mechanical Device, Springer‑Verlag Singapore Pte. Ltd., 1998.
[②] D. Hill. Design Engineering of Biomaterials for Medical Devices, John Wiley and Sons, 1998.

于这样定义"问题"：个体不能用已有的知识经验直接加以处理并因此而感到疑难的情境。它包括三个基本成分——给定，即一组已知的关于问题条件的描述，以及问题的初始状态；目标，即关于构成问题结论的描述，问题要求的答案或目标状态；障碍，即问题解决过程中遇到的困难。

一些心理学家根据问题的内容和性质，把问题大致分为呈现型、发现型和创造型三类。呈现型问题又称为给定问题，即由他人呈现的问题，求解的思路和答案是现成的。问题的解决者只需按图索骥，就能得到与标准答案一样的结果。发现型问题是由自己提出的，而非由他人提供。这些问题有的有已知的答案，有的却可能没有现成的解决办法或答案，要通过思考或创造。而创造型问题在人们发明创造出来之前是不存在的，是全新的。它是创造者从事创意开发活动的基础。

在创意开发过程中，从问题的提出到问题的解决，不可能一蹴而就，要经过一系列促进问题解决和逐渐趋于问题解决的中间步骤。这些中间步骤的存在，就使整个创造过程具有不同的发展阶段。因此，问题解决是从问题的起始状态出发，经过一系列有目的、有指向的认知操作，达到目标状态的过程。

现代认知心理学从信息加工观点出发，将问题解决过程看作对问题空间的搜索过程。问题空间是问题解决者对一个问题所达到的全部认识状态。任何问题总是要提出一定的任务领域和范围。理解问题是解决问题的前提，对问题进行表征即构造问题空间。在问题求解过程中，运用一系列的操作（这些操作可称为"算子"）来改变问题的起始状态，经过各种中间状态，逐步达到目标状态，从而解决问题。在问题解决的过程中，所达到的全部状态（包括算子在内）称为问题空间或状态空间。将问题的任务领域转化为问题空间，就实现了对问题的表征和理解，而问题的解决就是应用算子来改变问题的起始状态，使之转变为目标状态，即对问题空间进行搜索，以找到一条从问题的起始状态达到问题的目标状态的道路。问题的类型和内容各有不同，但其解决的过程总是相似的。

（一）问题解决过程的一般模式

关于以问题为中心的问题解决模式，国内外学者进行了广泛研究，通常认为，创造性解决问题模式一般分为四个阶段：

一是准备阶段，解决问题者认识了问题并对其进行表达；

二是孕育阶段，针对问题收集资料，但问题尚未得到解决，处于内部孕育状态；

三是明朗阶段，解决办法逐渐明朗；

四是验证阶段,对提出的解决方法进行详细的验证。

(二) 现代认知派的问题解决过程模式

自皮亚杰认知理论面世和现代认知心理学产生以后,学者们就热衷于从认知的角度来解释人类解决问题的过程。认知学派研究人类解决某类问题的实际过程。他们虽然也像杜威等阶段论者那样,将人类解决问题的过程划分成阶段,但他们的描述并非仅仅停留在对表面现象的描述之上,而是在认知的层次上,在对试误说、顿悟说和信息加工论综合的基础之上,使用诸如"认知结构""图式激活""问题表征"等术语对问题解决的各阶段进行更深入的描述,是传统阶段论的一个螺旋式上升,并且更加注重各阶段之间的动态联系,更真实地描述了人类解决问题的动态过程,对问题解决技能的培养和教学具有更好的指导意义。

1. 奥苏贝尔等人的模式

奥苏贝尔和鲁宾逊以几何问题的解决为原型,于1969年提出了一个解决问题的模式。这个模式表明,解决问题一般要经历四个阶段(如图1-2所示)。

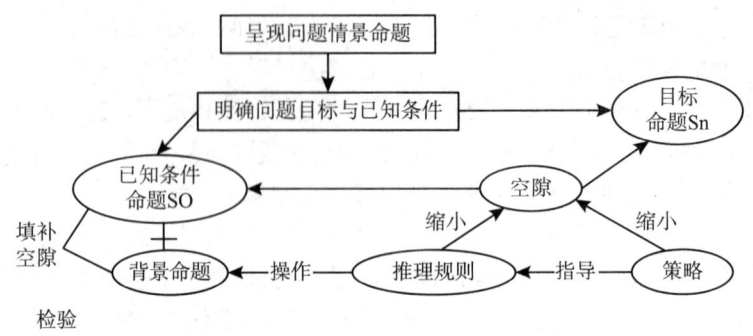

图1-2 奥苏贝尔问题解决模式

(1) 呈现问题情境命题,这是问题解决的外部条件。

(2) 明确问题的目标和已知条件。问题解决者利用有关的知识背景使问题情境命题与他的认知结构联系起来,从而理解所面临问题的性质与条件。

(3) 填补空隙。问题解决者看清了"已知条件"和目标之间的空隙和差距之后,便利用有关背景命题,根据一定的方法来填补问题的固有空隙。这是问题解决的关键过程。

(4) 解答之后的检验。解决问题后,需要通过检验来查明推理时有无错误、空隙填补的途径是否简洁,相当于回顾与反思。

这一模式不仅描述了解决问题的一般阶段,而且指出了原有认知结构中各种成分在解决问题过程中的不同作用，为培养解决问题的能力指明了方向。但这一模式以数学中的问题解决为原型，并不完全适用于其他问题，因而缺乏一般性。

2. 格拉斯的问题解决模式

根据格拉斯 1985 年的观点，可以把问题解决的过程划分为互相区别又互相联系的四个阶段（如图 1-3 所示）。

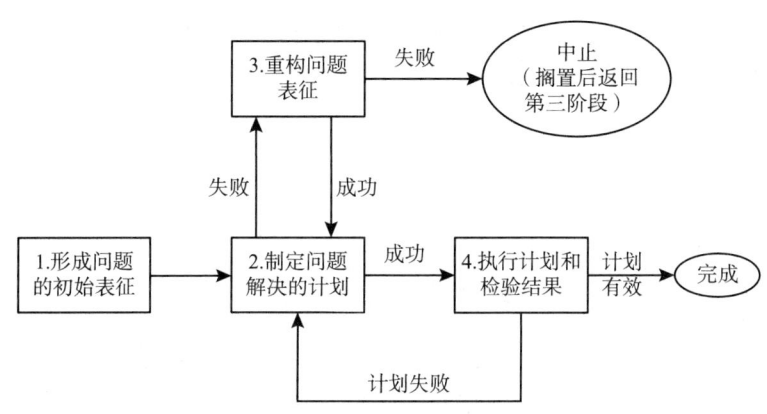

图 1-3　格拉斯的问题解决模式

（1）形成问题的初始表征。问题的表征阶段也就是问题的理解阶段，在解决问题之前，首先要把问题空间转换到工作记忆中，亦即在工作记忆中对组成问题空间的种种条件、对象、目标和算子等进行编码，建立表征。

（2）制定计划。当对问题建立起表征后，就要制定解决问题的计划。制定计划就是从广阔的问题空间中搜索出能实现目标的解题方法。若已有解决办法，则可以依照情境适用，否则，可能要探索其他方法才能解决问题。

（3）重构问题表征。如果第一阶段建构的表征对于执行计划是不充分的，就必须重构问题表征，对问题进行重新阐释。

（4）执行计划和检验结果。把解决问题的方法实施到实际中去的过程，就是执行计划的过程。对操作程序执行的结果必须给予评价或检验，这个过程也是反馈过程。若利用操作使问题的初始状态转变成了目标状态，问题解决就是成功的。若通过检验发现结论是错误的，就要对计划进行修订甚至摒弃，采取新的解决问题的方法。

以上四个阶段有机结合，形成了问题解决的过程。且问题解决的每一阶段都可能发生新的问题，因此，问题解决的过程是迂回曲折的，而不是线性发展的。

可见，现代认知派模式基本上认为，问题解决过程就是解读问题后，从记忆中激活旧有的信息，或寻找新的信息，并检验解决办法，对原有的解答进行改进。这种问题解决不是线性的，问题解决者可跨过或联合一些步骤。

3. 吉尔福特的智力结构解决问题的模式

根据吉尔福特的智力结构理论，人的智力可以按以上模式生成180种因素。吉尔福特试图在其智力结构模型的基础上，探讨人类问题解决过程和创造性思维。1986年，他在《创造性才能》一书中，以智力结构模式为基础，提出了智力结构问题解决（SOIPS）模式（如图1-4所示）。

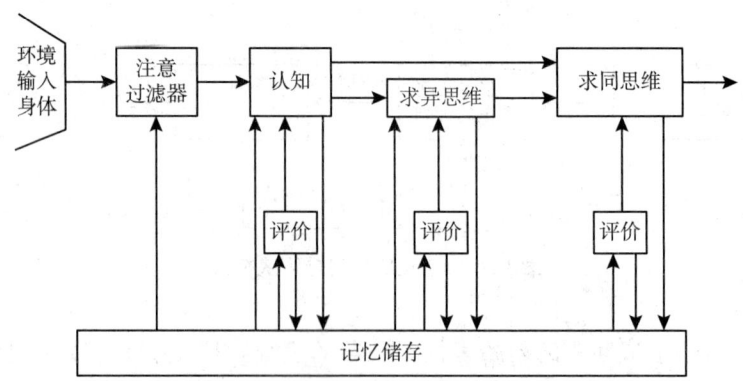

图1-4 吉尔福特的智力结构解决问题的模式

在SOIPS模式中，记忆储存是其他一切心理操作活动的基础。记忆储存不仅为每一项心理操作提供已有的信息，而且不断地记录着问题解决过程中正在出现的各种情况。图1-4中与记忆储存相连的箭头表明了记忆储存是如何操作的。在SOIPS模式中，各决策阶段朝下指向记忆储存的箭头，表明所采取的各种步骤都可能被储存在记忆中，至少是暂时性地储存，为之后的进程提供参考。

解决问题的过程，始于来自环境和自身内部的输入。输入进入流通系统后，首先要经过一个注意过滤器的过滤阶段，对重要信息进行筛选：认识到问题的存在和对问题性质的认识。接着就是找出问题解决办法的阶段。来自记忆储存的许多信息在沿途中受到评价。因此，在获得理想的问题解决办法之前，可能会有一系列这样的循环往复。

吉尔福特的模式是以其智力结构模型为基础，结合学习的信息加工过程（即从外部刺激开始到感觉登记、工作记忆和长时记忆再到反应的过程）而提出的，这对问题解决过程在微观上的描述不失为一种新的角度。并且，根据智力结构模型提出问题解决的创造性来自求异思维和转换两大因素，使问题解决和创造性有机地联系在了一起。但是，他的这一理论模式似乎对已有经验的作用未能给予足够的重视，模型还需要进一步研究。

（三）问题解决的信息加工模式

信息加工论者把问题解决看作是信息加工系统（即大脑或计算机）对信息的加工，把最初的信息转换成最终状态的信息。这些理论中，最为有名的当属纽威尔、西蒙等人1958年设计的"通用问题解决程序"。这一程序的编制过程是：让被试者在实验中一边解决问题一边大声说出自己的想法，实验者将这些口语录制下来分析整理后编成计算机程序，以模拟人解决问题的行为。这一程序揭示出问题解决的过程是通过一系列操作达到目标的过程，在这一过程中问题解决者会遇到各种问题情景，这些问题情景的总和就构成了问题状态。问题状态分初始状态和目标状态以及一系列中间状态。问题解决者的目的就是将想法从问题的初始状态一步步转变为目标状态。实现转变需要的操作称为算子。因此，问题解决的过程就是利用算子从初始状态转变到目标状态的过程。一系列问题状态和转变问题状态的算子就组成了"问题空间"，纽威尔和西蒙认为，这就是对问题构成的一个表征。

要达到问题的目标状态，就要在问题空间中搜索算子。搜索算子的途径有两种：一种是算法式，将达到目标的所有可能的方法都算出来，能保证成功但费时费力，实际中难以实现。另一种是启发式，根据目标的指引，试图不断地将问题状态转换成与目标状态相近的状态，从而只试探那些对成功趋向目标状态有价值的算子。它简单省时，但往往不能保证成功，计算机常使用算法式搜索问题空间，人则一般使用启发式来解决实际问题。"通用问题解决程序"认为有一种人和计算机通用的解决问题的启发式策略——手段—目的分析法。手段—目的分析就是把大的目标状态分成一个个小目标，然后进行算子（手段）搜索，逐渐减少当前问题状态与目标状态之间的差异。

这种从信息加工转换的角度来看待问题解决过程的理论，确实给人们对问题解决的认识增添了新的角度。纽威尔和西蒙（1972）[1] 模型如图1-5所示。

---

[1] Newell A. and Simon H A. Human Problem Solving, Englewood Cliffs, NJ: Prentice Hall, 1972.

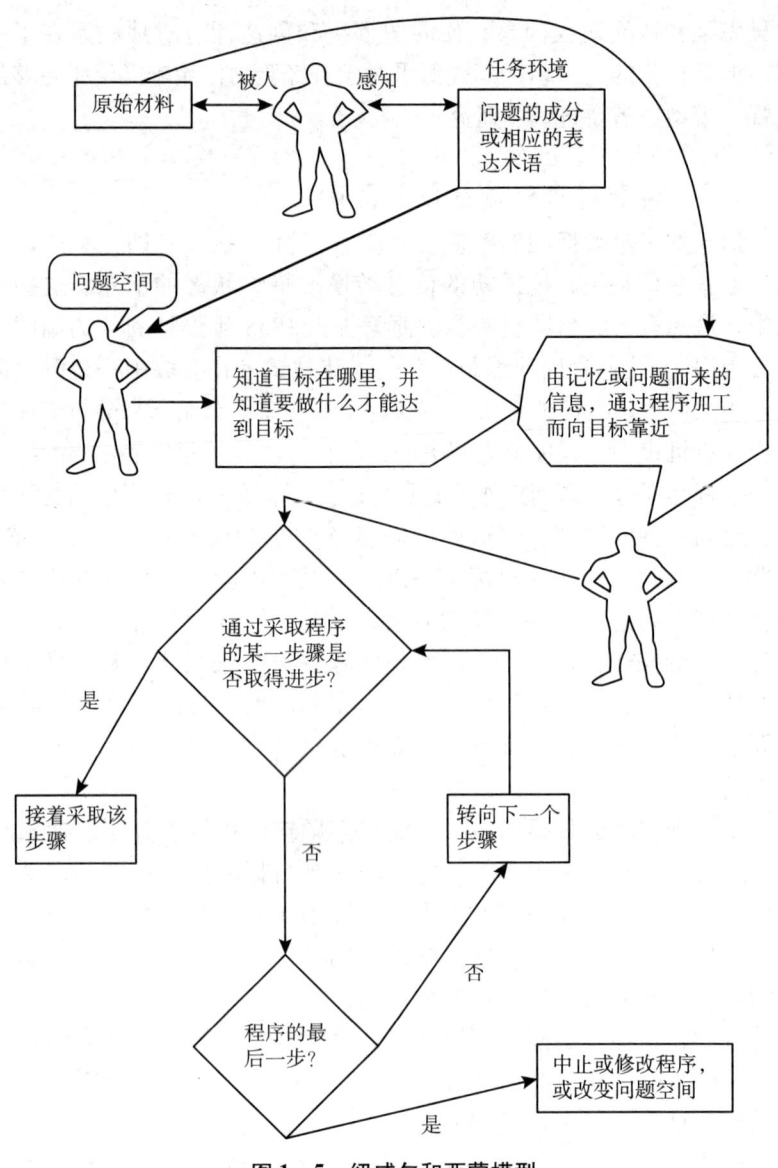

图 1-5　纽威尔和西蒙模型

首先，个体接触到原始资料，并对其进行加工，以确认被其描述为任务的任务环境。

接着，信息被转换成个人的问题空间，也就是这个人审视任务的方式。在这种表征过程中，个人对目标必须要有清楚的认识。

要达到目标，必须利用与问题相关的各种各样的信息并对其进行加工处理。在此过程中，个人加工方式依赖于他对问题空间的感知程度。

在这一模型中，将最初感知材料移向目标的一整套操作系统叫做加工系统或加工程序。在加工过程中，个人需密切注意各个步骤是否在缩小与目标的距离，若是即可继续，若没有接近目标，就得转到程序的下一步骤，若程序不能实现目标，就需要修改程序，或改变问题空间。

纽威尔和西蒙的分析似乎认为，解决问题涉及寻找最成功的程序。明斯基（Minsky）[①] 提出了不同的看法——与其说解决问题是寻找成功的程序，不如说是寻找最佳的问题空间。如果没有好的问题空间，好的程序可能是无实之花。因此，问题空间、加工程序及对任务环境的确切感知，构成了解决问题过程的重要成分。

（四）问题解决过程的其他模式

除以上问题解决过程模式之外，有代表性的模式如下：

1. 试误说

美国心理学家桑代克通过猫走迷宫实验提出了试误说。这一学说认为问题解决过程要通过一系列盲目试错，发现问题解决的方法，即形成刺激情景与反应的联结，不断巩固这种联结，直到立即解决问题。

这一模式看到问题解决过程中建立刺激与反应联结的、试错的阶段，重视问题解决的过程和操作，对后来的模式都有一定的影响。但它认为问题解决的尝试错误过程是盲目的，忽略了认知因素在问题解决中的重要作用，毕竟动物没有高等的智能，而人类却可以运用高等智力解决问题。

2. 顿悟说

格式塔派心理学家苛勒提出了顿悟说。顿悟说认为人遇到问题时，会重组问题情景的当前结构，以弥补问题的缺口，达到新的完形，从而联想起可行的解决方案。这一过程的突出特点是顿悟。在顿悟说看来，桑代克的猫由于在迷宫里看不到开关的结构，因此，只能通过一部分的经验，逐渐了解整个情境。

顿悟说注意到了重组情境的认知成分，这实际上就是后来人们所强调的对问题的理解和表征。但是它把认知成分看成是先验的，并且片面强调顿悟，忽视了问题解决的过程。如果剔除试误说中的盲目性和顿悟说中的先验性的一面，根据对立统一的辩证观，试误和顿悟是问题解决中既相互对立又相互联系的两个方面。

3. 问题中心

肖云龙[②]在他主编的《创造学》中提到了以问题为中心的创造过

[①] Minsky M. A framework for representing knowledge, Cambridge, Mass.: MIT Atificial Intelligence Laboratory, Artificial Intelligence Memo No. 306, 1974.

[②] 肖云龙：《创造学》，湖南大学出版社2004年版。

程，该问题过程模式主要由创造问题提出、创造问题求解、验证新方案和表述创造成果等阶段构成。如图1-6所示。

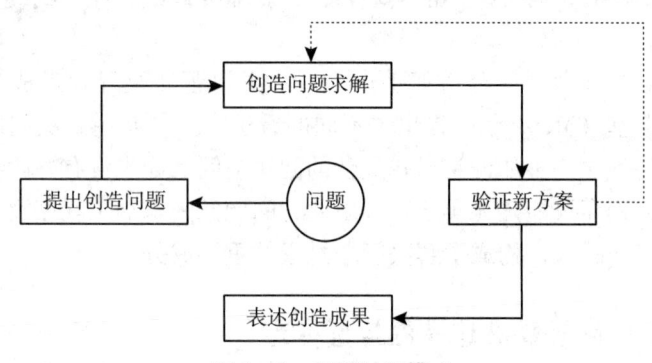

图1-6　问题过程模式

以问题为中心的创意开发过程模式表明，创意开发活动始于问题提出，终于问题解决。创造问题的提出，总的来说是社会需要与个人发展需要的产物。

社会需要对创造的动力机制，主要是通过压力传递和课题形成方式来实现的。有社会需要但不形成压力，也不可能形成创造的动力。战争、人口膨胀、交通紧张、环境污染的压力，都会迫使社会提出创造课题，并将满足某种需要的压力传递给承接课题的人员，从而使压力变成创造的动力。另外，社会需要往往通过压力让人有所体验——如各种自然灾害的发生、能源的短缺、自然生态的恶化等。为了抗御自然压力，人类只有依靠自己的创造力与自然力相抗衡。除自然压力外还有各种社会压力，如经济落后、企业竞争的压力等。为了缓解压力，只有依赖创造性活动，才能有效地解决各种问题，满足社会发展的需要。

个人发展需要也是创造问题形成的源泉。个人发展需要在一定程度上就是自我实现的需要。对创造个体来说，自我实现的需要具有启动创造行为的重要作用，同时能够给创造问题的提出提供灵感。

解决问题是创意开发过程中的关键阶段，是创意开发者创造性才能充分发挥的过程。创造问题的求解，首先要准备产生解决问题所需要的信息。通过回忆有关领域的知识和信息，力图在已有理论和方法下解决新的问题。但光靠重复他人已有的实践难以获得创造性成果。所以要通过对现有知识的重新组合、转换等创造性应用进行非常规实践。信息准备完备后，创意开发者就开始思考解决问题的途径和方案——通过一定的认知途径，运用创造性才能，对解决方法进行搜索，最终产生富有新颖性和创造性的方案。最后还需要对新方案进行验证。

新方案的验证也就是对思维结果去粗取精的过程。创意开发者需要应用有关领域的已有技术，从理论与实践上做出可行性判断。不管是失败、成功，还是部分成功，在创意开发过程中获得的信息都会补充到人们的创造经历中去，成为人们再次创造的经验教训。

无论什么类型的创造，都需要对成果进行表述，让成果被成功解读，若创造成果不为人知，不被社会认可，最终也就不能算是获得了创造成果。

二、思维过程模式

上文已经提到，创意开发过程实际上是问题解决过程和思维过程二者交织在一起的过程，由于在创造性思维理论部分已经进行了较为详细的探讨，这里不再赘述。但是需要说明，创造性思维并不等同于思维过程模式。思维过程模式表明创造中的思维活动是由多种而非单一思维方式组成的系统结构，创意开发实际上也是由思维要素组成的思维系统运行的结果。另外，思维过程模式只是在思维层次上对创意开发过程的一种表述，是一种过程论的观点，而创造性思维则是创意开发过程中体现创造性解决问题的思维中最具特色的一种，它本身也是多种思维对立与统一的共同体。

（一）思维过程的一般模式

现代认知心理学关于思维的研究成果表明，思维过程首先是解决问题的过程。一般认为创意开发活动的思维过程包括四大阶段，即发现问题、了解情况、深入思考和实践验证。一项创意开发活动可以包括四阶段全过程，也可以是只在其中某个阶段工作并取得成果。

1. 发现问题

创意开发活动开始于发现问题。为了解决发展中出现的矛盾才需要进行科学研究。所以科学研究的第一步就是善于认清矛盾，或者说善于发现问题。

2. 了解情况

提出问题后，必须对问题进行深入了解，对问题的背景与相关方面有所认知。创意开发者对问题的解决必须依据事实材料，直接和间接取得事实材料皆可，重要的是让问题的解决有根有据。

3. 深入思考

深入思考是指在掌握已有材料的基础上对其进行提炼，展开思考，得出解决方案，一般有以下五种类型的思考模式可以帮助我们深入思考：

（1）比较、归类与类推。即根据一定的标准，用比较的方法，找出事物间的相同和相异之点，然后进行归类，再根据归类进行类推。

（2）分析与综合。对事物的单个属性或性质进行分析，然后在分析的基础上重新加以综合，借以找出事物的本质特点。

（3）归纳与演绎。归纳是从个别事物推理出普遍规律，而演绎则是从普遍性规律推广到个别事物。二者都运用逻辑推理，把对事物的认识引向深入或扩大认识的广度。

（4）抽象与概括。抽象是在思想中抽取事物的本质属性。概括是把从事物中抽取的本质属性，推广到具有这些相同属性的一切事物，从而形成关于这类事物的普遍概念。科学的概念、范畴和一般原理都是通过抽象和概括而形成的。

（5）想象与假设。在掌握事实材料的基础上，对未知事实做出大胆假设，并按照一定方向进行求证。假说虽还不一定能够马上得到证实，但它在科学研究的过程中却很有价值。科学上的发明创造大都萌生在合理的假说中。

4. 实践验证

实践是检验真理的唯一标准。在第三阶段产生的假说或初步理论、结论的可靠程度还需实践检验，看实际效果而定。创造成果的价值也只有从实践检验的效果中来确定。

以上四个阶段是对创意开发活动思维过程的概括性描述。实际操作中，各阶段可以反复、交叉、同步或结合。

（二）奥斯本等人的阶段模型

奥斯本（1957）[①]曾指出，创意开发的思维过程涉及三个阶段：寻求事实、寻求观念、寻求解决方案。这与上文理论有较大的相似。不过奥斯本的独创观点认为：在寻求观念的过程中，激发的观念（或创意）越多，获得高质量解决方法的可能性也就越大。他还暗示，观念激发的过程应该审慎进行。如果创意开发过程没有展开，人们过于将注意力集中在评估上会限制创意的产生。因而把上述过程分开，有助于营造更适于创意开发的氛围。

希尼·J. 帕尼斯（Sydney J. Parnes）[②]认为，创意开发思维过程还应包括两个阶段，即寻找问题与寻找认可。这两个阶段强调了问题界定与解决过程的重要性。他还指出，每一阶段应从不加评价地广泛收集材料开始，最后将最重要的资料选择出来并集中整理。

[①] Osborn A. Applied Imagination, New York: Scribner, 1957.
[②] Parnes S J, Noller R and Biondi A. Guide to creative Action, New York: Scribner, 1977.

奥斯本—帕尼斯模式得到了司科特·艾萨克森和多纳德·特瑞芬格（1985）①的进一步改进和完善。他们增加了解决问题的预备性阶段：寻找目标。这一阶段有助于确定一个目标域（即首要的关注点、挑战或机遇）。

因此，创意开发的思维过程可以用六个阶段来描述，如图1-7所示。

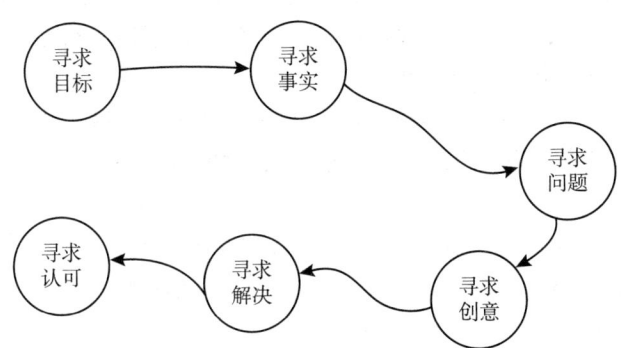

图1-7　创意开发思维的六个阶段

这六个阶段并非需要完整实施，从某个阶段开始或在某个阶段结束均可，重要的是在事实基础上做出判断。

值得一提的是，吉尔福特（1967）②指出，创意开发过程中的思维状态在发散与集中两种思想过程中求得平衡或折衷。发散性思维开发并拓展了思维过程。它意味着从一个特殊的问题或观念开始，然后对此从多个角度加以思考。发散性思维的目的是超越限制，以探寻各种各样的可能性。集中性思维紧随发散性思维，它起着缩小可行的选择范围的作用，以便于获得对问题的合意解决。在进行集中式思考的时候，一般是由对一个问题进行宽泛的考察开始，继而不断收缩注意力，使其集中于特别的问题或选择上来。

（三）布兰福德等人的 IDEAL 模型

布兰福德和斯坦因③基于韦特海默、波利亚和纽威尔与西蒙等人在本领域的研究，于1993年提出一个促进创意开发的模型。他的模型的各组成部分的首字母缩略词正好是 IDEAL（理想的）。其中，I 代表确定问题与机遇（Identify problems and opportunities），D 代表定义

---

①　Isaksen S G and Treffinger D J. Creative Problem Solving: The Basic Course, Buffalo, NY: Bearly, 1985.
②　Guilford J P. The Nature of Human Intelligence, New York: McGraw-Hill, 1967.
③　Bransford J D and Stein B S. The Ideal Problem Solver, 2nd ed., New York: The Free Press, 1993.

目标（Define goals），E 代表探寻可能的策略（Explore possible strategies），A 代表预期结果和行动（Anticipate outcomes and act），L 代表反视与学习（Look back and learn）。下面对该模型的各阶段展开解释。

（1）确定问题与机遇（I）。积极探索问题以及可能存在的机遇，可为问题的解决打下良好的基础。

（2）定义目标（D）。不同的目标往往反映出人们对问题的不同理解。如商业中缺乏战略方向的问题是很明确的，然而具体战略的确定却见仁见智，有人会建议横向兼并，有人会坚持垂直整合。因此，定义目标是解决问题的关键一步。

（3）探寻可能的策略（E）。这一过程包括对目标的再分析以及对选择方向或策略的再思考。通过对目标的剖析，思考出接近目标的解决策略。

（4）预期结果和行动（A）。解决问题的策略选定后，需要预测可能的结果，按选定策略采取行动。在许多情况下，为了预期结果，需要采取积极措施对策略进行检验，如进行样本检验等。

（5）反视与学习（L）。最后一步是审查采取某种策略后所导致的结果，并且从经验中学习。进行创意开发时，重要的是寻找第一步方案，而非录求对问题即刻而完满的解答。当找到了第一步方案，同时也总结了前期经验后，就可转入下一阶段。市场营销检测就是一个恰当的例子。一种新产品投放市场之后即开始经受市场的检验。新产品投入市场是一个渐进的过程，在这个过程中，新产品令顾客不满的地方都得重新加工，以在下一阶段投放市场时以新面貌出现。这就是对方案的持续检验与观察学习。

在 IDEAL 模型中，"预期结果和行动"阶段较有创建性，它帮助我们揭示可能抑制创造性行为的不合适的假设。只有经常审视其行为结果，并尽力从中总结经验和教训，促进创造力的长期努力才有望成功。

三、创意开发的障碍

在创意开发过程中，上文所阐释的问题解决过程模式和思维模式只是对其各个阶段进行的理论上的一般解释。为了准确把握创意开发过程，对过程中的障碍进行分析是必要的。

（一）创意开发过程中的思维障碍

我们采用纽威尔与西蒙模型的术语来解释创意开发中的障碍，创意开发的阻力可能由以下原因引起：对任务环境的错误感知，这将导致思维定式（mindset）；问题空间不正确；记忆信息不足，或缺少问题的连带信息。我们将着重考察思维定式给解决问题所带来的障碍。

思维定式指个体对可利用信息的某一部分过分敏感，而对其余部分则显得比较迟钝。在某些情况下，形成心理定式是有用的，这有助于我们对重要的事物保持敏感。例如，红灯标志着警告，我们对红灯敏感，就有利于规避交通风险。

作为从经验中学习的结果，思维定式使我们对某些形式特别敏感。这些形式让我们记起过去成功的方法。但创意开发往往会因为这种惯性而被阻碍。当思维定式阻碍创意开发的时候，会产生聚焦效应与功能固化。卢钦斯（1942）[1]的研究表明，在特定的情况下，思维定式对创造性思维会产生僵固和刻板化的作用。这种效应反映了用常规的理性方法解决问题的反功能结果，这对开创一种新视野或建立更有效率的操作程序而言，可能会起阻碍作用。

关于过去的经验如何会阻碍建设性地解决问题，敦克尔（Dunker，1945）[2]曾做过调查研究。他创造了"功能固化"（functional fixedness）这个词，以指代阻抑创造性解决问题的障碍。例如，在蒸汽发动机使用了一百年后，特里维西克（Trevithick）才产生了将其用作机动车动力源的念头，此前蒸汽发动机仅被用作矿井抽水工具。另外一个例子是计算机：计算机自诞生以来很长时间仅被用于计算。后来人们才发现它具有一般信号操作器的潜在开发功能。

思维定式常常表现为三种特征：

其一，"只有一个正确答案"的思维方式。很多问题往往有多种解决措施，若只将正确答案限定于一个，我们将会丧失很多创造性的可能性。

其二，消极性的，或"是的，但是"式的思维方式。消极批评本身对创造性思维具有抑制作用。因此，建议使用"是的，并且"这样的话语，而不用"是的，但是"式的表达方式。如对裁员建议，通常的反应形式是："是的，但这样会造成动荡，甚至会导致罢工。"而较合适的表达方式可以是："是的，而且我们可以在公司其他岗位上聘用这些员工，这改善了现状。"

其三，过分注重逻辑思维。太看重逻辑思维，也会导致对创意开发过程中思维的阻碍。我们必须接受许多发生在生活中，但很难用逻辑的形式说明白的事物。这并不是说创造性思维是非逻辑的，或创造性思维弃绝逻辑推理。也许太过看重逻辑推理的主要危险就在于，如果一个人仅仅依靠逻辑推理来处理问题，倘若逻辑派不上用场，问题

---

[1] Luchins A A. Mechanization problem solving: the effect of Einstellung, Psychological Monographs, 1942: 54.
[2] Duncker K. On problem solving, Psychological Monographs, 1945: 58.

就无从解决。

（二）创意开发中的个体障碍

许多研究者对阻碍创意开发的现象进行了研究。根据他们的研究，限制个人创意开发的障碍一方面来自他们自身的品质，另一方面还来自他们生活的环境。个人的障碍还可再分为生理性的和心理性的。个人的感觉阈限或大脑处理信息的能力就是属于生理性的，而与个人的行为或态度有关的因素则是心理性的。

阿诺德（Arnold，1962）[①]认为个体障碍包括以下几种：一是感觉障碍。这使个体不能够形成对外部世界的真实而准确的形象。二是文化障碍。它产生于社会影响。三是情感障碍。如害怕、焦虑及妒忌。后来，亚当（Adams，J. L. 1974）[②]还在阿诺德的分类中增加了第四项：智力的和表达的障碍。

也有学者将个体障碍划分为策略障碍、价值障碍、感觉障碍和自我形象障碍四类。其一，策略障碍。与上文提到的思维定式相似，策略障碍是指创意开发者囿于单一的策略，没有动机或者没有尝试产生新的策略，会限制问题的解决。其二，价值障碍。指固守的信念使个人不可能去考虑某些解决问题的办法。其三，感觉障碍。创意开发者可能会由于个人感觉判断而对可能出现的威胁不能尽早地预料。其四，自我形象障碍。当社会起初排斥新观念的时候，个人为了维护自己的形象，不被社会排斥，不能够意志坚定地抵制来自社会的压力。

这种分类方法可用来开展培训工作。培训的核心在于个人反馈及劝告，包括开发技能的最为适宜的方式方法。创造性解决问题的培训可抑制策略障碍。价值问题虽然比较复杂，也难以处理，但通过提升个体对其价值观的意识水平，价值障碍也可以得到缓解。感觉障碍可通过观察训练而加以克服。而自我形象障碍则可以通过坚定性和自我肯定性培训而得到消减。

除了上述因素，创意开发者的个性障碍也是阻碍创意开发的拦路虎。心理学家的研究表明，思维固化、权威心理、从众心理、自满、畏惧失败、牢骚、过度的自我批评、屈从传统、嫉妒和狭隘的攀比等因素都是创意开发的障碍，应加以克服。下面对这些因素进行简单的说明。

1. 思维固化

案例：据爱迪生的助手之一弗朗西斯回忆，在爱迪生研发电灯

---

① Arnold J E. Education for innovation in S. J. Parnes and H. F. harding（eds），A sourcebook for creative Thinking，New York：Scribner，1962.

② Adams J L. Conceptual Blockbusting，New York：W. H. Freeman，1974.

时，曾要求另一位得力助手阿普顿测量一个灯泡的体积。于是阿普顿这位在数学方面功底颇深的普林斯顿大学毕业生立马准备用数学方法来解决这个问题。当他画好灯泡轮廓，用方程拟合了曲线，正准备进行微积分的计算时，爱迪生已经返回来告诉他，在灯泡中灌入水银并称重，再根据水银的密度就可以轻松算出体积。比起繁复的微积分计算，这种办法要省出很多时间。

尽管我们处理一般性问题时，习惯性地使用思维定式，能够得心应手地使问题得到完满的解决，就像阿普顿用他擅长的数学来计算灯泡体积那样，但当我们面临新问题需要创新时，它就会变成"思维枷锁"。正如法国生物学家贝尔纳所说："妨碍人们学习的最大障碍并不是未知的东西，而是已知的东西。"

2. 权威心理

所谓"权威心理"，本质上也是一种思维定式——"权威心理定式"，即以权威人士的言行作为判断的标准。

社会中的权威往往要经历长期的积累才逐步建立，而非先天固有。因此，思维中的权威定式只能来自后天的社会环境，是外界权威对思维的一种制约。目前普遍认为，权威定式的形成主要通过两条途径：一是儿童在走向成年的过程中所接受的"教育权威"——老师、专家都是对的。二是由于社会分工的不同和知识技能方面的差异所导致的"专业权威"。

对于儿童来说，家庭、学校和社会都是权威，这些权威们用一系列的"必须做……""应该做……""不能做……"来教育儿童。如果服从权威，儿童就能够从中得到好处，当后天教育与儿童的自然天性发生冲突的时候，儿童也会以各种方式加以反抗，而儿童往往会失败。在这个过程中，权威在儿童的心里树立起来。这个过程也就是儿童的成人化过程和社会化过程。来自教育的权威定式使人们逐渐习惯服从权威，但会使人失去"自我思考、冲破权威、勇于创新"的意识。

关于专业权威，这是由于时间、精力以及客观条件等方面的限制，个人通常只能在一个或少数几个专业领域内拥有精深的知识，而对于其他大多数领域则知之甚少。在现代社会，由于劳动分工越来越精细，绝大多数人在专业领域之外，所以不得不求助于各个领域内的专家。专家在本专业领域拥有比普通人卓越的专业知识，相信专家本身没有问题，但是，权威定式一旦在我们的思维模式中确立之后就会不断强化，而且某一领域内的权威确立之后，还会产生"权威泛化"的现象：把个别专业领域内的权威，不恰当地扩展到社会生活的其他领域。

为了保持创造性思维的活力，我们要时刻警惕权威心理。尊崇权威的同时防止思维定式。德国哲学家尼采在《查拉斯图拉如是说》中有这样一段描述：

　　查拉斯图拉决心独自远行。在分手的时刻，他对自己的弟子和崇拜者们说：你们忠心地追随我，数十年如一日；我的学说你们都已经烂熟于胸、出口成章了。但是，你们为什么不扯碎我头上的花冠呢？为什么不以追随我为羞耻呢？为什么不骂我是骗子呢？只有当你们扯碎我的花冠，以我为羞耻，并且骂我是骗子的时候，你们才真正掌握了我的学说。

　　3. 从众心理

　　"从众"是一种比较普遍的社会心理和行为现象，通俗地解释就是"人云亦云""随大流"。人类是一种群居性的动物。这个"群"小到数十人（原始人的部落），大到数亿人（现代的国家）。从理论上讲，孤独的个人并非无法生存下去，像卢梭所设想的"高尚的野蛮人"那样，但是现实中却极少有这种现象。为了维持群体的稳定性，就要求群体内的个体保持某种程度的一致性。这种"一致性"首先表现在实践行为方面，其次表现在感情和态度方面，最终表现在思想和价值观方面。但群体中的个体不可能完全一致。在维持群体不破裂的前提下，可以有两种选择：一是整个群体服从某一权威——与权威保持一致；二是群体中的少数人服从多数人，与多数人保持一致。

　　案例：社会心理学家所罗门·阿希做过这样一次实验。他找来七名大学生坐在一起，请他们判断两张卡片上的线段长度。第一张卡片上画着一条标准线段，第二张卡片上画着三条线段，其中只有一条线段A与标准线段长度相等。阿希要求大学生们找出第二张卡片上的线段A，并且按照座位顺序说出自己的答案。

　　其实，那七位大学生中，只有倒数第二位是蒙在鼓里的受试者，其余六位大学生事先已经串通好了，他们的答案保持一致，但2/3都是错误的。这一实验的目的是测试那位受试者能在多大程度上不受周围人的影响，坚持自己的正确答案。

　　实验的结果是，有33%的受试者由于屈服于群体的压力而说出了错误的答案。

　　"从众"虽然有助于学习他人的智慧经验，扩大视野，克服固执己见，但是盲目从众就会抑制个性发展，束缚创新思维，扼杀创造力，使人变得无主见和墨守成规，这对创意开发是不利的。

　　4. 自满

　　自满是在已经取得的成绩面前自我陶醉，乐于固守现状，不思进取。从创意的角度来看，自满会使人的观察敏锐性和思维的紧张程度下降，同时创意动力减弱，导致人的创造性思维能力下降。因此，自满就意味着创意的终止。

5. 畏惧失败

畏惧失败是创意开发的又一障碍，因为有了畏惧思想，就会谨小慎微，前怕狼后怕虎，怕失败，怕犯错误，怕困难。同时畏惧会磨灭人的想象力和创造精神，使人在许多有可能获得成功的机会面前，白白将机会丢失。世界体育明星卡尔·耶斯特成功地完成他的第三千次击球后，记者问他："耶斯特，你当时难道不担心这第三千个球的成功与否会影响你一生的声誉吗？"他回答说："在我的击球生涯中，我已击球一万多次，这就意味着我有七千多次是失败的，单凭这一点，就足以使我保持清醒的头脑。"他深知，成功与失败是同一进程中的两个方面，错误只不过是成功历程中的一个台阶。因此作为创意开发者，应该经得起失败的考验，要大胆探索，勇于进取，无所畏惧，在创新的道路上勇往直前。应当牢记一次创意的成果可能是以多次失败为代价的。失败本身并不可怕，可怕的是畏惧失败。勇于创意是创意成功的先决条件，只有克服对失败的畏惧，具有坚忍不拔的进取精神，才能在曲折中走向成功。

6. 牢骚

所谓"牢骚"，纯粹是一种情绪的发泄，除了能够获得心理上暂时的满足之外，对解决问题是一点儿正面作用也不会有，相反很多时候倒会成为解决问题的绊脚石。因为牢骚让我们失去耐心、失去智慧、失去理智。而且大多数情况下，牢骚不仅会搞坏自己的心情，使自己变得越来越郁闷，而且还会给别人带来负面的影响，影响别人的好心情。

发牢骚是一种消极行为，它改变不了问题的现状，只会浪费自身的宝贵时间，使人无暇去考虑问题，进行创造性思维，更不用说开发好的创意了。荀子曾经说过："怨人者穷，怨天者无志，失之己，反之人，岂不迂乎哉。"因此怨天尤人的人只会一事无成，创意也绝不会成功。毛泽东也曾有过一句非常著名的诗句："牢骚太盛防肠断，风物长宜放眼量。"这是他给朋友柳亚子老先生的忠告，其实，从另一个意义上说，这也可以算是对所有人的忠告。

7. 过度的自我批评

过度的自我批评就是不敢坦率地表现和表达自己的实际能力，对自己进行无意义甚至是偏执的挑剔和指责。这样的"自我否定"会使自身逐渐丧失自信，久而久之，就会有自卑心理，也就失去了创造性思维的能力。

解决"自我否定"的最好方法，是用积极的鼓励去代替它。看到自己的出色表现和特殊才能，肯定自己，这样积极的思考就会带来积极的结果。

8. 屈从传统

所谓创意，本质上就是一种"出格"的社会行为。如果没有这种出格，永远是循规蹈矩地效法传统，就根本不会有创造性思维的出现，也就没有社会的创新和发展了。在现实生活中，许多人都不时会有新发现、新想法。但是受到社会传统观念的束缚，最终这些发现和想法只能胎死腹中。

（三）创意开发中的组织障碍

创意开发同样存在组织障碍。玛伽洛（Majaro，1988）[①] 把创造力的障碍和组织因素联系了起来。

1. 资源短缺与缺少管理支持

创造力的激发确乎要求组织内有一定的宽松度。而宽松度的缺乏本身就充当了阻止整个过程成功实现的障碍。如果组织内部过于严苛，完全不鼓励新观念的提出与新方法的实施，创新的激励便会大大下降。如果公司具有一定水平的宽松度，那么在激发新观念和有价值的商业创新方面，就会处于非常有利的位置。

同时，组织内缺乏宽松的创造环境会严重地降低组织内部进行创意开发的士气，削弱组织的创意开发能力。许多在创意开发方面表现良好的公司的经验证明，必要的资源保障和来自各管理层持续不断的支持是创意开发成功的必要条件。

2. 官僚主义

官僚主义是创造力的大敌。它会严重削弱公司的创新能力。官僚主义氛围常常抑制灵活性的发挥，进而阻碍创意开发的过程。若想促进组织的创造力与创新性，那就必须采取有效措施，减小官僚主义所带来的负面影响。

创意开发活动需要一个能对变化的环境迅速做出反应的组织结构。有许多企业强调严格的等级制度和命令的统一性，但严格的企业制度和形式主义在加强对日常业务管理的同时，也失去了许多重要的创新机会。在促进创意开发方面取得满意成果的公司，大都对创意开发工作实行例外管理，赋予创意开发人员必要的权利，使他们能够摆脱不必要的制度束缚，集中精力进行研究与开发工作。

3. 职能性的短视思维

职能性短视思维可定义为只从某方面出发来思考问题的思维倾向。例如，不是着眼于整体，而是单从生产、销售、人事或财务等某个方面来看待企业的发展。

许多企业是按照职能组织起来的。一般来说，职能分工会提高组

[①] Majaro S. The Creative Gap, London：Longman，1988.

织的工作效率。但不幸的是，这种组织结构的另一种效应，则是职能单位的本位主义化。即各职能单位只重发展本部门实体，它们的视角仅反映了整体组织的某一个侧面。例如，市场营销人员相信，成功的创新须从顾客开始。也许人们会进行这样的争论：除非尽力制作顾客真正想要的东西，否则产品就难以让顾客满意。而顾客满意乃是创新能否成功的标志，同时也是成功的组成部分。这种观点所依从的逻辑看起来很在理，但如果推向极致，则会使创造力与研发能力的内在开发受阻。

4. 害怕批评

害怕自己的行为受到批评，观点受到嘲笑，这乃是人类的通病。人们之所以不愿发表自己的看法，多半是因为害怕受到嘲笑或批评。

5. 抵制变化

创造和创新与变化相关。这里所说的变化可能意味着工作习惯的改变或组织的变化，工作或责任的重新分配，工作方法的变化，全新产品的引进，或制造与营销的新工艺、新流程的引进等。

6. 害怕冒险和失败

新产品和新项目的开发肯定带有一定的风险。当引进一件比较而言不为人所知的产品或服务时，相关的风险可能来自各个方面。只要在某个环节有差错，高风险的项目就可能会带来灾难性后果。当人们对失败过于恐惧时，他们就会陷入这种困境之中。但是"高风险，高回报"，如果害怕冒险，就难以有出色的回报。

7. 强调管理控制

对长远的创新努力而言，传统的财务控制是不合适的。财务控制往往反映了一种短效思维方式。按照这种思维，企业所关注的是投入的快速回报，即在一定量的经费投入之后，人们期望它能快速转化为利润，以作为投资的回报。然而，创新与创造需要有长远的眼光，它们不可能带来近期的利益。对它们的投入不可能获得短期的回报。

8. 对新思想常常进行过度的分析

人们常常企图确保某一观念是好的、有价值的。这本身无可厚非。但如果到了太过挑剔的地步，就会导致时间的浪费和竞争优势的丧失。如果把大量的时间和精力用于检验观念的优劣，往往会错过机遇。时间的浪费也许会导致新奇感和影响力的失却，至于观念的独创性，就更谈不上了。

9. 死板的科层结构

也许，在难以预期的环境中最需要创造和创新。反过来，创造与创新也需要有一个能对情势迅速做出反应的组织结构。这也就是说，对环境需要反应快捷的组织结构为创造及创新所必需。然而，我们经常看到的是，在铁板一块的组织结构中，创造力与创新能力会受到抑制。

第三节 创意开发者个性特征

一、创意开发者个性特征

创造学研究人员通过实验罗列了创意开发者的诸多个性品质，如理智的好奇和理智的诚实，承认过程和结果的关联，客观性、批判性和开放倾向，确信事物间不寻常的因果关系，安排的有序性、适应性和灵活性，坚持和决断能力等。杰罗姆·布鲁纳特别强调与获得结论的能力相匹配的热情。理查德·克拉奇菲尔德认为，创造态度常常需要个体以知觉和能力的新颖、自然、"天真"方式，以及超越现实的陈规戒律的方式进行思考和活动。吉尔福特在研究认知特性时发现，发散思维中的流畅性、独特性、变通性与创造性行为高度相关。在研究中他还发现，认知因素与非认知因素（冲动性、自信心、支配性、审美观、反应性、对模棱两可事物的忍耐、不鲁莽、有序性等）之间高度相关，并且全面地提供了一张引人注目的创意开发者特征表：

（1）高度独立自主性。

（2）旺盛的求知欲和钻研精神与强烈的好奇心。

（3）知识面广，善于观察，有较强的记忆力，但对日常琐事漫不经心。

（4）在工作和学习中条理严谨。

（5）有丰富的想象与直观能力，长于抽象思维，智力活动广泛而强烈。

（6）富有幽默感，爱好文艺。

（7）面对疑难问题能够自在应付，并能排除一切干扰，全神贯注于解决问题。

吉尔福特认为以上个性特征均可通过实验来加以确定和证实。循着这个思路，缪赛尔运用多项人格测验和智力测验、成就测验，对 40 名天才和 107 名普通人进行了追踪研究，结果表明，具有科学创造力的人格特征可以进行归类和预测。显然，这个研究部分地支持了吉尔福特的理论模型。戴维斯（Davis）在第 22 届国际心理学大会上总结了前人的研究，提出了 10 条创造性人物共有的人格品质：（1）独立性强；（2）自信心强；（3）敢于冒风险；（4）具有好奇心；（5）有理想抱负；（6）不轻易听从他人意见；（7）对于复杂奇怪的事物会感到有一种魅力；（8）具有艺术上的审美观；（9）富有幽默感；（10）兴趣爱好既广泛又专一。

国内外的大量研究表明：创造力强的人具有某些突出的个性特征，创造力的发展还取决于一个人的创造力个性。虽然创造力个性特征目前尚无定论，但就已有的研究结果来看，创造力个性至少还有以下几个特征：

（一）勇敢的进取精神

勇敢是创造力个性中最重要的特征。马克思说："在科学的入口处，正像在地狱的入口处一样，必须提出这样的要求：这里必须根绝一切犹豫；这里任何怯懦都无济于事。""只有勇敢者才能进入科学的殿堂"。勇敢之所以比其他特征重要，是因为任何才干离开了勇敢，就不能上升到创造性的水平。对公认的东西表示怀疑、除旧布新需要勇敢；善于想象，提出好像不能达到的目标，然后去努力达到它，需要勇敢；不怕自己的见解同大多数人的对立，甚至冲突，也需要勇敢。普希金说："做勇敢的人吧！勇于扫视广阔的视野，创造性思想也就偕之俱来。"正是这种"思想上的大无畏"使人能够冲破传统的束缚，登高望远，志在千里，人们才能头脑清醒地审视和评价一切事件，引出正确的结论，最终得到出乎意料、异乎寻常的成果。因此，可以讲没有勇敢精神，人类就没有创造。

锐意进取的人，很容易发展成为创造型人才，或者说创意开发者的人格因素中，应当具有进取精神。这种精神往往通过自信、目标意识等素质特征表现出来。具有勇敢的进取心的人，往往喜欢选择一般人认为高不可攀的目标，而且不怕他人的怀疑与讥讽，不怕难以想象的环境压力与困难，能够朝着选定的目标挺进。

（二）坚定的自信心

具有高创造能力的人往往具有很强的自信心。自信心不仅是个性心理的重要组成部分，更是创造力中不可缺少的心理品质之一。它往往在具体创意开发活动中表现出来。只有自信的人才敢于怀疑、敢于创新。教育心理学家尼思·哈伍德比较了高创造成果和低创造成果的两组年轻的科学家，结果发现前一组表现出相当高的自信和对抗"社会压力"的能力，而后一组经常试图在周围人中建立良好印象，表现出相对较低的自信水平。

在国外，有两位年届70岁的老太太，一位认为到了这个年纪可算是人生的尽头，于是便开始料理后事；另一位却认为一个人能做什么事不在于年龄的大小，而在于拥有怎样的心态。于是，她在70岁高龄之际开始学习登山。在随后的岁月里，她一直冒险攀登高山，其中几座还是世界上有名的。最后她还以95岁高龄登上了日本的富士山，打破了攀登此山的年龄最高纪录。她就是著名的胡达·克鲁斯老太太。是什么力量使高龄老太太勇攀高峰？她的答案是：坚定的信念与自信心。

在古希腊阿波罗神庙的墙上，刻有一句千古名言："要认识你自己！"要认识自己，也就是相信你自己——对自己要有信心。在创意开发者的精神世界里，不能没有自信。

（三）强烈的探究精神

创造的本质是探究活动，在适应创造的人格中，探究精神必不可少。好奇、怀疑以及喜欢例外的心理，都是探究精神的表现，独立性是探究过程的必要条件。

科学大师爱因斯坦说："我没有特殊的天赋，我只有强烈的好奇心。""谁要是体验不到它，谁要是不再有好奇心，也不再有惊讶的感觉，他无异于行尸走肉，他的眼光是模糊不清的。"好奇心像是探照灯的光柱，它永远把探索的光芒投向创造的未来。一个人对自然界和社会上的各种事物的好奇心越强烈，探索的光芒就越亮，一切奥秘乃至奇迹就都会暴露在好奇心的巨大视野之内。

好奇心与怀疑精神有着密切的关系。当人们寻求真理的好奇心受到传统习俗或传统科学的压制时，好奇心就马上转化为怀疑精神。古人云："学贵知疑，小疑则小进，大疑则大进。"建立在仔细观察和深刻思考基础上的怀疑精神，是对好奇心的进一步推进。这种怀疑精神越深刻、越有力，对探索的目标就越清楚。

好奇心与怀疑精神可以帮助人们在创造领域内搜索有意义的目标，并勾画新事物因果关系的网结，但这并不意味着他们一定会创造出奇迹，因为提出问题并不等于解决问题。提出问题只是在满河坚冰上凿出一个窟窿，而解决问题有如破冰远航，还需要克服无数的艰难险阻，才能到达创造的彼岸。

独立性是探究精神的一个必要条件，总想依靠他人的能力进行创意开发往往会一事无成。而且富有创造力的人，往往具有很强的独立性。他们喜欢自己选定课题或问题，而不太喜欢接受别人的安排和支配，他们有较强的自我决断力，选定目标后就会付之于行动，很少有后悔和犹豫不决。

爱因斯坦就具有极强的独立性。他很早就与众不同地为自己定下了两条要求：第一，什么规则都不要；第二，不为任何人的意见所支配。他那天才的相对论也许正是在这种无拘无束的思考空间中产生的。当然这里的独立性并不是单纯地追求标新立异，也不是炫耀自己。具有这种个性的人深知自己是在复杂的、捉摸不定的环境中进行创造性活动，因此，对已有的观点做出判断和对自己设想的结论都是十分审慎的。

（四）谨慎的冒险精神

很多成功的创意开发，不仅需要把握机会，而且还离不开谨慎的冒险精神，或者用俗话说就是"胆大心细"。创意开发活动是一种机会与风险并存的实践，只想抓住机遇而不敢冒险的人，事实上是难以成功的。相反，敢于接受挑战的冒险者，才有可能创造奇迹而出类拔萃。

美国心理学家约翰·格洛弗就进行过这种研究。他先对84位大学生做"托伦斯创造力测验"（TTC），然后再做一个"两难选择问卷"（CDQ）。这份问卷是用来测量愿意冒风险的程度，它以一个虚拟的财务上、身体上或精神上的风险为例，受试者需回答在这些假设情况下，自己会做出怎样的反应。

在实验开始的时候，所有的学生都做一次前测，实验结束时则做一次后测。在实验中，一组受试者（关键情况组）安排了团体讨论，内容为两难选择问卷中的风险情境。格洛弗发现，经过团体讨论的受试者，更愿意去冒险。这叫做"风险转移效应"。一般来说，团体讨论会使人们的意见更加极端化，但是不一定会改变他们基本的看法。

这些经过团体讨论的受试者的CDQ后测成绩显示他们比前测时更愿意冒风险。没有参加团体讨论的受试者的前测和后测成绩则没有差别。这些有风险转移效应的人，他们在托伦斯创造力测验的后测上，也比前测时在原创性和弹性上有显著的增加。换句话说，实验操控的团体讨论过程会引发愿意冒险的心态，而这个冒险的心态会强化创造力。

另一位心理学家艾森曼让200名受试者做了创意性测验问卷和一个发散式思考测验（例如想出砖头的不平常用途）。受试者可以选择参加一个高风险、高收益的比赛，或是参加一个低风险、低收益的比赛。这个实验发现选择比赛（高风险或低风降）与发散式思考测验中原创性的反应以及创意性问卷有正相关的联系。一般来说，每一阶段的选择都有两个风险和收益的可能性。一个可能性叫做"低风险、低收益"，因为高成功率是跟大家所熟悉的路联系在一起的。另一个选择是"高风险、高收益"，它可能会取得极大的成功，但是这条路很崎岖，没有人走过。

在这方面的研究中，有的研究者用绘画和写作的方式来检验风险与创意表现的关系。他们先做创造力测验、冒风险的测量以及其他测验。创造力测量采用命题创作的方式，风险测量则用比赛、虚拟情境测量和自我报告测量等方法。

用书画和写故事比赛来测量受试者的冒险心理,每一项比赛都分有两组:一组是高风险、高收益,在这一组中只有一名优胜者可获得25美元的奖金;另外一组是低风险、低收益,可以有五位得奖人,每一个人有10美元的奖金。受试者可以自由选择参加哪一组。根据评审委员的计分,得奖人在实验结束后会被颁发奖金。

虚拟情境测量采用三个两难选择问卷的方法,他们用一个艺术的、一个写作的,还有一个一般生活情境的题目,来测量人们愿意冒险的程度。每一个问卷有12个虚拟的情况,受试者要想象他们自己身处这个情境中,每一个情境都有两种选择:高风险、高收益;低风险、低收益。

用自我报告的问卷来测量时,受试者通过作业题目的选择、题目的发展、材料和风格描述他自己在绘画和写作领域中是高风险或低风险的冒险者。

测量发现,人们非常不喜欢冒险。在参加绘画比赛的人中,有70%的受试者选择低风险、低收益,而只有30%的人选择高风险、高收益。在写作比赛中,66%的人选择低风险,34%的人选择高风险。在虚拟情境测量中,选择低风险的倾向更加明显。

研究工作最令人感兴趣的问题是:高冒险性的人是否也是高创意表现的人。研究同样表明,肯冒险的人是比较有创意的,冒险性与创造性存在显著的相关性。只有在有风险的问题上敢于冒险,才能够得出创意成果,否则只能因循守旧,故步自封。

以上列举了创造力个性的四个主要特征,创造力个性还不止这些特征,如下的几条特征也是研究者经常关注的:

坚忍不拔的毅力和恒心:具有这种品质的人,能够持之以恒地把注意力集中在某个问题上,这是任何创意开发活动获得成功的最重要的条件之一。有人问牛顿是怎样提出其著名定律的,他回答说:"我只不过无时无刻不在思考它。"巴甫洛夫也说过:"锲而不舍地思考是取得重大成就的前提。"

有广泛兴趣:兴趣是人们力求认识某一事物或爱好某种活动的一种选择倾向。兴趣是创造力的原动力。富有创意开发能力的人,从小都对各种事物很有兴趣且很敏感。比尔·盖茨从13岁开始就学习编程,一直追求自己的兴趣,不惜从哈佛退学追求想要的事业,这才成就了之后的微软帝国。可见浓厚的兴趣能够催生出巨大的能量。

事实上创造力个性的特征也不可能全都集中在一个人身上,但是只要个人凭借其中一个或几个特征,结合其他一些因素,就可以或可能在创造性的劳动中施展自己的创造性才能,发挥自己的创造力量。

二、创意开发中的自信

在商业领域，创意开发的结果表现为创新。谷歌（Google）、脸书（Facebook）和推特（Twitter）等技术明星释放了其员工的创造性，开发了创意，改变了数十亿人的生活状况。今天，从客户服务到财务管理的不同部门的员工都有机会去尝试新的解决方案。各企业的发展都需要全体员工集思广益。开发创意并非个别企业领导或部门的专利。其实，激发人的创造力不必从零开始，只要能帮助人们重新发现自己已有的东西——对新理念的想象力或基于新理念的创造力。一般来说，思想与行动的结合才能构成创意开发的自信，即生成新点子的能力与使之付诸实践的魄力。

创意开发中的自信就是相信自己拥有改变周边世界的创造才能，坚信自己所尝试的工作必有所成。这种成竹在胸的创意开发中的自信，就是创新的核心。创意开发的自信如同肌肉，可以通过努力得到锻炼和加强。实际上，创造能力并非只是少数人的天赋异禀，它是一般人类思想与行为的天然组成。很多人的这一天赋没能得到发挥，但却可以疏通使之通畅。创意开发中的自信也是一种途径，它可以引领人们体验新思路和新办法层出不穷的境界。创意开发中的自信能为人们的工作带来灵感，因为如果掌握了一种新工具，就可以用来提高解决问题的能力，而不必舍弃自己已经拥有的任何其他技艺。

著名的心理学家、斯坦福大学教授阿尔伯特·班杜拉指出，信念体系时刻影响着人的行为、目标和观察力，那些自信能够推动事物变革的人们往往具有更强的执行力，他们更有可能实现目标。班杜拉称这种信念为"自我效能"（self-efficacy）。通常，具有自我效能的人的视野会更加开阔，他们更愿意尝试，耐力也更为持久，面对挫折时也表现出更强的恢复能力。

心理学家罗伯特·斯坦伯格长期在智识、智慧、创造力和领导力等领域进行广泛研究。他的研究表明，所有创造型人才有一个共同点，即在某种程度上他们都具有自觉创造的倾向，这就是：

（1）从新的角度重新审视和界定问题，以寻找问题的解决方案。
（2）愿意冒合理的风险，把失败视为创新过程的一部分。
（3）愿意正视在挑战现状的过程中遇到的困难。
（4）当不能肯定自己的思路正确时，容许有不同的意见。
（5）不断追求认识上的进步，而不是在技术和知识上停步不前。

【思考题】
1. 影响创意开发能力的因素有哪些？

2. 请结合自身实际,谈谈如何提高自己的创造性思维。

3. 请结合自身实际,谈谈你在创意开发过程中经常会遇到哪些障碍,你认为该如何克服这些障碍。

4. 举出一位你崇拜或喜爱的名人,列举他身上关于创意开发的优秀特质。

【延伸阅读】

1. Michael Michalko. *Cracking Creativity—The Secrets of Creativity Genius*, The Speed Press, 2001.

2. Anderson, N R, Potočnik, K and Zhou, J. Innovation and Creativity in Organizations: A State-of-the-science Review, Prospective Commentary, and Guiding Framework, *Journal of Management*, 2016, 40 (5): 1297-1333. [S1].

3. 希思:《让创意更有黏性》,中信出版社2014年版。

4. 彼得·德鲁克:《创新与企业家精神》,机械工业出版社2009年版。

5. 罗伯特·塔克:《人人都是创意工厂》,中信出版社2014年版。

第二章
主体促进法

【学习目标】
1. 了解静心法、瑜伽法的基本内容。
2. 了解四种思维能力的基本内容。
3. 掌握一种创造意识的培养方法。

【导入案例】
　　苹果公司的创始人乔布斯是一个禅宗信徒，他从青年时期就接触冥想法。在里德学院上学期间，他与朋友分享关于禅修和冥想的书籍，如《禅者的初心》《一个瑜伽行者的自传》《宇宙的意识》《突破精神唯物主义》，还开辟冥想室，在里面布置蜡烛、熏香、冥想坐垫。
　　乔布斯认为，当人刚刚开始坐着观察自己时，便会发现大脑的焦躁不安，但随着时间的推移，冥想的作用会逐渐体现，大脑慢慢安静下来，直觉开始绽放，思路渐渐开阔，人也就开始可以在当下更清楚地看待事物。
　　禅修对乔布斯的工作产生了许多积极影响。在研发苹果二代电脑时，长期静坐冥想的乔布斯发现计算机风扇的声音让人心神不宁，直觉告诉他，用户不会喜欢自己的桌子上噪音不断，为此，他决定对电脑进行改造。为了让用来散热的风扇安静下来，乔布斯找到雅达利公司的一名电气工程师，设计出一款虽然复杂但容易冷却的电池，进而解决了风扇的静音问题。
　　禅修和冥想给了乔布斯多层次的强大心力——勇于颠覆世界的"愿力"，如激光般聚焦的"专注力"，源源不断的"创造力"，超越表象的"洞察力"，这四种力量聚合在一起形成了强大无比的合力，使他总是能一针见血地发现问题的本质，设计出改变世界的产品，从而创造出这个世界上最伟大的创新型公司。
　　怎样更好地向"教主"学习冥想法，除了冥想法，还有哪些方法能够激发、促进个体的创造意识呢？让我们一起来学习本章的内容。

第一节 创造意识的培养

要培养创造意识，首先要了解创造意识的含义。所谓创造意识，就是指人脑中不断涌现出想去创造的思想意识，创意开发是创造意识的外显。只有有所想，才能有所为。人与动物的区别，就在于人有主体意识，能够完成一系列有目的的活动。意识同时也是社会实践的产物，是人与客观事物相互作用时其能动性的体现。

创造意识分为两类：一类是习惯性的创造意识，这类意识不需要主体意识的主动干预，就可以有效支配人的创意开发活动。创意开发活动是自然而然发生的，这种创造意识转化为创意开发主体的一种习惯，具有稳定持续的特点。另一类是强制性创造意识，这类创造意识的发生必须有创意开发主体的强制干预，或外界环境的有力刺激，这类活动的发生，完全是在创意开发主体的目的性支配下实现的，当创意开发活动的目的达到后，该类创造意识就有可能消失。

以下建议有助于创造意识的培养：

（1）多了解一些发明创造的过程，从中学到如何灵活地运用知识进行创造。

（2）破除对名人怀有的神秘感和对权威的敬畏，克服自卑感。

（3）不要强制人们接受单一模式，这不利于发散性思维。

（4）要能容忍不同观念的存在，容忍新旧观念之间的差异。有比较，才会有鉴别、有取舍、有发展。

（5）要具有广泛的兴趣、爱好，这是创造的基础。

（6）增强对周围事物的敏感，训练挑毛病、找缺陷的能力。

（7）消除埋怨情绪，鼓励积极进取的批判性和建设性的意见。

（8）表扬为追求科学真理不避险阻、不怕挫折的冒险求索精神。

（9）奖励各种新颖、独特的创造性行为和成果。

（10）经常做分析、演绎、综合、归纳、放大、缩小、联结、分类、颠倒、重组和反比等练习，把知识融会贯通。

（11）培养对创造性成果和创造性思维的识别能力。

（12）培养以事实为根据的客观性思维方法。

（13）培养开朗态度，敢于表明见解，乐于接受真理，勇于摒弃错误。

（14）不要讥笑看起来似乎荒谬怪诞的观点。这种观点往往是创造性思考的导火线。

（15）鼓励大胆尝试，勇于实践，不怕失败，认真总结经验。

有学者认为培养创造意识，可以从调节人的精神状态入手，日本创造学专家高桥诚明确地将创意开发方法分为三大类，其中一类就是创造意识培养技法。我国传统中医学也认为静坐、冥想、心情愉快等都对提高个人的创造意识有作用。下文将对创造意识培养技法进行介绍。

一、静心法

静心法是以实现真正的自我觉悟为目标的生活实践，并在此基础上形成人格的一种方法，这种真正的自我即"悟性"。

（一）静心的特点及静心的效果

在精神治疗法和心理咨询的过程中，自我控制（self-control）问题逐渐受到重视。所谓"自我控制"就是作为主体的自我，调节作为客体的自己的身心，使其稳定和统一，由此而开发自己身心的功能，并采取适合各种情况的行动。由此可见，精神疗法和心理咨询，可以说是使委托者能够进行自我控制的一种援助活动。

1. 身心的安定

静心时，通过进行身心调整，可以使身心安定，使过分紧张的感觉获得解放，从而紧张和松弛得以保持平衡。静心时，不久便浮现出许多形象和联想，有时会萌发出创造性的联想和形象。如果让它原封不动地留在脑中，就会自然而然地消失。因而，静心时，通过消除不必要的紧张情绪能带来身心内在环境的稳定。

2. 身心的统一

当集中注意调整身体时，精神自然也得到调整。身心成为一体，就成了真正的静心。

3. 开发悟性

身心一经调整统一，就会得到悟性的智慧。所谓悟性，就是彻见真正自我。真正自我的性质，就是一切现象在本质上完全没有任何内容，但其中具有无限的功能。那就是"虚无物中无尽藏，有花有月有楼台"。在什么也没有的地方存在无限的生机和创造的根源。根据悟性的经验就是要明白宇宙间所有的事象只是一个。换句话说，所谓宇宙就只有一个，也叫做"主客如一""人我不二"，或者说一切事象就是自我，一旦明白没有自我，就明白所有的事象都是自我。这种自我在静心法中叫做真正自我。一切事象在现象的世界中存在，在本质的世界中却什么也没有。由于这个缘故，所以说一切事象在本质上就是一个。

4. 自我实现

通过静心开始意识到自我，并且更清楚地掌握自我，能够自由地熟练运用。这样一来就出现身心的自律性，就是说按照自己所想的去进行活动，会合乎道理。到了这种程度，就能够开发自我的可能性和各种能力。

5. 开发创造性

静心法从集中注意力到冥想的过程中，一方面集中注意力，另一方面分散注意力；一方面充实精力，另一方面得到安心休息，就这样从两种相反的倾向、交替的节奏与统一当中，充分发挥直观力和想象力的作用，进一步使思考力也得到充分发挥。由于不受具体事物的制约，所以就容易转换和适应新的局面，使创意开发活动变得活跃起来。

6. 促进健康

静心能使内部的紧张和被压抑的感情得到解放，身心获得安宁。其结果是促进身心健康和充分发挥身心功能。静心能开发自然治愈力，产生出一种积极的改造事物的热情。

美国伊利诺伊大学的科学家们对 40 名学生进行的静坐生理实验观察表明：只要静坐 5~10 分钟，人的大脑耗氧量就会降低 17%，相当于深睡 7 个小时后的变化，同时血液中被称为"疲劳素"的乳酸浓度也在不同程度上有所下降。

（二）静心法的操作方法

以下介绍一种简单的静心法，可以帮助每天工作繁忙的人们迅速安定下来，提升自我的创造意识。

（1）首先，找一张坐垫不要太软的椅子，然后坐下。椅子只能坐一半，且身体不可靠在椅背上，两脚平放，双手掌心朝下放在大腿或是膝盖上，很轻松地坐着。头要正，背要直，口要闭，两个手臂和肩膀放松。

（2）坐定之后，全身放松，眼睛自然地闭起来。接着默念一句口诀："上通天根，下透地根。"念完之后，想一下有一股天地灵气垂直地穿过你身体的正中央，往上通达天上无限远之处（谓之"天根"），往下穿透地下无限远之处（谓之"地根"），想一下即可。然后，把身体放心地交给这一股天地灵气（也就是"天根"与"地根"）支撑。

（3）接着，利用 3~5 分钟的时间放松全身。首先放松三个最重要的部位：大脑、小脑、脊椎。再从上到下放松全身，也就是从头顶到脚底，每一个部位都放松，从里而外，从骨头、器官、肌肉、皮肤，一层一层慢慢放松，就这样由上到下，由里而外，全身放松。以上是"预备动作"。

（4）做完预备动作以后，就开始练习"静心法"。请将注意力放在自己的胸腔，也就是"内观"胸腔，"静心凝神"在胸腔内。在"观"自己的胸腔时，要有一个观念，我们所观的，不只是我们的肉体，还有一个精神灵体，因此，我们可以观想胸腔大如虚空，然后就这样静静地坐着，练习静心。

（5）接着，在胸腔中，用念头写一个"静"字，要一笔一画慢慢地写，慢慢地画，同时要写得仔细，写得清楚，不慌不忙。写完之后，如果感觉心已经能静下了，就继续观胸腔入静。

（6）这时，要建立一个观念：心越静，胸腔就越光明。这样，我们就可以把自己的心静下来，然后继续坐最少15分钟以上。静心的时间可以慢慢增加，从一开始5分钟、10分钟、15分钟，到最后坐上1个小时。假如，写了一次"静"字后，心还不能静下来时，可以再写第二遍、第三遍，心中诸多的念头自然便会被收拾起来。记得写"静"字时，要一笔一画写在胸腔，写得仔细、清楚。写完之后，继续观照胸腔明亮犹如白昼，心越静，胸腔将越光明。

这种静心法不限年龄，也不必配合时辰、方位、地点，只要环境通风即可。静心时不宜于在饮食之后，因吃得太饱，或身心疲乏时易产生昏睡现象；时间太晚亦不宜坐，以免影响生活起居。

二、瑜伽法

与静心法关联最密切的技法，是在印度文化中所产生的瑜伽法。静心法的调息相当于瑜伽法的第4段的呼吸法和第6段的精神集中法。瑜伽是在印度宗教盛行的情况下发展起来的，通过独特的体位法、呼吸法和冥想法而带来身心安定，使紧张和松弛以及身心的统一和放松达到最好的平衡，由此增进身心健康，开发悟性的智慧，从而达到自我的实现。

瑜伽一词最初的意思是驾驭牛马，从遥远的古代起它也代表设想帮助达到最高目的的某些实践或是修炼。古圣贤帕坦珈利所著的《瑜伽经》对瑜伽准确的定义为"对心作用的控制"。瑜伽在印度有着悠久的历史，它是东方最古老的强身术之一。它产生于公元前，是人类智慧的结晶。

瑜伽，归根到底是寻求解脱，即身心自由，因此有必要调整身体，这叫做"调身"。另外，瑜伽重视呼吸法，这是因为心和身的状态与呼吸密切相关，呼吸紊乱，心也紊乱；心紊乱，呼吸也紊乱。因此调节呼吸叫做"调息"。在具备调身和调息条件的地方，心也得到调节，这叫做"调心"。由此可见，"瑜伽法"与静虑法相同，都是调节身体、调节呼吸和调节心意的，因此可以把它称为"自我控制法"。

在瑜伽法中，经过调身和调息可以实现心理上的自由。经过调身和调息而进行调心的冥想状态，也就是尽管醒着，却让思考功能停止，身心得以安定。一旦进入内在的精神活跃的状态，过去没有想到的各种新形象和设想就会浮现出来。但是，这些形象和设想是浮现后就消失的。这样的现象就像是把与心中各种感情结合着的思考和形象进行一番洗刷，在心中进行净化。这就是说，冥想就是在心情过分紧张时使它放松，在感情极端兴奋时使它镇定下来。由此可见，采用瑜伽法，可以使心灵安定，可以使身心恢复到非常新鲜的状态。

练习瑜伽法的预期效果有如下几点：(1) 身心的安定：能够使人从身心紧张状态中解放出来，得到身心安定。(2) 精力充沛：消除焦燥和不安情绪，心情明朗，身心充满活力，产生出一股积极进取的热情。(3) 自我控制：能控制欲望，消除因不能满足要求而产生的感情紊乱现象；能够客观地正视自己，正确控制感情。(4) 增强意志力：产生出一种敢于面对任何困难和克服困难的意志力。(5) 提高注意集中力：要开发人的各种能力，其中最重要的是注意集中力。在提高注意集中力的同时，思考力、直观力、想象力也会随之提高。(6) 增强理解力和记忆力：消除了精神障碍，就能看到客观事物的整体，也就能更敏捷、更深刻地理解事物，加快对新事物的理解。(7) 提高适应力：由于精神上得到解放，不受事物的拘束，所以对环境的适应能力就能够提高。(8) 开发创造性。

瑜伽有自身的一套从肉体到精神极其完备的修持方法，当今的瑜伽不仅只属于哲学和宗教的范畴，它有着更广泛的含义。它能够历经千年不衰，有着强大的生命力，其中自然有它的道理。

第二节 思维能力的培养

创造性思维是一种求新的、无序的、立体的思维，它是人类思维的一种高级形式，这种思维不囿于已有的秩序，而是寻求多角度、多方位开拓新的领域、新的思路，以便找到新理论、新方法、新技术等。创造性思维并不是某种单一的思维形式，而是不同思维形式的辩证综合，是直觉思维、逻辑思维、集中思维、发散思维等的有机结合，是智力因素和非智力因素的巧妙互补，是左脑与右脑的协同配合。它在创意开发过程中处于中心和关键的地位。图2-1是创造性思维的表现形式。

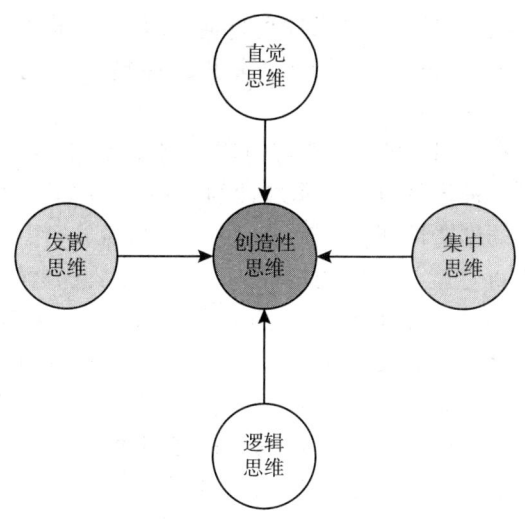

图 2-1 创造性思维的表现形式

一、直觉思维能力培养

直觉思维是一种非逻辑抽象思维的跳跃式的思维形式，它是根据对事物的生动知觉印象，直接把握事物的本质和规律，是一种高度省略和减缩了的思维。直觉思维表现了人的领悟力和创造力。法国哲学家柏格森认为："所谓直觉，就是一种理智的交融，这种交融是人们自己置身于对象之内，以便与其中独特的，从而是无法表达的东西相符合。"他在对照直觉顿悟与逻辑分析的本质区别时提出："那种引起分析并且隐身于分析之后的单纯的行动，却是出于一种与分析能力完全不同的能力，这种能力按其真实的定义来说就是直觉。"分析思维过程面对的是固定对象，直觉顿悟则是着眼于认识的变动和绵延。他不同意一些哲学家试图从分析中找到直觉思维的做法，认为"分析正好是直觉的否定"。柏格森十分重视直觉思维与科学创造之间的联系，提出了以直觉思维为根本的"创造进化论"，认为直觉是人的理智的"边缘"和"半影"，这些"边缘"和"半影"的"凝结"，便形成理智与科学的内核。正是从与人的理智关系出发，柏格森提出："所谓直觉者，即超脱利害与能自己内省之本能。"

直觉思维是创造性思维的重要组成部分，在我们的生活、学习特别是科学研究中，具有不可忽视的重要意义。对此，爱因斯坦特别指出："物理学家的最高使命，是要得到那些普遍的基本定律，由此，世界体系就能用单纯的演绎法建立起来。要通向这些定律，并没有逻辑的道路，只有通过那种以对经验的共鸣的理解为依据的直觉，才能得到这些定律。"苏联科学史专家凯德洛夫则更为直接地论述道：

"没有任何一个创造性行为能够脱离直觉活动。""直觉是创造性思维的重要组成部分。"这些均指出了直觉思维在整个人类思维活动中的重要作用。

直觉思维在相当程度上不是经过周密细致思考后所反映出来的思维形式。它是一种非逻辑性、非理性的近似"本能"的反映。直觉思维所表现出的创造性新颖、流畅、生动、形象，富有生命的魅力。我们不能认为直觉就是简单的再认识，这会降低直觉的创造性的特性。虽然直觉的降临有时突然，但实际上，人的大脑对客观事物已经进行了反复整合，并形成和浓缩为一个整体，只是用到相关材料时，才一蹴而就，迅速完成。但是这种反应如果要产生出创造性结果，必须经过后天培养训练而发展成为一种高级直觉思维。也就是说，直觉思维的形成是以先天的本能为基础、以后天的教育为条件的。

在主体的认识活动中，在科学研究和科学创造中，人们普遍采用的和起主导作用的当然是科学的逻辑思维方法，如分析与综合、归纳和演绎、从抽象到具体等。这些方法确实是科学、有效的方法。但是，在采用这些方法的同时，有意识地突破逻辑思维的框架而运用一些非逻辑的直觉方法，如模糊估量法、整体把握法、笛卡尔连接法等，有时会带来新的突破。下面简单介绍笛卡尔连接法。

笛卡尔连接法的原意是指：用抽象的几何图形来说明代数方程，尽可能采用"智力图像"来解决问题。智力图像即指存在于人的思维中的某种思维模型。这种思维模型是通过某种图像或图形符号来显示的。比如说，类似于物理模型、几何模型等。然后，我们尽可能采用这种图像模型来进行思维。

例如，如果我们脑子里浮现起一个矩形图形，如果 a＝b，便出现一个正方形。这种思维过程便称为"笛卡尔连接"。换言之，就是指我们在思维时，将抽象的概念、原理、关系等，用生动具体的图像模型加以展示，并进行相关分析、处理，这种思维技巧便是"笛卡尔连接法"。事实上，在商业领域，我们在不知不觉中运用笛卡尔连接法的地方很多，如分析商业问题的各种模型——战略管理方面的"五力"模型、营销领域的"4P 分析"等，这些模型将抽象的材料、信息概括为几个主要的关键维度，由这几个关键维度来分析复杂的商业现象，从而找到解决问题的方案。

案例： 斯坦福大学睡眠研究中心的拉伯奇专门设计了一种"清醒的梦的记忆诱导法"，使自己"完全随愿望"做清醒的梦。这种方法是以一个人心目中要求记住的应该做的事与他打算采取行动的未来情景之间的种种联想的形成作为基础。具体来说，就是在睡眠之前，对自己说："下次做梦时，我要记住我是在做梦。"然后，想象自己躺在床上做梦，与此同时，将自己置身于梦中，并意识到自己确实在做梦。

　　心理学家乌尔曼认为，梦的直觉表现在四个方面：一是梦能构思出新事物；二是梦能把分散的印象（表象）组合成一种完整的新形式；三是梦能使做梦者联想到事物的本质；四是梦能产生一种不自觉的经验反映——一种和非梦境的创意开发过程截然不同的反映。

　　凯库勒在梦中发现苯环结构式，一直是人们津津乐道用以作为直觉思维成功的典型例子。不可否认，实践经验对凯库勒的发现是必不可少的基础，前人的积累也是其发现不可少的条件，但其中，必要的思维推动力也是不能缺少的。

　　为什么凯库勒会发现苯环结构是蛇状环形的呢？有资料介绍，凯库勒年轻时，曾做过审讯炼金术士的法庭陪审员。在法庭上，他不止一次地目睹过作为物证出现的炼金术的象征物——首尾相接的蛇状手镯（这一图像深深地印在他脑海里）。更有趣的是，他做梦发现苯环结构的那天晚上，曾经给准备出席晚会的夫人戴过项链（也是环形的），搞了很久才把它戴上（又一图像鲜明地印在他的脑海里）。再加之，那天深夜，他在壁炉边打瞌睡，炉子里即将熄灭的柴火，冒出点点火星（多么像蛇的眼睛在黑暗中一眨一眨的闪光）。这些外界条件（图像），与他沉思了多年的苯环结构在梦中产生了"连接"。"原子在我眼前飞动，长长的队伍，变化多姿，靠近了，连接起来了，一个个扭动着，回转着，像蛇一样。看，那是什么？一条蛇咬住了自己的尾巴，在我眼前轻蔑地旋转，我如从电击中惊醒，那晚我为这个假说的结果工作了一整夜。"于是，苯环结构图式诞生了。在这里，凯库勒正是（自觉或不自觉地）运用了笛卡尔连接这种思维技巧，将苯环结构这种抽象理论用蛇状环形这种具体图象展示出来，并获得了具有科学意义的发现。

二、逻辑思维能力培养

（一）逻辑思维的力量

　　逻辑思维指人们在认识过程中借助于概念、判断、推理等思维形式能动地反映客观现实的理性认识过程。它是作为对思维及其结构以及起作用的规律的分析而产生和发展起来的。只有经过逻辑思维，人们才能达到对具体对象本质规律的把握，进而认识客观世界。逻辑思维以抽象为特征，通过对材料的分析思考，撇开事物的具体形象和个别属性，揭示出物质的本质特征，形成概念并运用概念进行判断和推理来概括地、间接地反映现实。

　　案例：如何用逻辑思维来证明"较重物体比轻物体先落地"的

错误？此即亚里士多德关于落体的速度与其重量成正比的"定理"。

伽利略的演绎推理是：假设物体 A 比 B 重得多。如果亚里士多德的论断是正确的，A 就应该比 B 先落地。现在把 A 与 B 捆在一起成为物体 A＋B。一方面因 A＋B 比 A 重，它应比 A 先落地；另一方面，由于 A 比 B 落得快，B 会拖 A 的"后腿"，因而大大减慢 A 的下落速度，所以 A＋B 又应比 A 后落地。这样便得到了互相矛盾的结论：A＋B 既应比 A 先落地，又应比 A 后落地。

两千年来的错误论断竟被如此简单的推理所揭露，可见，演绎推理方法有着严密、准确、透彻的特点。客观上来讲，逻辑思维是人脑对客观事物间接概括的反映，它凭借科学的抽象揭示事物的本质，具有自觉性、过程性、间接性和必然性的特点。它的基本形式是概念、判断、推理。逻辑思维方法主要有归纳和演绎、分析和综合以及从抽象上升到具体等，上文伽利略所用的方法就是演绎推理法。

（二）逻辑演绎法

下面介绍一种简单的训练逻辑思维能力的方法——逻辑演绎法。

1. 逻辑演绎法的原理

思维中所有的关键步骤都有助于达到这样一个目标：把可以利用的信息组织成一种有用的形式，并通过从目前已知的东西中得出的有用结论来对问题进行递进分解、层层简化。进行清晰的逻辑思维概括起来基本上就是：在一定的制约条件下，尽可能获取信息，然后充分有效地利用它，导出问题的答案。

逻辑思维的基本思维策略有以下几种：

（1）分步思维：把问题分成简单的步骤或阶段来考虑。

（2）描象构图：为解决问题勾画一个你可以进行图上作业的草图、表格、图解或别的可见图像。

（3）重新措辞：用一些更容易使你明白的术语、句子，对提出的问题以异于原来的方式重新进行表述，使问题变得简单明了。

（4）思维搜索：通过得出某些简化的结论或摒弃一些无关紧要的可有可无的细枝末节把问题压缩到一个较小的范围之内。

（5）条理化：把所有已知的选择、可能性、情况态势、关系配置或各种耦联关系等简单列表，使之有条理。

（6）链式思维：把各种选择和亚选择排列成逻辑链、时间序列或分支树图，这样你就可以沿着可行的途径，找出相对满意的解决办法。

（7）超越障碍：在适当的时候，可停下来重新考虑一下你的思维过程，考虑另外一种方法，或用创造性跳跃的思维方式选择新的方案。

（8）举三归一：可根据部分对象具有某些属性或不具有某些属性，来断定全部对象具有或不具有某种属性。

（9）因果思维：在事物前后的因果链的节点上发现其闪光点，找到事物的奥妙之处。

（10）由此及彼：发挥想象力、创造力，探索未知。

2. 逻辑演绎法的练习

（1）"爬字梯"游戏（word ladder）：组建这样一组单词，其中，后面的每一个都由紧靠其前的一个单词仅改变某一个字母变化而成，而且每一个字母的排列顺序不能改变。例如，把单词 LOSE 变成另一个意义与之相反的单词 FIND，每次只变换一个字母。

$$LOSE \rightarrow LONE \rightarrow LINE \rightarrow FINE \rightarrow FIND$$

请思考：

①把 EAST 变成 WEST。

②把 HEAT 变成 COLD。

③把 LION 变成 BEAR。

④把 HATE 变成 LOVE。

解答：

①EAST、LAST、LEST、WEST。

②HEAT、HEAD、HELD、HOLD、COLD。

③LION、LOON、LOAN、LEAN、BEAN、BEAR。

④HATE、LATE、LANE、LONE、LOVE。

（2）有一个工厂的存煤发生自燃，引起火灾。煤为什么会自燃？

一堆煤自动地烧了起来是怎么回事？先查查资料，了解煤是由远古时期的植物埋在地下，受细菌作用而形成泥炭，再在水分减少、压力增大和温度升高的情况下逐渐形成的。也就是说，煤是由有机物组成的，燃烧要有温度和氧气，是煤慢慢氧化积累热量，当温度升高到一定限度时就会自燃！那么怎么预防呢？对这个问题我们可以从两方面进行思考：从原因到结果和从结果到原因。例如，从产生自燃的因果关系出发来考虑预防措施：

①煤炭应分开储存，每堆煤量不宜过大。

②严格区分煤种存放，根据不同产地、煤种，分别采取措施。

③清除煤堆中诸如草包、草席、油棉纱等杂物。

④压实煤堆，在煤堆中部设置通风洞，防止温度升高。

⑤加强对煤堆温度的检查。

⑥堆放时间不宜过长。

（3）扑克牌游戏之一：三张扑克牌面朝下，从左至右排成一行。

已知：

①J 在 Q 的左边；

②方块在黑桃的左边；

③K 在红心的右边；

④黑桃在K的右边。

请判定左、中、右三个位置上扑克牌的牌面和花色。

解答：红心J、方块K、黑桃Q。

（4）扑克牌游戏之二：四张扑克牌面朝下，从下往上排列。

已知：

①最上面的一张不是K，但比A、J要接近；

②红心在梅花的上面；

③K不是红心，也不是梅花；

④A既不是黑桃也不是方块；

⑤方块在梅花的下面。

请确定各张牌的位置及其花色。

解答：从上往下依次是红心Q、黑桃K、梅花A、方块J。

（5）在一个野营帐篷里，有四名大学生小赵、小钱、小孙、小李，他们分别在大一、大二、大三、大四的四个年级，而且分别参加了计算机、运动队、航模和课题攻关小组，我们知道：

①小赵和二年级学生在同一个大学；运动队队员和一年级的大学生住在同一城市；小钱和课题攻关组成员来营地时间较晚。

②早晨，小孙和四年级学生到树林里去采集植物标本；在中午的乒乓球双打比赛中，小钱和三年级学生赢了小孙和航模小组成员。

③小李比课题攻关小组成员年纪小，小赵比小孙年纪大，计算机小组成员比小赵的年纪大。

④星期天，小赵和航模小组成员参加了一场比赛，四年级学生当裁判，而课题攻关小组成员生病了。

请确定每名学生所参加的小组。

答案：小赵——运动队小组，小钱——计算机小组，小孙——课题攻关小组，小李——航模小组。

三、集中思维能力培养

集中思维也称收敛思维，它是一种集中导向的思维，是与发散思维相对应的思维形式。收敛思维以某个思考对象为中心，从众多已知条件找出一个唯一正确或最佳答案，或者以某个问题为中心，从不同的角度将思维指向这个问题，以寻求解决问题的最佳方案。

收敛思维的着眼点是由现有信息出发，产生直接的、独有的、为已有信息和习俗所接受的最好结果。其思维过程始终受所给信息和线索影响，是深化思想和挑选设计方案的常用的思维方法和形式。收敛思维以某种研究对象为中心，将众多的思路和信息汇集于这个中心点，通过比较、筛选、组合、论证从而得出在现有条件下解决问题的最佳方案。收敛思维具有集中性和最佳性的特点，即收敛思维的过程是集中指向的，目标单一，就像瞄准靶心。其结果是寻求最佳的，或者说在一定条件下最佳的解决方案。

收敛思维训练方法运用最多的有目标识别法、层层剥笋法、聚焦法等，其中层层剥笋法、聚焦法的应用较为广泛。在著名创造学专家布利斯的著作《超级创造力训练》（*Super Creativity*）中对层层剥笋法有详细的介绍。下面我们通过一个案例来说明层层剥笋法的运用。

案例：1940年11月16日，纽约爱迪生公司大楼一个窗沿上发现了一个土炸弹，并附有署名FP的纸条，上面写着："爱迪生公司的骗子们，这是给你们的炸弹！"后来，这种威胁活动越来越频繁，越来越猖狂。1955年竟然放上了52颗炸弹，并炸响了32颗。对此报界连篇报道，并惊呼此行动的恶劣，要求警方予以侦破。

纽约市警方在16年中煞费苦心，但所获甚微。所幸还保留着几张字迹清秀的威胁信，字母都是大写。其中，FP写道：我正为自己的病怨恨爱迪生公司，要使它后悔自己的卑鄙罪行。为此，不惜将炸弹放进剧院和公司的大楼，等等。警方请来了犯罪心理学家布鲁塞尔博士。博士依据心理学常识，应用层层剥笋的思维技巧，在警方掌握材料的基础上做了如下的分析推理：

（1）制造和放置炸弹的大都是男人。

（2）他怀疑爱迪生公司害他生病，属于"偏执狂"病人。这种病人一过35岁后病情就加速加重。所以1940年时他刚过35岁，现在（1956年）他应是50岁出头。

（3）偏执狂总是归罪他人。因此，爱迪生公司可能曾对他应对不当，使他难以接受。

（4）字迹清秀表明他受过中等教育。

（5）约85%的偏执狂有运动员体型，所以FP可能胖瘦适度，体格匀称。

（6）字迹清秀、纸条干净表明他工作认真，是一个兢兢业业的模范职工。

（7）他用"卑鄙罪行"一词过于认真，爱迪生公司也用全称，不像美国人所为。故他可能在外国人居住区。

（8）他在爱迪生公司之外也乱放炸弹，显然有FP自己也不知道的理由存在，这表明他有心理创伤，形成了反权威情绪，乱放炸弹就是在反抗社会权威。

（9）他常年持续不断地乱放炸弹，证明他一直独身，没有人用友谊或爱情来愈合其心理创伤。

（10）他无友谊，却重体面，一定是一个衣冠楚楚的人。

(11) 为了制造炸弹，他宁愿独居而不住公寓，以便隐藏和不妨碍邻居。

(12) 地中海各国用绳索勒杀别人，北欧诸国爱用匕首，斯拉夫国家恐怖分子爱用炸弹。所以，他可能是斯拉夫后裔。

(13) 斯拉夫人多信天主教，他必然定时上教堂。

(14) 他的恐吓信多发自纽约和韦斯特切斯特。在这两个地区中，斯拉夫人最集中的居住区是布里奇波特，他很可能住在那里。

(15) 持续多年强调自己有病，必是慢性病。但癌症不能活16年，恐怕是肺病或心脏病，肺病现代已不难治愈，所以他是心脏病患者。

根据这种层层剥笋式的方式，博士最后得出结论：警方抓他时，他一定会穿着当时正流行的双排扣上衣，并将纽扣扣得整整齐齐。而且，建议警方将上述15个可能性公诸报端。FP重视读报，又不肯承认自己的弱点。他一定会做出反应以表现他的高明，从而自己提供线索。果不其然，1956年圣诞节前夕，各报刊载这15个可能性后，FP又从韦斯特切斯特寄信给警方："报纸拜读，我非笨蛋，决不会上当自首，你们不如将爱迪生公司送上法庭为好。"依循有关线索，警方立即查询了爱迪生公司人事档案，发现在20世纪30年代的档案中，有一个电机保养工乔治·梅特斯基因公受伤，曾上书公司诉说染上肺结核，要求领取终身残废津贴，但被公司拒绝，数月后离职。此人为波兰裔，当时（1956年）为56岁，家住布里奇波特，父母早亡，与其姐同住一个独院。他身高1.75米，体重74公斤，平时对人彬彬有礼。1957年1月22日，警方去他家调查，发现了制造炸弹的工作间，于是逮捕了他。当时他果然身着双排扣西服，而且整整齐齐地扣着扣子。

聚焦法，就是人们常说的"沉思、再思、三思"，是指在思考问题时，有意识、有目的地将思维过程停顿下来，并将前后思维领域浓缩和聚拢起来，形成思维的纵向深度和强大的穿透力，在解决问题的特定指向上思考，积累一定量的努力，以便帮助我们更有效地审视和判断某一事件、某一问题、某一片段信息。由于聚焦法带有强制性指令色彩，因而它对人们的思维可产生双重作用：其一，可通过反复训练，培养我们的定向、定点思维的习惯，形成思维的纵向深度和强大穿透力，犹如用放大镜把太阳光持续地聚焦在某一点上，就可以形成高热。其二，由于经常对某一片段信息、某一件事、某一问题进行有意识的聚焦思维，自然会积淀起对这些信息、事件、问题的强大透视力、理解力，有利于最后顺利解决问题。聚焦法的操作方法是：首先要研究问题是如何存在的，并加宽注意的广度和想出较多的解决方法，然后试着区分对问题的叙述，由此决定是否把精神集中于一个更特定的层面上。聚焦法的要点是：在思维的特定指向上积累一定量的努力，最终达到质的飞跃。

案例：伽利略在教堂通过吊灯的摆动而得出了钟摆的等时性原理

一天，伽利略参加一个大教堂的集会。牧师滔滔不绝的布道丝毫未能引起他的兴趣。他的思维焦点指向了大教堂天花板上的一盏吊灯——那盏吊灯在风的吹动下不停地摆动着。他的思维停顿下来，聚焦在吊灯的摆动上。他聚精会神地注视着、思考着……经过观察，他发现吊灯摆动的振幅虽然慢慢地减小了，但摆动的周期还是不变，即摆动周期与振幅无关。之后，他带着这个问题，进一步"聚焦"，观察了许许多多不同材料做成的不同形状的钟摆，终于得到了共同的结论。于是，钟摆摆动等时性原理被"聚焦"出来了。

四、发散思维能力培养

发散思维又称辐射思维，它的特点是从给定的信息中产生新信息，其着重点是从同一来源中产生各种各样为数众多的输出，并由此导致思路的转移和思想的跃进。这种思维的过程是：某一问题如有很多答案，即以这个问题为中心，思维的方向像辐射一样向外发散，找出的答案越多越好。然后从诸多答案中找出最佳的一种，从而最有效地解决问题。如果用一个形象的图示来说明的话，这种思维就像自行车的轮子一样，许多辐条以车轴为中心向四周辐射。

发散思维是一种重要的创造性思维。发散思维具有流畅性、变通性和独特性的特点。流畅性是指在发散思维的过程中思维反应的灵敏、迅速、畅通无阻，能够在较短的时间内找到较多的解决问题的方案。变通性是指在发散思维的过程中能够随机应变，不受现有知识和常规定式的束缚，敢于提出新奇的构想。独特性是指发散思维的种类要新颖独特，能够以前所未有的新角度、新观念去认识事物，思维的结果具有新奇、独到的特点。

事实上，发散思维在任何一个解决问题的过程中，随着智力思考的进行，都发挥着巨大的作用。发散思维利用不同的思考方向，不受现有知识范围的限制，不遵循传统的方法，采用开放和分歧的方式，以衍生各种可能的解答或不同的解决问题的创意。这种发散思维的结果，往往能获得一种开放性的或创造性的问题解决方法，增强了解决问题过程的多样性和变化性。下面介绍发散思维策略中九项具体的操作技术（如图2-2所示）。

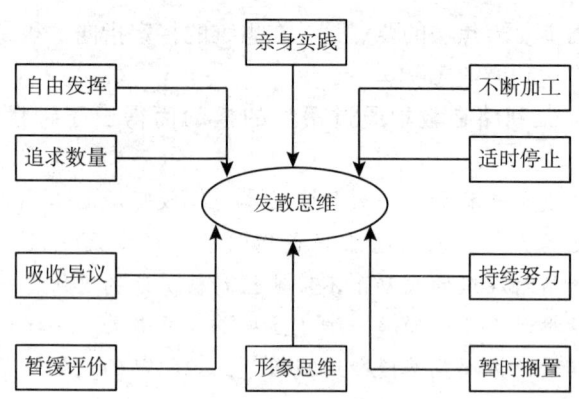

图 2-2　发散思维策略的操作技术

（一）自由发挥

为了使发散思维能得到有效扩展，必须鼓励问题解决者在寻找解决问题的方法时自由发挥。自由发挥就是打破传统方法和传统观念的束缚，在进行思考时不受拘束地进行发散思维。一个人所拥有的自由发挥的独创力和想象力是无限的，同时自由发挥的想象力是人类活动的原动力。人类的很多发明都是经过自由发挥后出现的。

常用的自由发挥的方法之一是在考虑问题时，使用"在逻辑上与这个问题无关的事物"，然后在这个无关的事物与问题之间，牵强地找到共同点或联系，用以激发新奇的构想，寻求问题的解决之道。

法国的一个著名文学派别曾经创造了一种激发创造灵感的游戏。游戏的规则是：将一张纸折成两半，在其中一半上面由一个人发挥自由联想写满名词。然后把纸条交给另一个人，这个人并不看前一个人写了什么东西，他要在纸条的另一半上写满他所想象的形容词。这样写完以后，把纸条打开，人们会发现在第二个人对应第一个人所写的每一对形容词和名词之间，充满了各种新奇的修饰关系。有的关系很荒诞，在哪里都不能用，但是有的修饰关系简直只有天才才能想象出来，很多新奇而绝妙的创作构想就在这种游戏的氛围中产生了。

自由发挥的另一种方法是将解题思路上的某个逻辑环节的元素加以自由发挥，从而产生大量的问题解决方案。丰富的想象力是这种发散加工方式必不可少的基础。爱迪生改进白炽灯可以说就是使用这种对元素进行自由发挥的方法解决问题的经典案例之一。

案例：以前的白炽灯都有致命的弱点，一类是造价过于昂贵，另一类是使用寿命太短，所以无法推广。于是爱迪生从 1878 年开始研究白炽电灯。他首先找出当时各种白炽灯的弱点，发现问题的要害在灯丝使用的材料上，他认为关键是要找到一种既廉价又耐用的材料。为此，他花费了一年多的时间，选用了 1 600 多种材料，其中有金属、石墨、木材、稻草等，但是都不理想。一天晚上，妻子正在家里缝制衣服，爱迪生看着妻子手中的棉线，突发奇想，一个把棉线通过烧制做成炭丝的灵感从脑海中萌发。他拿起棉线连夜回到实验室，和助手一起研究，将棉线烧制成炭丝，做成了新的灯丝。为了避免灯丝氧化，延长灯丝的寿命，爱迪生提高了灯泡的真空度。1879 年 9 月，经改进后的抽气机已使灯泡的真空度达到大气压的百万分之一。1879 年 10 月 21 日，世界上第一盏具有实用价值的白炽灯终于诞生了。这盏灯亮了 45 个小时才熄灭。爱迪生仍然不满足，希望找到一种寿命更长的材料来代替现有的灯丝。一天，天气炎热，爱迪生看到助手在使劲摇着竹扇，又自由发挥地想到："用竹子丝烧成炭后效果会怎么样？"为此，他派人到世界各地采集了多种竹子，经过反复对比，最后确定使用日本某地的竹子效果最好。经实验，这种改良后的灯泡亮了 1 200 小时以上。就这样，爱迪生不断尝试，最后终于找到了合适的材料，白炽电灯终于研制成功了。

自由发挥的发散加工过程不受拘束，并不是说在自由发挥的过程中就不利用已有的知识和经验。相反，在自由发挥时通过已有的知识和经验进行多角度的新的思考，也许会有令人惊奇的新想法产生。无线熨斗的产生就是在这种已有的事物基础上进行自由发挥的创造而获得的。

案例：1984 年 4 月的一天，被称为"熨斗博士"的岩见宪一召集了几十名年龄不同的家庭主妇，请她们对"松下"的熨斗提意见。其中一位妇女说："使用熨斗的时候电线拉来拉去很不方便，若是熨斗没有电线就会方便得多。""妙啊！无线熨斗。"岩见宪一高兴地叫了出来。于是事业部马上成立了以岩见宪一本人为首的攻关小组。开始他们想用蓄电的方法取代电线。但是研制出来的熨斗过重，使用起来十分困难。为了解决这一难题，岩见又把主妇们熨烫衣服的过程录制下来，分析研究其中动作的规律。结果发现，妇女并非总是拿着熨斗熨烫衣服，而是多次把熨斗竖在一边，调整衣服以后再熨烫它。于是攻关小组修正了蓄电方法，设计了一种蓄电槽，每一次熨烫衣服之后可将熨斗放入蓄电槽内充电，只要 8 秒钟就可蓄足电，这样熨斗的重量就大大减轻了。就这样，新型的无线熨斗就在一个自由发挥的想法的启示下诞生了。

（二）追求数量

对问题进行发散思考时，要尽可能多地想象新奇的解决方案。由于发散思维本身鼓励无序性，所以在经过发散思维产生的众多方案中，大部分可能是无效的。只有通过在发散思维过程中提出尽可能多的解决方案，而暂时不考虑每个方案的可行性，这样在对问题进行发散思维以后，到了创意的评价与选择阶段，才能保证可行性方案的数量，才能获得尽可能优化的问题解决方案。

创造性思维活动本身具有低概率的本质，因此一定要激发尽可能多的创意，仅仅寄希望于一两个创意以创造性地解决问题成功的可能性很低。所以在寻求解决问题的创意时，解题者应该有这样一种意识：没有无价值的东西，每样材料都或多或少有些价值。要产生一个好的创意，最好的办法就是激发大量的创意来进行选择。可以说追求数量不仅是一种操作策略，更是一种基本的解决问题的态度，即有意超越原来的设想，在做出选择之前找到更多的可以选择的方法、思路。

比如，一位摄影师对一个重要的主题可能会拍摄许多次。他会使用不同的光圈、曝光速度、滤光镜，他会拍摄30张、50张甚至100张以上，因为他知道，尽管他已经拍摄了如此多的照片，但成功的也只有少数几张。人们容易把自己的一个设想接受下来，结果就犯了过早结束的错误，他们如果能够坚持不懈地继续寻找，原来的那个设想也许就显得平淡无奇。

案例：有这么一个实验。实验者向两组被测试的人员提供一幅漫画或一个短篇故事，要求两组的组员为这个题材设想出一个标题。被测试组A被要求只写出一个标题，而被测试组B则被要求写出尽可能多的标题。结果，被测试组A的标题的平均质量要远远好于被测试组B，但从绝对数来看，被测试组B的高质量标题的数量要远多于被测试组A。这个实验表明了一种事实，即为了充分寻找，你也许会花费大量的时间和精力，而且会得到许多看来远不如第一个创意的构思，但这个工作必然会提高找到更完美解决之道的机会。

创造出头脑风暴法的奥斯本提出：数量孕育着质量。同时大量的相关实验结果表明，后面产生的构思比前面产生的构思的质量更高些。所以在进行发散性思维的过程中，追求高数量的创意是十分必要的。要追求数量，就不要过早地结束对更充分设想、构思的寻找，不要轻易就停留在第一个看来比较合理的解决方法上，应以高标准引导自己寻找所能够找到的最好的解决之道。

（三）吸收异议

通常我们对新的观点和创意总是容易采取过分简单的方式：保留与我们的意见相符的观点，抛弃与我们不同的观点。这样做可能会使我们失去对创新有用的东西。这些思想不仅仅是可以转化为解决方案的原始材料，更重要的是它们可以激发新的或更好的思路。

其他人的意见和想法甚至是批评在进行发散性思维时都是十分重要的。要尽量对所有存在的意见进行批判性的参考。通过对这些意见进行加工和整理会使我们发现一些有价值的东西。如果对这些可能的意见视而不见，我们也会失去从中受益的机会。

（四）暂缓评价

暂缓评价是发散性思维策略的一个重要内容，它要求进行发散思维的过程和评价的过程在时间上和程序上完全分离。如果在发散性思维产生创意后就立即对这些创意构思进行评价，就不能进一步产生更多的发散思维的创意，即抑制了发散思维的进程。对刚刚听到的一种言论无论评价为好或者不好，都违反了暂缓评价的原则，会影响到创新的质量。

因此，在创意生成和概念构思阶段的每一步收集或生成大量信息时，都要尽可能延迟对已有材料的评价。每当不由自主地想要进行评价时，都要不断提醒自己：稍后再评价，过早的评价会影响获得的创意和概念的质量。

（五）不断加工

某些初看上去脱离现实甚至是荒诞的材料，或许经过小的修改就可以成为一个具有创新意义的解决方法。试着将材料的某个方面加以修改，就有可能得到很多有价值的信息和新奇的创意。

可以试着将不同的材料加以组合，给一个材料加入另一个材料的某些特征。这种方法被称为"搭便车"。特别是在小组内部出现分歧时，这种"搭便车"的方法尤其值得提倡。

（六）适时停止

适时停止是发散性思维的一个难点。结束发散的原则是：重要方面的内容都已经涉及。当所有的内容都围绕着几个重要主题进行时，就可以停止发散。进行提问时，如果发现答案总是相似，也应该考虑停止发散，但是不要在反应刚开始重复时就停止，因为这时也许是邻近的问题涉及了某个重要的方面，而不是发散充分的表现。

（七）持续努力

创意生成和概念构思的速度具有一般规律：在刚开始时创意生成的速度最快，随着时间的推移而逐渐减慢。在第1分钟内，可能会生成10个创意；而到了第2分钟，可能就只会生成4个创意；在8分钟之后，可能1分钟也构思不出一个创意。就在你认为已经付出了所有的努力时，你还应该问自己："还有哪些创意和概念构思？"然后再提出10个创意和新概念。有研究发现，一个人所产生的后一半创意里有78%比前一半中的创意更好一些。因此，随着时间的推移，所提出的创意和新概念的价值将越来越高。

所以在进行发散性思维时，要保持思维的流畅性，持续不断地产生新的问题解决方案和新的概念构思，不要停止这种努力。只要经过持续的努力，人的思考意识会无处不在。人们在持续努力后经常能够产生突破性的想法。

（八）暂时搁置

暂时搁置是指创意人员在一段时间里暂时停止对问题进行实际工作，但同时又要保持解决问题的愿望。在暂时搁置的时候很可能突然涌现出原来没有想到的好创意和概念构思，这就是"灵感"的产生。

许多人常常有这样的经验：在尝试解决一个问题而毫无结果的时候，他们可以把问题暂时搁置几个小时、几天或者几个星期，然后再回过头来解决，这时候常常可以很快找到解决办法。

实例： 法国著名数学家彭加勒回忆他发现不定三元二次方程式的算术转换式的过程是这样的："这时我集中注意力来研究某些算术问题，显然没有得到多大的成功，而且也没有想到这些问题和我以前的研究有什么联系。我对自己的失败感到很恼火，于是就暂时将问题搁置下来，去海边住几天散散心，同时想一些别的问题。一天早晨我在海边散步时，心中突然出现一个念头，突如其来但简明扼要，我立刻确定不定三元二次方程式的算术转换式跟非欧几何上的转换式是相同的。"

因此，在任何发散性思维产生一定的创意和概念构思之后，甚至在"尝试着再提出10个创意"之后，创意人员都需要有一段时间进行休整，这段时间唯一要做的就是停止前面所做的各种活动。事实上，将要解决的问题搁置一下而不是忘掉这个问题，是非常有效的。

（九）亲身实践

当百思不得其解的时候，不妨亲自动手实践一下，往往可以在创意生成和概念构思的过程中收到意想不到的效果。

诺贝尔化学奖得主李远哲说，他成功的经验就是"勤动手，出成就"。他随身带工具，走到哪里就干到哪里。家里很多损坏的东西都是他自己修。在设计实验器具之前他还到机械厂学习过车床、烧制玻璃器皿。因此尽管他做的试验仪器十分复杂，但是他能够很好地把握空间的利用，使仪器工作时不会互相干扰，保障了实验的质量。经常动手实践，使他在创新活动中获益匪浅。

（十）形象思维

尝试运用感觉、听觉、视觉、味觉、嗅觉将你的想法和构思形象化，可以使你对自己面对的问题有更加直观的认识，从而促进对问题的理解，进而有助于问题的解决。

【思考题】

1. 创造意识对于创意开发为什么很重要？
2. 请结合自己的实际，谈谈本章提到的创造意识培养方法的意义。
3. 请针对本章提到的几种思维能力培养法，思考自己应当怎样训练创意开发能力？

【延伸阅读】

1. Evan I. Schwartz, *JUICE：The Creative Fuel That Drives World - Class Inventors*, Harvard Business Review Press, 2004.
2. 沃尔特·艾萨克森：《史蒂夫·乔布斯传》，管延圻等译，中信出版社 2011 年版。
3. 米哈里·希斯赞特米哈伊：《创造力：心流与创新心理学》，黄珏苹译，浙江人民出版社 2014 年版。

第三章
思路扩展法

【学习目标】
1. 了解类比创意开发法、移植创意开发法、模仿创意开发法、逆向创意开发法、组合创意开发法的基本内容。
2. 能够使用本章介绍的一种或多种方法形成一个创意产品方案。

【导入案例】
听诊器发明之前，心肺听诊的唯一方法，是医生把耳朵贴在病人的胸膛上听，既不方便又不容易听清楚。即使能听到很轻的心跳声音，至多只能证明一个活着的人心脏在跳动，无法诊断疾病。拉埃内克为解决听诊问题一直在思索。1916年，有一天下午，拉埃内克到卢浮宫花园内散步，花园里有许多孩子在玩游戏。

他走到4个男孩围着一块跷跷板玩的地方。其中有一个男孩从地上捡起一枚别针，用别针在跷跷板的一端划出声音，另外三个孩子则把耳朵贴在另外一端听着通过木头传来的声音。这声音有时尖，有时沉，听得很清楚。孩子们都乐得叫了起来。

拉埃内克从孩子们的游戏中得到了启示。他立即返回医院，拿了几张稍硬的纸，将纸卷成筒状，成了一个圆柱体。他把圆柱体的一头紧贴在病人的胸前，另外一头贴在自己的耳朵上。从圆柱体内传来了心脏的跳动声，比用耳朵贴在病人胸膛上听到的声音清楚多了。拉埃内克又拿着纸筒做成的圆柱体走到另外一间诊室。那间诊室躺着两位患不同疾病的病人。拉埃内克走到患肺炎的病人身旁，通过纸筒听诊，他听到的是嘶哑、短促的呼吸音，再给患脓胸的病人听诊，听到的声音与肺炎病人截然不同。

由于纸张的质地轻软，影响听诊的效果，拉埃内克对纸筒进行了改进，他用木棍，把中间掏空，做成一个空心的圆柱体，这样就比纸筒坚固多了。他给这个新工具取了一个科学的名称：听诊器。1819年8月，拉埃内克编著的《论间接听诊法及主要运用这种新手段探索心、肺疾病》出版，这套书连同听诊器一起出售。这部著作的一部分内容已成为医学文献中的重要章节，成了现代医学的一块奠基石。

听诊器的发明运用了类比创意开发法，仔细阅读本章，您还会发现更多有趣的思路拓展法。

第一节　类比创意开发法

类比法就是选择两个对象或事物（同类或异类），对它们的某些相同或相似性进行考察比较。日本创造学专家高桥浩说："从构造相似的或形象上相似的东西中求得思想上的启发，我们称这种做法为类比思考，人类从远古起就有意无意地用这种方法完成了许多发明。"类比创意开发法是富有创造性的创意技法，有利于人的自我突破，其核心是从异中求同，或同中见异，从而产生新知，得到创造性成果。它在人们认识世界和改造世界的活动中，具有重大意义。历史上，许多重大的科学发现、技术发明和文学艺术创作，都是运用类比创意技法得到的硕果。

类比创意开发法的关键点是通过已知事物与未知事物之间的比较，从已知事物的属性去推测未知事物也具有某种类似属性。

类比思维与归纳、演绎等推理方法的主要不同之处在于：类比的思维推导过程有很大的不确定性，这样可以帮助我们突破逻辑思维的局限性，去寻找一个全新的、创造性的逻辑链的起点，这正是它的优点。

例如，制作面包的时候，加发泡剂可以使面包具有松软的属性，那么在生产塑料的时候，可否也加入某种发泡剂使其变得松软呢？这样的类比思维激发出了泡沫塑料的创意，后来又有人利用这样的类比思考方法，发明了泡沫水泥、泡沫砖等。

类比法一般有三个步骤：

（1）类比对象：一般情况下类比对象应该是熟悉的、生动直观的事物和比较容易类比的事物。有时候需要靠联想思维把表面上毫不相关的事物联系起来。

（2）对两者进行分析、比较，从中找出共同的属性。

（3）对两者进行类比联想推理，得出创新的思路。

成功使用类比创意开发法的关键在于联想能力，否则就无法在已知和未知之间找到联系，更谈不上类比了。因此，训练联想、想象能力是掌握并使用这种方法的基础。联想能力越强的人，就越容易在两类相差很远的事物之间建立联系和类比关系，也就越容易得到突破性的创意和解决思路。

一、类比创意开发法的基本类型

从广义的角度来说，世界上所有的事件之间都存在着应用类比方法的可能性，但必须要有一定的客观规律作为基础。根据类比的对象、方式等的不同，类比法大致有如下几种类型（如图3-1所示），也就是我们在运用这种方法的时候可以参考的思考途径。

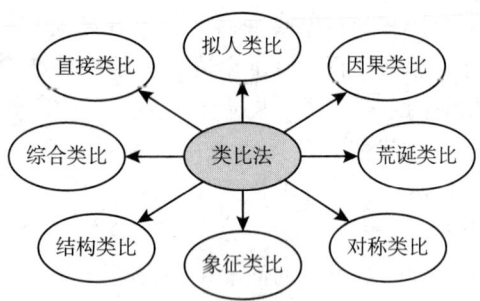

图3-1　类比创意开发法的8种主要思考途径

（1）直接类比：根据原型启发，直接将一类事物的现象或者规律搬到另一类事物上去。

（2）拟人类比：把自己同问题对象进行类比。

（3）因果类比：把两事件的起因和结果联系起来进行类比。

（4）荒诞类比：把最荒诞的创造性思维和实现愿望联系在一起进行类比。

（5）对称类比：利用自然界许多事物都存在着对称性的关系进行类比。

（6）象征类比：把表面看来不同而实际上有联系的要素结合起来进行类比。

（7）结构类比：利用结构上的某些相似性把已知事物和未知事物进行类比。

（8）综合类比：把两件事物进行全面的、综合的类比。

（一）直接类比

直接类比就是从自然界或者人为成果中直接找出与创意对象类似的东西或事物，进行类比创意。

直接类比是一种最简单的在两种事物之间直接建立联系的类比，

其中，类比的关系既可以是从已知事物指向未知事物，也可以从未知事物指向已知事物。比如，鲁班从草叶的边缘可以割破手指这一已知事物出发，直接类比到他截断木材的难题，从而产生"锯"这一创意，这就是从已知指向未知。而现实中常常是先出现问题再来寻找答案，就是从未知事物指向已知事物。例如，如果想要提高继电器的灵敏度，通过直接类比"电桥可以提高电路的灵敏度，磁桥是不是也可以提高磁路的灵敏度呢？"高灵敏度继电器便是由这种类比发明的。

使用这种直接类比方法通常可以从自然界中寻找到某种启示，"师法自然"往往是不错的主意。例如，模仿海豚的皮肤以减少潜水艇在水中受到的阻力的仿生研究就是一个例子。"仿生技术"大抵就是从动物的身体结构功能类比到工具的应用，从而发明出更多创新的工具。

运用直接类比的技巧，就是尽力就一些可类比的事实、信息或技术进行比较。在利用这些类比材料激发创意的过程中，需要检索已有的经验或知识，从而把似乎与手头的问题有关联的现象收集整理在一起，进行直接类比来激发创意。

需要指出的是，如果考虑的现象或材料与手头问题的关系太过贴近，就难以获得有用的创意。例如，如果我们把摩托车与自行车放在一起加以比较，那就可能会因二者太相似而难以刺激出有用的创意。但是如果把计算机与人脑加以比较，就会十分有益。将生物系统与非生物系统加以比较，或将生物的、生态的及其他自然科学系统与社会系统加以比较，也会取得丰硕的创造性思维成果。

案例：假设要寻找一种最佳方法来管理办公室内外日常的信息流动。若运用直接类比创意开发法，可以先考察人们如何处理因大河里的水而产生的问题。

有时河流的水量很少。在这种情况下，如果人们希望引水灌溉农田，或开展航运，或用于其他目的，那么水量小的河流就给人们造成诸多问题。与此情景相似，为了使办公室工作顺利运转，就需要连续不断的信息流通。而倘若信息稀缺或流通不畅，就会带来一连串的附带问题。

有时河流也有可能因骤降暴雨或山上的冰雪融化而造成洪水泛滥，从而使支流流量增加，最终汇入干流。如果河水流量太大而酿成洪灾，那就会危及河道附近的土地和城镇。通过直接类比发现，太多的信息也会产生问题。也许办公室没有足够的人手来处理过多的信息。或者信息太复杂，人们难以对其进行分析。

在这两种情况下，继续考察人们如何处理因河水太少或太多所导致的问题，发现人们通常会在河流上建造若干个水库，以便能够全年控制河水流量。类似地，为了管理办公室内外的日常信息流动，管理者也可以建造一些"信息水库",同时需要有最后期限来限定办公人员在什么时候务必处理信息,或把信息传达出去。与处理和传递信息相似,接收或获取信息也需要根据期望在时间上设定最后期限。

通过与河流的流量控制进行直接类比,激发了"建立一套程序或档案系统,以此来控制和管理办公室内的信息进出"这一创意。

(二) 拟人类比

拟人类比也称亲身类比、自身类比或人格类比,就是使创意对象"拟人化",在解决问题时,设法使自己与该问题的要素等同起来,进行类比,从而得到有益启迪的方法。拟人类比的关键点就是想象自己就是问题中的一个角色,使自己与创意对象的某种要素认同、一致,自我进入"角色",体现问题,让自己所经历过的过程同所探求的过程产生共鸣。

拟人类比在我国的典籍中屡见不鲜。《易经》的"天行健,君子以自强不息"就是一种天人合一、万物一理的拟人类比。文学艺术中的拟人类比更是随处可见,例如把祖国比作母亲,把美丽的姑娘比作鲜花等。在科学上,拟人类比的例子也是不胜枚举。

拟人类比在工业设计上也经常得到应用,著名的薄壳建筑罗马体育馆的设计就是一个优秀例证。设计师将体育馆的屋顶与人脑头盖骨的结构、性能进行了类比:头盖骨由数块骨片组成,形薄、体轻,但却极坚固,那么,体育馆的屋顶是否可做成头盖骨状呢?这种创意获得了巨大成功。

再如设计机械装置时,常把机械看成是人体的某一部分,进行拟人类比,从而获得意外的成效。如挖土机的设计,就是模仿人的手臂动作:它向前伸出的主杆,如人的胳臂一样可以上下左右自由转动;它的挖土斗好比人的手掌,可以张开、合起;装土斗边的齿形,好似人的手指,可以插入土中。挖土时,手指插入土中,再合拢、举起,移至卸土处,松开手让泥土落下。

同样,运用拟人类比来激发创意在企业管理中也十分有效。例如,为了改善企业内部人际关系,人们常常采用"角色扮演"的办法设身处地体会对方的心情。因为拟人类比也可以说是扮演角色,来体察事物的反应。利用拟人类比这种技巧可以调动我们的情感,以便获得对问题的深入理解,或获得对问题的创意。

在进行拟人类比时,个体想象他已成为被研究的对象,有四种可能的介入水平:

(1) 通过列举其基本特性来描述事物。
(2) 描述事物在给定情境中可能具有的感情。
(3) 当使用这个物体时,使用者的感觉如何?

(4) 描述自己如果成为那个物体会有什么样的感受。

案例：某汽车销售人员设想自己变成一款新型的、备受欢迎的小汽车，此时他询问自己会有什么感受。销售人员以这样的分析为基础，可以在广告上做文章。通过这种拟人类比激发出来的广告主题创意就会瞄准特殊的目标顾客群。

通过拟人类比这种创意构思技术，能够使自己从原来的思维框框中跳出来，以一种不同于先前的分析思路思考问题、激发创意。

（三）因果类比

这是一种从已知事物的因果关系同未知事物的因果关系的某种类似之处寻求未知事物和创意的思考方法。运用因果类比，可根据一个事物的因果关系，推测出另一事物的因果关系。例如，在合成树脂中加入发泡剂，可以得到质轻、隔热和隔音性能良好的泡沫塑料，于是有人就用这种因果关系，在水泥中加入一种发泡剂，发明了既质轻又隔热、隔音的气泡混凝土。再如，信天翁因为翼展很长，可达4米，故可连续飞行数月。运用因果类比很自然地就会想到，如果把机翼做得也很长，是否飞机也可以连续飞行很长的距离，而不必开动发动机呢？于是根据因果类比，远距离侦察的U-2型飞机的创意就诞生了。

案例：浙江一家机械厂为贵州一家食品厂安装蛋卷机，几经调试，轧出的蛋卷还是碎裂，通过检查发现机器本身没有什么毛病。那么蛋卷为什么会碎裂呢？几经查检也未能发现问题，后来技术人员发现晒的衣服在贵州很快就可以干，这种现象说明那里的空气相比南方要干燥很多，进而，技术人员想起了丝绸厂里为了保持车间里有一定的湿度，都要喷洒一些水汽，那么能不能在生产蛋卷的车间里也喷洒一些水汽来保持湿度呢？技术人员尝试了这种简单的方法，果然取得了成功。可见在这个问题上，机械厂的技术人员在丝绸厂的断丝情况和食品厂的蛋卷碎裂情况之间找到了因果类比，通过这种思维解决了问题。

（四）荒诞类比

荒诞类比也称幻想类比，这种类比是以弗洛伊德的理论为基础，该理论认为最荒诞的创造性思维是与愿望实现紧密联系在一起的。例如，艺术家具有某种创造需要，而这样的需要是通过也只能通过期望获取某种最后可转化为艺术作品的东西才能够得以满足。荒诞类比是在创造性思维中用超现实的理想、梦幻或完美的事物类比创意对象的创造性思维法。对于这种方法，戈登指出："当问题在头脑中出现时，有效的做法是，想象最好的可能事物，即一个有帮助的世界，让最令人满意的可能见解来引导最漂亮的可能解法。"

古代的神话、故事、童话多是在不能解决问题时产生的幻想。同样，在科技迅猛发展的时代，人们利用幻想解决问题已成为现实。众所周知，著名科幻小说之父凡尔纳有非凡的想象力，是个荒诞类比创意开发法的大师。100多年前还没有收音机，其小说中的人物却看上了电视；在莱特兄弟进行首次飞机试飞前55年，他塑造的人物已乘上直升机翱翔蓝天了；移动的人行道、空调机、摩天大楼、坦克、电子操控潜艇、导弹，在20世纪，这些东西都化为现实，但凡尔纳在1个多世纪前都从其笔端一一道出，多么令人难以置信！更为重要的是凡尔纳充满荒诞类比思维背后的自信，他说："只要前人能做出科学的幻想，后人就能将它变成现实。"或许这也是进行荒诞类比的一个强大动力吧。

人们普遍认为艺术家利用幻想类比机制较容易，而科技工作者利用它则较难，因为后者常受到"已知"世界秩序和形式逻辑的束缚，易屈服于传统思维习惯，闲置幻想的羽翼。戈登认为，科技工作者"应当而且必须给予自己和艺术家同样的自由，他必须恰当地想象关于问题的最好（幻想）解法，而暂时忽视由他的解法的结论所确定的定律。只有以这种方式他才能够构造出理想的图像"。爱因斯坦年轻时构思相对论问题时曾想：如果以光速追随一条光线运动，会发生什么情况呢？这条光线就会像一个在空间中振荡着而停滞不前的电磁场。正是幻想类比，打开了"相对论"的大门。另外，科学中的"理想实验"都包含着许多幻想类比因素，甚至，古今中外先进思想家关于人类社会种种"理想模式"的想象，也包含着许多幻想类比因素。

案例： 工厂的生产成本日益增加，而竞争者却没有一家有提高产品价格的迹象。因此，企业需要尽力寻找一种方法，使自身的产品在市场上与其他公司或厂家的产品相匹敌。运用荒诞类比的方法，针对这样的问题提出最为荒诞的想象：

如何提高企业自己产品的价格，但又不动声色，给人留下价格似乎不曾提高的感觉？可以有如下创意：

（1）调整折扣结构，以便使公司的总利润增加而顾客拿到的价格单将保持原样。

（2）增加最小订单的限额量，以便消除小额订单，这样工厂的总成本就会降低。

（3）取消那些在销售单上排在后面的各种型号的产品，代之以更加有利可图的产品。

（4）如果消费者需要厂家加班送货，那么公司就向其另收一定费用。

（5）根据协议来订立调资条款，力争在协议中压价。

（6）对送货及特别服务收取费用。
（7）收取工程管理、安装及监督费。
（8）对过期账务收取一定利息。

（五）对称类比

世界上有不少事物自身或与其他事物在时空或状态上存在着对称关系。如果已知存在事物的某种属性，就可以推断与其对称的事物也可能具有对称的类似属性，利用对称类比就可以激发相关创意。例如，物理学家狄拉克从描述自由电子运动的方程中，得出正负对称的两个能量解。一个能量解对应着电子，那么另一个能量解对应着的是什么呢？电荷正负的对称性众人皆知，狄拉克从对称类比中，提出了存在正电子的对称解，结果被实践证实了。

案例：1924年德布罗意关于微观粒子也具有"波粒二相性"的假设，就是典型的对称类比思考方法的产物。德布罗意认为19世纪在对光的研究上，只重视了光的波动性，而忽略了光的粒子性。从对称类比的方法看，是过分重视了实体的粒子性，而忽略了波动性，于是他提出了微观粒子也具有波动性的假设，稍后这一假设被"电子在晶体表面的衍射"实验所证实。根据德布罗意的这一假设，后来才有了一门较完整的描述微观粒子行为的理论——量子力学。

（六）象征类比

象征类比是一种借助事物形象或象征符号，表示某种抽象概念或情感的类比，有时也称符号类比。这种类比可使抽象问题形象化、立体化，为创意问题的解决开辟途径。戈登说过："在象征类比中利用客体和非人格化的形象来描述问题。根据富有想象的问题来有效地利用这种类比。""这种想象虽然在技术上是不精确的，但在美学上却是令人满意的。""象征类比是直觉感知的，在无意中的联想一旦做出这种类比，它就是一个完整的形象。"

进行象征类比的技巧就是尽可能使问题的关键点简化，并由此找到启示创意的方法。

由于人们在考虑问题时，往往不知不觉地采取与某种模式吻合的观点，为了摆脱这个框框，应该考虑新的形象，并从中受到激发而使思路有所发展。人们经常不自觉地从童话、谚语、幻想小说这类东西中寻求启示，其实这也是象征类比。

案例：戈登描述了这样一个问题，即如何设计一种约有3英尺高并能承受得住4吨重物体的起重装置，这种装置要求可以被装进4英寸×4英寸的箱子中。在解决该问题的过程中，人们通过从"印度人的绳索杂耍"中寻求启示，对两者进行象征类比以作为刺激，并考虑印度人的绳索杂耍有何实际利用价值，最终从中获得启示，找到了解决问题的方案：利用自行车链条的机械原理，让自行车链条从一个方向展开。通过把两个链状的装置连在一起，就可以设计出一种既灵巧又足以承受重物的起重器。问题就这样解决了。

（七）结构类比

结构类比是指由未知事物与已知事物在结构上的某些相似来推断未知事物也具有某种属性的方法。

案例： 把经济运行结构与城市交通运行结构加以类比，就可以由红绿灯与车辆的关系推知计划与市场的关系。如果交通警不能用交通信号灯对马路上的车辆进行宏观调控，整个交通秩序就会乱作一团；同样，如果国家不能通过宏观计划对经济结构进行调控而任凭各种产业按市场所需盲目发展，整个国民经济也必陷于混乱。有些城市通过无线电台随时向路上的司机报告最拥挤的或发生事故的路段，以减少塞车现象。在经济活动中，国家的相关职能部门通过随时向社会和厂家公布各个行业的发展状况和景气程度，也可以在某种程度上减少滞销产品和避免重复建设。

（八）综合类比

当已知事物与未知事物内部各要素关系十分复杂，而两者又有可比的相似之处时，就可以综合它们相似的特征进行类比。例如，在设计飞机的过程中，先将模型放在风洞中进行模拟飞行试验，就是综合了飞机飞行中的许多特征进行类比。同样，各领域的模拟试验，如船舶模型试验、大型机械设备的模拟试验等，都是综合类比。现在盛行的各种考试前的模拟考试也是这样，用模拟卷综合正式考试中可能会出现的题型、覆盖面、题量和难度，以及考生可能出现的竞技心态，使考生对正式考试的各种情景有所了解，并能对自己准备的程度做出评价，然后有针对性地做好进一步应考的准备。

案例： 通过人脑与电脑的综合类比思考，就可以为改进电脑提供有价值的思路。人脑处理信息是并行方式，由此激发了"电脑是否也可采用并行处理方式"的想法，从而研制出运算速度达数万亿次/秒的大型并行数字计算机；人脑是按模糊逻辑的方式工作的，由此激发了"电脑是否也可采用模糊逻辑"的想法，从而研制成出模糊计算机，并达到了实用化水平。

综上所述可知，在8种类比中，直接类比是基础，它是生活中常见的类比，在这一基础上，向结构、拟人、象征化方向发展，就是结构类比、拟人类比、象征类比；向对称、因果、综合方向发展，即是对称类比、因果类比、综合类比；最后，向理想、幻想、完善方向发展，就是幻想类比。这8种类比各有特点和侧重，在创意、创意开发活动中常常相互依存、补充、渗透和转化，综合、灵活地运用这8种类比往往会产生出人意料的创意。

二、对类比创意开发法的评价

类比方法是人类思维活动中一种特有的方法，在认识客观事物的思维活动中，在探求新的事物发展规律、建立事物间联系的过程中，发挥着极其特殊的作用。类比也可以说是一种不严格的推理。因为推理的不严格性是它的特点之一。这个特点既是它的所长，也是它的所短。它的所长是诱发创造性思考，它可以触类旁通，启发思路；它的所短是因为科学研究和生产实践活动需要严格的推理，没有严格的推理，科学的理论大厦就不可能建立，正常严肃的生活秩序就不会建立。但也正是因为类比在逻辑上的不严格性和联系上的广泛性，才决定了类比的创造性。正如康德所指出的那样："每当理智缺乏可靠论证思路时，类比这个方法往往能指引我们前进。"

第二节 移植创意开发法

所谓移植创意开发法，是指将某一领域的技术、方法、原理或构思移植到另一领域而产生新事物、新观念、新创意构思的方法。在科学史上，许多重大的发明就是借用了别的领域的有关知识，才解决了本领域中长期未能解决的重大问题。例如，把数控技术移植到普通机床上，并加以改造融合，就发明了数控机床；把计算机、激光技术移植到印刷领域，便带来了印刷出版行业的一次革命；把植物根系在土壤中的结构与原理移植到建筑工程中则发明了钢筋混凝土结构；把液压技术移植到机械工程领域后，极好地解决了远距离传动，达到了简化机构及操纵方便等目的。随着科学的飞速发展和社会分工的高度细化，移植创意开发法越来越显示出独特的价值。

一、移植创意开发法的基本类型

移植创意开发法作为一种很有用的创造性思维技法，在科学发展中占有重要地位，大多数已有的发明、发现都可应用于其他领域。一般而言，移植创意开发法有如下几种类型：

一是原理性移植：这是指把科学原理或技术原理移植到某一新领域的方法。例如，反馈原理最早应用在电子线路中，但把这一原理移植到生物、机器等领域后，便创立了适合一般系统的控制理论。

二是方法性移植：这是指把某一领域的技术方法有意识地移植到另一领域而形成创造的方法。例如，20世纪60年代中期，美国一位数学家把经典数学、统计理论的研究方法移植到对模糊现象的研究中，便创立了一门新的数学分支——模糊数学。

三是结构性移植：这是指把某一领域的独特结构移植到另一领域而形成具有新结构的事物。例如，蜂窝是一种强度相当高且耗用很少材料的结构，把这一结构移植到飞机制造工艺上，就可以减轻飞机的重量而提高其强度；同样，将蜂窝结构移植到房屋建筑上，可制造出形状如同蜂窝的砖，使用这样的建材可以减轻墙体重量，同时还具有隔音、保暖的好处。

四是功能性移植：这是指把某一种技术所具有的独特功能以某种形式移植到另一领域。例如，超导技术具有增强磁场、增大电流且无热耗的独特功能，可以移植到许多领域。将超导技术的这种功能移植到计算机领域，就可以研制成无功耗的超导计算机；移植到交通领域可研制磁悬浮列车；移植到航海领域可制成超导轮船；移植到医疗领域可制成高性能的核磁共振扫描仪等。

五是材料移植：通过材料的替换达到改变性能、节约材料、降低成本的目的。例如，随着现代科技的发展，人们发现陶瓷材料的应用价值越来越高，陶瓷也能取暖，用陶瓷制作的暖风机耗电量只有普通空调机的1/3。所以说材料的移植将会带来新的功能和使用价值。

案例：充气太阳灶的发明就是移植法的例子之一。太阳能利用对人们极具吸引力，但目前的太阳灶造价高，工艺复杂又笨重，调节也麻烦，野外工作和旅游时携带不便。于是有人在调查研究的基础上，明确了主攻方向：简化太阳灶的制作工艺，减轻重量，减少材料消耗，降低成本，获取最大的功率。他们首先把两片圆形塑料薄膜边缘黏在一起，充气后就膨胀成一个抛物面，再在反光面上贴上真空镀铝涤纶不干胶片。用打气筒向内打气，改变里面气体压强，随着气越打越多，上面一层透明膜向上凸起，反光面向下凹，可以达到自动汇聚反射光线的目的。这种"无基板充气太阳灶"只有4千克重，拆装方便，便于携带，获得了第三届全国青少年科学发明创造比赛一等奖。

从移植的分类来看，该发明实际上是多种移植的结果，即把充气玩具的技术、日常商品商标的不干胶贴片、凸透镜似的抛物面结构移植到新的太阳灶上来，把光学、流体力学等知识移植到太阳灶的设计上，从而成功地完成了小发明。由此可见，发明或创意的产生是多种方法共同作用的结果，对某种方法进行具体分类的目的是对该方法的内涵进行充分了解，从而深刻把握该创意方法的精髓。

对移植创意开发法的划分也可以从另一途径进行，这就是按移植的思维方向特征划分，由此又有"移植汇聚"与"移植辐射"之分。"移植汇聚"常适用于问题的解决，而"移植辐射"多用于技术开发。

"移植汇聚"是指当遇到某一要解决的问题时，就以这一问题为中心，从问题的各个方面寻找解决该问题的手段、办法和创意，而一开始并不能准确知道这些办法或创意是否可行。结果如何还要运用已有的工程技术知识加以论证。然而，其关键之处在于：能否从一种手段或思路迅速转移到其他尽量多的手段或思路。

例如，如果需要解决的问题是克服某种材料的焊接不牢问题，就可以用"移植汇聚"的方法把这一问题列在中心，从四面八方沿虚线尽量多地搜索解决该问题的可能思路或办法，如图3-2所示。

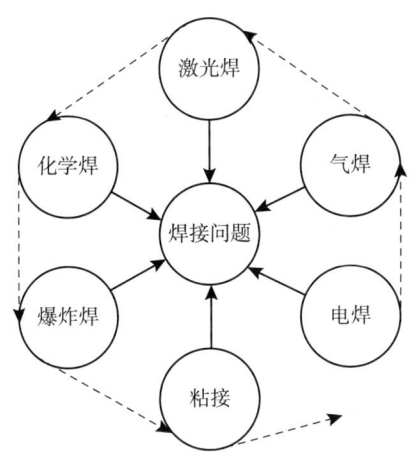

图3-2 解决焊接问题的移植汇聚

当有了一项新的技术原理和方法，而想把它应用到更多的领域时，通常采用"移植辐射"的思考方法。

这时，可以将待移植的技术原理或方法列在中心，然后在其周围尽量多地寻找待移植的领域，再考虑待移植的技术是否可以移植到这些新的领域。显然，一种新的技术能否移植到某些新的领域受到当时科技水平的限制，有时是很难判断的，只能说暂时还不能移植，将来能否移植不好确定。

例如，把激光技术的应用移植到其他领域的过程，如图3-3所示。

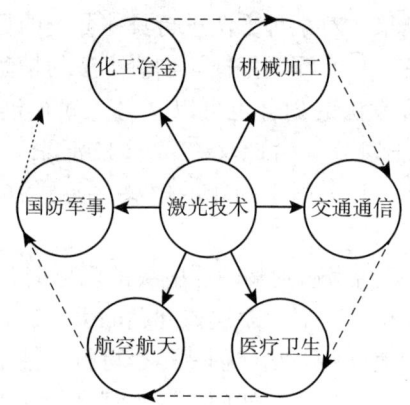

图 3-3　应用激光技术的移植辐射

二、对移植创意开发法的评价

移植创意开发法的实质是人类的思维领域中的一种嫁接现象，生物领域的嫁接或杂交可以产生新的物种，科技领域的移植、嫁接则可以产生新的科技成果。

移植创意开发法之所以对创意构思特别有用，是因为这种技法不受逻辑思维的束缚。当把一种技术或原理从一个领域移植到另一领域时，并不需要在理性上有多清楚的理解，往往是先干了再说，这就为新事物、新创意的形成提供了多种途径，甚至为许多外行搞发明创造提供了可能。

当然，单靠移植创意开发法并不能解决发明创造和创意构思的全部，它只是提供一个思维的突破口，要真正获得移植的成功，还必须依靠许多具体的工程技术。

第三节　模仿创意开发法

模仿创意开发法是一大类创意构思技法，甚至有人说"所有的创造都是从模仿开始的"，可见模仿创意开发法在创意开发中的地位。这种方法的主要特点是通过模拟、仿制已知事物来构造未知事物。

案例：贝多芬是德国作曲家、维也纳古典乐派代表人物之一。他的创作成就对近代西洋音乐的发展有深远影响。其主要作品有交响曲九部、歌剧《费德里奥》、多首大钢琴奏鸣曲等。交响曲中以第三（英雄交响曲）、第五（命运交响曲）、第六（田园交响曲）、第九（合唱交响曲）最为著名。但是你知道他的不朽作品是怎样创作出来的吗？他是继承海顿、莫扎特的风格，吸取法国大革命时期的音乐成果，集古典派的大成，从而再创作出来的。特别是《第九交响曲》中的第四乐章《欢乐颂》的合唱，是模仿法国作曲家卡比尼创作的歌曲的结果。贝多芬的模仿表现在三个方面：

第一是思想模仿。贝多芬生活在德国，他通过康德、席勒等人，对卢梭的法国共和思想非常憧憬与向往，因此在他创作的《第九交响曲》中充分体现出这种共和思想。

第二是音乐风格模仿。贝多芬在《第九交响曲》的作曲过程中，收集了大量与卡比尼风格相近的法国音乐家缪尔的作品，并将他们的风格加入到他创作的作品中去。

第三是作曲模仿。贝多芬在《第九交响曲》第四乐章《欢乐颂》的合唱中，模仿了卡比尼和缪尔的作曲技法，我们可以从曲谱的比较中找寻出贝多芬模仿的痕迹。

从模仿的创造性程度划分，可将模仿创意开发法分为以下几种：

一是机械式模仿。这种模仿少有独创，只是把别人的成功经验和做法直接吸收过来，加以借用。其作用是可以让模仿者找到模仿的对象，进行创造性分析，也可进行创造性选择，在众多的模仿对象中找到先进而又适合自己的，其中也存在创造。

二是启发式模仿。它不是在两者相等的条件下进行，而是在其他对象的启发下，借用过来进行新的创造。其作用可以扩大人们的视野和模仿领域，而且也更易产生新的创造，创造出没有的东西。

三是突破式模仿。突破式模仿也称综合性模仿，是将同一对象或几个不同对象中的某些方面借用到自己的创造中，使被模仿的东西发生质的变化，从而成为自己的东西。这虽有模仿的痕迹，但却是一种全新的创造。这是一种最有价值的模仿。

一、模仿创意开发法的基本类型

对模仿创意开发法的上述分类虽然有助于展开对模仿结果的评价，但是在创意开发实践过程中，模仿一般从下面几种途径着手：

（一）原理性模仿

原理性模仿是按照已知事物的运作原理来构成新事物运行机制的方法。例如，人们早就知道，人脑的每一个神经元都可以通过突触接收来自其他成千上万个神经元发来的脉冲，并有对某一脉冲信号进行优先处理的功能。当众多的输入脉冲信号超过某种水平时，就会有脉冲输出。根据人脑神经元工作的原理，日本研制成功了神经MOS（金属氧化物半导体）晶体管，这种神经MOS晶体管的工作原理与人脑神经元类似，也采用了多端输入信号的形式，只有当这些多端输入信号的总和超过一定值时，晶体管才会接通，而输出一个信号。

（二）功能性模仿

功能性模仿是指从某一功能的要求出发来模仿类似的已知事物。比如，从方便、小巧这样的功能特征来看，既然有了傻瓜相机，为什么不可以有傻瓜汽车、傻瓜计算机呢？事实上，全智能化操作的汽车、计算机正处于研制阶段。

（三）结构性模仿

结构性模仿是指从结构上模仿已有事物的结构特点并为己所用。例如，近年在城市中开始出现一种双层结构的公交车，方便舒适、载客多，虽无从考证，但极可能来自对香港街道上双层公交车的模仿，而双层公交车的构思则必是来自对双层居室的模仿。这是任何人都会产生的最简单的模仿。

（四）形态性模仿

形态性模仿是指对已知事物的形状或物态进行模仿而形成新事物的方法。例如，军人穿的迷彩服，就是对大自然色彩的模仿；淋浴的喷头中喷出的水柱是对雨的模仿；而人造喷泉、微型盆景直至影视中绘声绘色的拟音，可以说都是形态性模仿创造。

（五）仿生性模仿

仿生性模仿是一大类模仿创造法，应用十分广泛，有许多人造物品都是利用仿生创造的结果。仿生性模仿可大致分为如下几类（如表3-1所示）。

表3-1　　　　　　　　仿生性模仿的类型

仿生类型	仿生举例
原理性	能爬楼梯的小车，是模仿人上楼时双腿的活动方式发明的
技术性	人造革、人造皮毛、人工心脏瓣膜等都是技术性仿生创造的产物
力学性	机械手，它抓物件的活动方式与人手的活动方式在力学原理上极为相似
控制性	许多动物都能通过控制眼睑缝隙的大小来调整光通量以适应环境，于是有人发明了可调亮度的窗帘，称为百叶窗
信息性	许多动物感知、接收外界信息的能力比人强，如狗具有灵敏的嗅觉，鹰具有极强的视觉，而蝴蝶和蝎子可以看见紫外光。从信息仿生的角度，人们早已发明了"电子警犬"，其灵敏度甚至超过狗鼻子的1 000倍，而现代雷达成像技术更是鹰的视觉无法企及的

续表

仿生类型	仿生举例
化学性	整个化工生物技术基本上是建立在化学性仿生方法之上的。例如，通过发酵工程技术生产柠檬酸、乳酸及氨基酸等化工产品，实际上就是效仿自然界微生物发酵过程的结果

（六）综合性模仿

综合性模仿是一种全面的、系统的模仿。最典型的例子就是近年美国建造的生物圈Ⅰ号实验室。它是一个独立于地球而又与地球环境相仿的生态系统。在占地3英亩的巨大玻璃罩下，有海洋、沙漠、草原、沼泽地、农田、热带雨林及各种动植物，还有8名靠这个系统提供食物和空气的科学家。尽管这个实验的最初结果并不理想，但却是一个大胆的综合性的模仿创造。

二、对模仿创意开发法的评价

模仿创造法是人类创造性思维的一种很重要的模式，当我们想要了解未知事物的构造、原理或功能而不知从何入手时，不妨通过对已知的类似事物的模仿获得答案。所以，从某种意义上看，模仿创造法较之类比创造法更为深入，也更为大胆。"一切与发明创造有关的事物，都是借来的，美与形莫不如此。"

模仿创造法不仅限于科技领域的创意构思，即使在文化艺术乃至生活领域，模仿也不失为一种有效的创意构思技法。

案例：耐克的模仿经营之路

菲尔·耐特于1964年创建了蓝飘带运动用品公司，与耐特一起投资的是比尔·鲍尔曼，他是俄勒冈大学的田径教练，对跑鞋很有研究，喜欢改进跑鞋的设计。1972年蓝飘带公司把品牌名称定为耐克，该名字依照希腊胜利之神而取。同时他们还发明出一种独特标志Swoosh（意为"嗖的一声"），简单的标识像是一个精彩的对钩，极为醒目、独特，每件耐克公司制品上都有这种标记。20世纪70年代，耐克的销售量以年递增2倍到3倍的速度增长，从1976年的1 400万美元到1978年的7 100万美元，到1980年时达到2.7亿美元，1983年时超过9亿美元。1979年，耐克占美国跑鞋市场销售量的一半，一年后它超过了长期主导美国运动鞋市场的阿迪达斯。

《华尔街日报》曾撰文分析认为，耐克成功的关键是模仿、跨领域、品牌经营和技术开道。前三项都是从阿迪达斯学到的，在与阿迪达斯竞争的过程中，耐克把生产过程发包给成本低廉的厂商去做，自己主要做鞋型设计和开发，同时把设计成果转移到其他的鞋型领域。这一点后来被认为是耐克超越阿迪达斯的关键，即用产品技术的演化来进入更多的市场，预先获得最有潜力的产品组合。

就跑鞋市场来说，长期以来领先者阿迪达斯公司所施行的市场战略，就是生产型号多样的鞋，在重大体育竞赛中让运动员穿着带有公司标志的产品，不断使产品更新换代。耐克公司把这一操作方法拿来，就等于在企业成长中掌握了现成的经营方法，使公司获得了快速发展的机遇。另外，耐克早期的品牌创建工作也沿袭了阿迪达斯的模式，该模式主要是增强运动员们对产品的偏好。最初几年耐克由于资金不足，无法吸引一流选手，所以大多关注运动场上的新星和奥运会的小项目。随着销量的增长，吸引的选手也在增多。当时的另一个做法是让耐克的商标标识出现在获胜者的圈子里和电视屏幕上，以此提高运动鞋的声望，创造情感性和自我表达型利益，深入挖掘体育运动所蕴含的情感。

但是，耐克的模仿并不是简单照搬，而是在仿效他人的同时，注重发展自己的个性，培育自主创新的能力，充分发展自己与众不同的特征，建立善于抓住各种新机会的组织机构和管理部门。可以说耐克公司成功的关键因素是卓有成效的仿效，它还创立了"只见品牌不见工厂"的市场策略，这些策略主要是：集中力量试验和开发更好的跑鞋；为吸引各类消费者而扩大产品线；发明出印在全部产品上的、可被立刻辨认出来的明显标志；利用著名运动员和重大体育比赛展示产品的使用情况，甚至把大部分生产任务承包给劳动力廉价的亚洲工厂。后来的市场发展证明该策略对制鞋业而言是极为有效的，这种只有品牌、本土没有工厂的虚拟经营战略，使企业降低了劳动力成本，从而使产品获得了更强的市场竞争力。

第四节　逆向创意开发法

逆向创意开发法是一种与原有事物、思路故意唱反调的思维方法，其优点在于掌握起来并不困难。当然，这种反其道而行之的思维方法，其结果不一定总是可行的，但至少可以帮助我们迅速摆脱思维过程中的困境。

当我们按照常规思维去解决问题而不见效时，不妨用逆向创造法试一试，说不定在某些情况下就会获得意想不到的效果。

例如，为了制服盐碱地，将其改造成可以耕种的良田，传统的做法是挖沟排水，让土地变干，但效果一直不佳。后来有人从逆向思维的方法考虑，干脆反其道而行之，变排水为蓄水，并在大面积盐碱地上建成许多蓄水池用来养鱼养虾，不仅年年有水产品出售，而且由于鱼虾的粪便及腐殖质的作用，几年后，池塘底就沉积了一层可耕种的良性土壤。

案例：有一位马车夫，驾驶着一辆拉煤的马车要上一个坡。无奈路很长，坡也较陡，连马也偷懒，上了整个坡的1/3就再也不愿意前进了，任马车夫抽打，马只是原地打转。马车夫这时招呼同行马车停下，从同伴处借来两匹马相助。按常规的思维方式，一匹马拉不上坡，另两匹马肯定是来帮忙拉"车"的。但马车夫并不是把牵引绳系在车上，而是将牵引绳系在自己那匹马的脖子上。这时，只听马车夫一声吆喝，借来的两匹马拉着懒马的脖子，懒马拉着装煤的车子，很快便上了坡。

对马车夫这种做法你可能会感到疑惑：用借来的两匹马拉自己的懒马，其结果仍然是自己的懒马在使劲，另两匹马不但使不上劲，而且还有可能拉伤自己的马。其实不然，在这里马车夫就是运用了逆向思维。我们可以从以下几点来考虑：其一，这匹马的力量同其他马的力量差不多，车上装的煤也差不多，别的马能上去，这匹马就应当能上去，上不去的原因是这匹马懒惰，也就是说，是态度问题，而不是能力问题。其二，使用两匹马拉住懒马的脖子，就迫使懒马必须尽最大的力量，拼命拉着煤车前进，否则脖子就有可能被另外的两匹马拉断。求生欲使得懒马必须积极主动地拉车上坡。其三，如果让另外两匹马帮助拉车，虽然可以顺利地将车拉上坡，但让马尝到偷懒的甜头后，再遇到上坡时一定还会坐等别的马帮忙。而系住它的脖子让另外两匹马教训它一下，则可以使其记住偷懒所吃的苦头，以后上坡时不敢再偷懒，从而根治该马的懒病。

看完上面这个小案例，我们不能不佩服马车夫的智慧，他运用逆向创意开发法解决懒马上坡问题确实高人一筹。其实在解决工程技术问题时也可以从材料、结构、功能、性状以及因果关系等方面入手，运用逆向创造的方法主动地寻找问题或解决问题（如表3-2所示）。

表3-2　　　　　　　　逆向创造法的应用举例

要素	原有状况	逆向思考	逆向成果
材料	传统的汽车都是用金属材料制造的	能否用非金属材料制造？	发明了全塑汽车
结构	传统电烙铁的电热丝都是放在烙铁芯外面的，称外热式电烙铁	能否把电热丝安放在烙铁芯的里面呢？	发明了内热式电烙铁

续表

要素	原有状况	逆向思考	逆向成果
功能	电流的功能之一是可以使通电导体变热	能否让通电的导体变冷呢？	发明了半导体温差制冷器，并可制成家用或医用冰箱
性状	一般的工程爆破都采用炸药爆破，其特点是速度快	慢速爆破是否可行呢？	发明了一种爆破水泥，具有速度慢、无噪声、无灰尘、无震动等优点
因果	电动机被看成是电能向机械能转换的装置，电能是原因，机械能是结果	能否制造出一种把机械能转变为电能的装置？	发明了发电机

例如，传统的汽车都是用金属材料制造的，能否用非金属材料制造？于是有人发明了全塑汽车，这是从材料方面考虑的；传统的电烙铁的电热丝都是放在烙铁芯外面，称外热式电烙铁，能否把电热丝安放在烙铁芯的里面呢？于是有人发明了内热式电烙铁，这是从结构方面考虑的；电流的功能之一是可以使通电导体变热，能否让通电的导体变冷呢？于是有人发明了半导体温差制冷器，并可制成家用或医用冰箱，这是从功能方面考虑的；一般的工程爆破（如拆毁破旧建筑物）都采用炸药爆破，其特点是速度快，如果从逆向思维考虑，就可能会想到，慢速爆破是否可行呢？于是有人发明了一种被称为CRAS的爆破水泥（主要成分是CaO和游离的MgO），将其封入钻孔，因水化作用引起的缓慢的体积膨胀，可在16～30小时内将被爆破物破碎，且具有无噪声、无灰尘、无震动等优点，这是从性状上的考虑；此外，由于能的转换现象在自然界普遍存在，所以，从因果反向的角度思考，就可能会带来许多创造，如果把电动机看成是电能向机械能转换的装置，电能是原因，机械能是结果，那么，反过来思考，就应该有一种把机械能转变成电能的装置，这就是发电机。如果沿着这一思路走下去，那么，在电能与光能、光能与化学能、化学能与热能、热能与生物能、生物能与磁能等之间都可能存在互为因果的转换装置，尽管有些目前尚未实现。

当然，逆向思维法并非仅适用于科技创造，在其他许多领域，包括日常生活中的难题的解决，逆向思维法也常常会出奇不意地大显神通。例如，机关中的干部为什么只能上而不能下，企业中的职工为什么只能进不能出？固定的小时工作制为什么不能改成弹性工作制？为什么用户非得去商店购物而商店不能将商品送至家中？为什么一旦成婚就应白头到老而把离婚看成是不够光彩的举动？几乎没有什么事物不能从反面去思考而激发创意，最终加以改进。活用逆向思维，可以给我们的生活带来更多新奇的创造力。

一、逆向创意开发法的基本类型

（一）结构的逆向

任何产品都有它组成的方式和结构，通过改变结构，甚至与原结构逆向，往往能优化产品，甚至开发出一种新颖的换代型的产品。例如，轮胎有内外胎，是充气的、空心的，德国发明的一种新型轮胎与传统的结构完全相反：无内外胎之分，不充气，实心的，轮胎的橡胶间密布着极小的气泡，使轮胎保持一定的弹性和承受力，但克服了轮胎易被钉子扎破、需要充气等缺点，受到了用户的欢迎。

（二）次序的逆向

改变系统内部要素排列的次序，往往会引起事物功能、效率的变化。例如，20世纪50年代初，我们国家提倡不走样地学习苏联，国民经济按"重、轻、农"次序安排。不久，国家领导人看出了问题，大胆地把次序颠倒过来，提出按"农、轻、重"次序安排国民经济，"重"由第一位变成了第三位，"农"由第三位跑到了第一位。实践证明这样的次序逆向是正确的，由于我国对农业的一贯重视，因此农业生产能持续向前发展。而苏联由于一直把发展重工业放在第一位，农业长期处于不被重视的状态，甚至出现负增长，严重影响了国计民生。

（三）时机的逆向

时机的逆向是指在时机的选择上违反常规、反传统。不少企业喜欢"一窝蜂"，惯于模仿竞争对手的产品。从心理来看，这是从众心理的反映；从思维来看，是一种定式思维的表现。大家都"一哄而上"，必然会人为地加剧竞争，也人为地破坏了供需的平衡，到头来可能形成大批产品的积压，为什么不能独辟蹊径，采取与众不同的思路呢？

例如，国外流行快餐后，现在各地都开了不少快餐店，似乎人们一下子都欣赏起"快餐"来，其实不然，有不少人是喜欢"慢"的：谈生意的人，喜欢慢慢吃、慢慢谈，边吃边谈，快了可能就谈不成生意；谈恋爱的人，也不那么喜欢"快"，需慢慢地品味"情调"；年迈的人也不喜欢那么"急匆匆"地吃；等等。不同的人本来就有不同的需求，因此国外思维灵敏的商家因此也来了个逆向，你选择"快"，我选择"慢"，于是，"慢餐店"悄然兴起，生意兴隆。

(四) 位置的逆向

位置的逆向是指空间位置上下、左右、前后、里外的变换或逆向。位置的逆向在产品改革中应用得相当广泛。例如，一般电冰箱的冷冻室在上面，冷藏室在下面，但是冷藏室使用的频率较高，设计在下面不如上面方便。因此松下设计的电冰箱将两者的位置颠倒了一下，把冷冻室放在下面，冷藏室放在上面，顾客使用起来就更方便了，这种冰箱也因此大受欢迎。

(五) 原理的逆向

原理的逆向包括对理论、传统、常规的逆向。一般来说，原理、理论是正确的，但也不是没有疏漏的，通过逆向考虑，往往会发现新问题，使理论得到充实和发展，这在自然科学领域里是常有的事。有欧基里德几何学，那么有没有非欧范畴内的几何学呢？事实证明是有的，后来有人建立了非欧几何学。例如，《三国演义》里，马谡失街亭后，司马懿追兵迅速赶到，诸葛亮在前无救兵、后无退路的紧急关头，来了个逆向思维，布疑阵，唱起了"空城计"。他故意把城门大开，只派几个老弱残兵在城门口打扫，而自己却在城楼上悠然抚琴，按常规思维思考的司马懿，考察了这一切布置后，认为诸葛亮是在引诱他进城，按"兵法"的常规来判断，城内"必有埋伏"，加之诸葛亮的为人"一生惟谨慎"，不会有诈。司马懿用常规思维考虑再三，不敢攻城，乖乖地退兵了。如果诸葛亮当时选择硬拼或者逃跑，他肯定会成为阶下囚。因此这也可以说是对常规的逆向思维救了诸葛亮。

(六) 方法的逆向

对失败方法的逆向也许就意味着成功。例如，我国古代的大禹因治水成功而流芳百世，但是在禹之前，当时部落联盟的领袖派的是大禹的父亲鲧去治水。他采用的方法是"堵"，哪里有洪水灾害，就在哪里筑堤坝，但当山洪暴发时，这些堤坝根本无法堵住滔天的洪水。洪水冲破堤坝，夺去百姓生命，鲧也被首领杀死。然后，部落首领又任命禹去治水，禹汲取了前人的教训，把"堵"改为"疏"，这是对"堵"的方法的逆向，哪里有洪水，他就在哪里挖沟渠，把洪水疏导出去，最终这个方法取得了成功。

(七) 功能的逆向

把某些事物的功能进行逆向使用，往往会取得更好的效果。例如，吸尘器的发明人赫伯特·布斯原先发明的是"吹"尘器。使用"吹"的方法只能把纸屑、垃圾从这里吹到那里，但纸屑垃圾仍然存在，并未起到清洁的效果。后来，他把"吹"改成了"吸"，就是通过一个简单的功能逆向，但是效果明显不同了，纸屑、灰尘全被吸进了机内的口袋，这才使吸尘器具有了真正的使用价值。

（八）工艺的逆向

对传统的、常规的工艺流程，有时通过逆向进行可取得出乎意料的成功。例如，造船工艺历来是"由下到上"，大量的焊接工作都得"抬着头"操作，为工人增加了劳动强度。后来德国一家造船厂来了个工艺逆向，整个工艺改为"由上而下"，工人由"抬头干活"变为"低头干活"，大大减轻了劳动强度，从而也大大缩短了造船周期。

（九）管理的逆向

经营管理方面逆向的事例更多，逆向往往意味着是管理上的一种创新。例如，日本丰田汽车公司总经理丰田宗一郎曾经说过："假如我这个人有所成就的话，那是因为我善于倒过来思考。"丰田公司目前已发展成世界一流的跨国企业，取得了辉煌的成就，这与丰田本人领导有方当然分不开，也与他"善于倒过来思考"分不开。在生产管理上，一般企业都是"顺抓"的，即由第一道工序顺次抓到最后一道工序。而丰田却别出心裁"倒抓"，即由最后一道工序抓到第一道工序，在生产管理中推行时间、品种、数量"三及时"原则，还规定：后道工序需要的时候，应向前道工序索要所需数量的零件。这就使后道工序始终处于主动地位，强化了企业的科学管理。实践证明，这样的"倒过来抓"更有利于实现目标管理，增强了各道工序的责任心，也使得丰田公司取得了今天这样的显赫成就。

（十）用人的逆向

历来用人强调用人之所长，这当然是对的，但只反映了一个方面。人有所长必有所短，逆向用人把"短处"用到恰当的地方，"短"就可以转化为"长"了。

例如，唐德宗时有位使相名叫韩滉，很讲究用人之道，有一技之长的就"各随所长"，无一技之长的，也用得合适。有个"故人之子"来投奔他，要谋个差使，但此人"文不能拆字，武不能卖拳"，可以说是"一无所长"，只得暂时闲置一旁。后来韩滉发现此人在宴会上总是目不斜视，与邻座也不交谈，凭此一点，韩滉就委派他作"库门监"（掌管仓库大门的小官），这个人到任以后从早到晚在库门口正襟危坐，不要说闲人，就连仓库内的小卒也不敢再擅自走动，仓库的管理由此得到了加强，起到了很好的效果。

其实，"用人所短"是对"用人所长"的重要补充，是一种缺点逆向创意开发法。"用人所长"固然重要，能使一些"学有所长"的人发挥"千里马"效用，但"用人所短"也是非常必要的，使原来认为一些"无用的人"充分发挥他们的积极性，发挥他们的"非千里马"效应。两者结合起来应用，就更全面了。一个聪明的管理者，不应只着眼于发挥几个"尖子"的作用，还应注意发挥为数众多的"普通人"的作用。

二、对逆向创意开发法的评价

如果说顺向性思维是一种常规性、传统性思维的话，那么逆向性思维则是一种反常规、反传统的思维。顺向思维的常规性、传统性，往往导致人们形成定式思维，是一种从众心理的反映，因而成了人们的一种"思维框框"，严重阻碍着人们创造力的发挥；这时，如果转换一下思路，用逆向创意开发法来考虑，就可能突破这些"思维框框"，取得出乎意料的成功。

逆向思考法由于是逆常规、反传统，使它具有与一般思维不同的特点：

（一）突破性

逆向创意开发法的成果往往是冲破传统观念和常规的产物，常带有质变或部分质变的性质，因而往往能取得突破性的成就。

案例：在飞机正式发明之前，就有许多"科学家""权威"引经据典得出了机械飞机不能上天的"科学结论"。最初，法国著名天文学家勒让德，认为要制造一种比空气重的装置飞上天去是不可能的；德国大发明家西门子接着也发表了类似看法，由于他的崇高威望而极大地阻碍了飞机的研制；著名的德国物理学家、能量守恒定律发现者之一亥姆霍兹，从物理学的"科学角度"论证了机械装置要飞上天纯属"空想"，使原先支持研制飞机事业的德国金融界和工业集团撤销了财力和物质上的援助；美国的天文学家纽康根据各种数据进行了大量的计算，以"证明"飞机甚至无法离开地面。但是默默无闻、没有上过大学的美国莱特兄弟，却迎着这些"科学家""权威""理论家"的思维逆向而上，大胆摸索、实践，终于在1903年使飞机飞上了天，震惊了世界，实现了人类长期的梦想，取得了令人鼓舞的突破性成就。

（二）新奇性

由于思维的逆向性，改革的幅度较大，因而必然是新奇的、新颖的。例如，电风扇一般都用于夏天，其功能是使人"凉快"。有家电扇厂却来个颠倒，使它同时也能发热风，使人冬天时也能"取暖"，这样就使原来只能"取凉"的电扇兼能"取暖"，成了"冷暖两用电扇"，冬夏两季都能用，与传统的电扇相比无疑是个创新，所以受到了顾客的青睐。

（三）普遍性

逆向创意开发法的应用范围极广，几乎适用于一切领域。

反映客观世界的思维本身就应该有两面性：顺向性思维和逆向性思维。但是由于社会环境、传统、偏见、教育等的影响，平时人们进行顺向性思维较多，因为它比较保险，而逆向性思维则常带有风险性，故平时用得较少。但事物毕竟有二重性，如果使用顺向的思维方式进行思考，往往只注意前而忽视后，只注意上而忽视下，很容易犯片面性的毛病。这时用逆向思维进行思考，让人们从另一个方面去思考，往往就能看到顺向思维所看不到、想不到的一面，能弥补顺向性思维的不足，从而促使人们更全面地看问题、想问题。

第五节 组合创意开发法

组合创意开发法的最基本要求是各组成要素必须建立某种关系，成为一个系统整体，否则只能是杂乱堆放的混合物。例如，一堆砖堆放在一起只是一堆砖，若是按照一定的关系砌起来就可能组合成一座建筑物。由于组合创意开发法是在一定的整体目的下利用现成的技术成果，因而往往并不需要建立高深的理论基础和开发专门的高级技术。CT 的发明就是把 X 射线装置同电子计算机结合在一起实现的，这两项都是已有的成果，但它们组合在一起后，就有了新的特殊功能，即诊断脑内疾病和体内癌变。这是组合创意开发法的一个突出应用。

从组合的对象看，可以是相同或不同的材料、零部件、成品、工艺、技术、设计原理或学科间的组合。组合后的整体，一般都具有各组合要素的性能。

要实现组合创意开发，可以沿着两种途径进行：一种途径是从某种功能目的出发，去寻找具有或接近具有这种功能的对象而加以组合，这在冶金行业是常用的方法。比如，要研制一种耐高温的合金材料，一般人们总会想到要加入铬、镍等热稳定性高的元素。另一种途径是在没有明确目的要求的情况下，对已有的一些事物随意加以组合，看看会获得什么结果，若是组合后的确有一定新意，也是一种创造了，这在业余发明活动中是常用的。有一类创意开发方法就是专门为此而设计的，例如二维坐标法。这种方法十分简单，你可以随意找出一二十个名词、动词、形容词分为两组分别列在横竖两个坐标轴上，然后有意让每一个词汇与其他所有词汇都分别组合搭配一次，看看是否有新的创意。如果激发了新的创意，就获得了一个组合创意开发的构思，否则就舍弃。如果这组词汇组合完毕不太理想，还可以随意再寻找另外一组词汇。照此办理，一般总会得到组合创意开发构思的。

根据简繁、难易程度，组合创意开发大体上可以分为三个层次（如图3-4所示）。

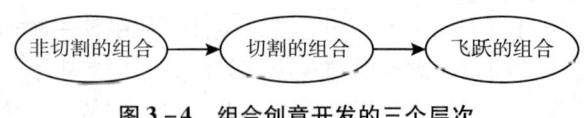

图3-4 组合创意开发的三个层次

非切割的组合即将现有的事物不加任何改造，或者稍作外形的改变，将原有的功能应用于新的目的，例如将军用装甲车上的时钟（防震性能好），组合到快艇上、汽车上、飞机上等。这是组合创意开发的最低层次，这种创造不是事物结构上的明显切割，而是将现有事物的功能，以完整或较完整的形式组合到新的系统中去，因而也是对"功能"的切割与组合。如把热水瓶保温的功能组合到杯子上，就变成了保温杯；把橡皮头组合到铅笔上，就激发了橡皮头铅笔的创意。

切割的组合即把现有事物中部分结构要素切割下来，把这些要素重新组合起来，用于新的功能系统。这就是典型意义上的切割组合。例如，把收音机和录音机组合起来，就成了兼有收音和录音两种功能的新产品。工厂中很早就有了电瓶车，将电瓶的功能切割下来，组合到普通人使用的自行车上，就形成了电动助力车。

飞跃性组合即运用已经积累的知识和经验，或者偶然获得的信息，通过创造性思维进行知识或信息结构的变革，从而产生飞跃性的创意或设想，最后开发出与现有的事物本质上不同的新事物，这是最高层次的组合创意开发，也是一种思维上的组合。例如，创意学就是对心理学、思维科学、哲学、方法论的重新组合。

一、组合创意开发法的基本类型

（一）基本组合类型

组合创意开发的类型繁多，几乎覆盖了人类生活的各个领域。下面是几种基本的组合类型（如图3-5所示）。

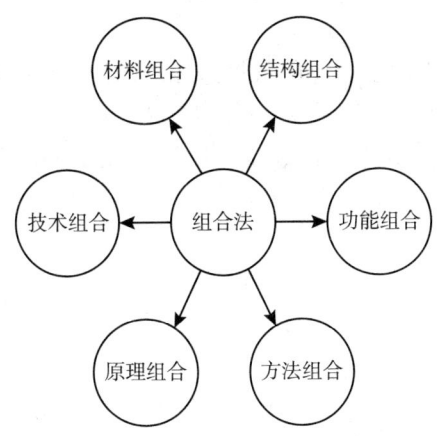

图 3-5 组合创意开发的六种基本类型

1. 材料组合

如在航空航天领域颇有应用前景的复合材料就是典型的材料组合创意开发的产物。这是一种通过适当的复合方法,如焊接、热轧、涂层、化学沉积或浸渍等,把金属、塑料、橡胶、树脂、石墨、陶瓷等材料组合在一起的新材料,从而具有各组成元素的综合性能。

2. 结构组合

如在生物工程技术中已经达到实用化的细胞融合技术就是典型的结构组合创意开发。这是一种人为地使两种不同种类的生物细胞直接融合在一起,而产生能够同时表达二者有益性状的杂种细胞的技术。再如,钢—混凝土组合结构是在钢结构和钢筋混凝土结构基础上发展起来的一种新型结构。与钢筋混凝土结构相比,可以减轻自重,减少构件截面尺寸,增加有效使用空间,节省模板,缩短施工周期;与钢结构相比,可以减少用钢量,提高结构稳定性,增强抗火性和耐久性。实践表明,组合结构兼有钢筋混凝土结构和钢结构的优点,具有显著的技术经济效益和社会效益。

3. 功能组合

商店里出售的各种多功能产品都是这类功能组合创意开发的产物。例如,"多用电工镊子"就属此类,它兼有镊子、钩、刮、安装或拆卸螺钉等功能。还有人发明了缝纫、三线锁边、四线连缝连锁三种功能组合缝纫机,它是在现有缝纫机上,不改变原有零件的情况下,加装整套三线锁边、四线连缝连锁装置。三种功能选用时互不干涉,使用非常方便。

4. 方法组合

比如,为提高洗衣机的洗涤效率,各种方法可以同时组合在一起用,如冲刷方法、揉搓方法、挤压方法、喷淋方法等。

5. 原理组合

例如，喷气发动机就是喷气推进原理与燃气轮机原理相结合的产物。另外，近年来出现了交换路由器产品，从本质上来说它不是什么新技术，而是为了提高通信能力，把交换机的原理组合到路由器中，使数据传输更快、更好。

6. 技术组合

例如，北大方正的激光照排出版系统，则可以看成是计算机技术、激光成像原理及印刷出版技术的多元技术组合。再如，某研究院开发出生物膜技术——组合式高效生物化粪池，该项科技成果是利用生物膜处理技术组合而成的一种高效污水处理净化装置，它由生物化粪池池体、微生物载体、微生物菌种群等组成，通过人工强化技术，将该研究院培殖的 GSH 微生物净水菌种群一次性引入到化粪池内，在池内的 GSH 微生物载体上形成生物膜，利用微生物的新陈代谢作用，吸附、消化、分解污水中的有机污染物，使之转化为无害化物质，达到净化水质之目的。

（二）外部组合

外部组合是一种低级的组合方式，但使用这种技术往往也能收到意想不到的效果，因为组合后可能使产品得到优化，并激发新的创意，使产品增加新的功能和效用，从而提高竞争能力。外部组合又可分为两种：外部非同类型组合和外部同类型组合。

1. 外部非同类型组合

它的模式是：① + ② = N，其中 N 代表新产品、新事物。

例如，近期在社交网络上非常火热的"中国风口红"，将各种印有中国传统艺术形象的贴纸贴在口红的外包装上，让本来单一的口红包装具有了祥云、花鸟等富有中国特色的美感，更加受到消费者欢迎。这也是运用了组合技法：贴纸 + 化妆品，创造出了新颖的包装，让产品更有人气。

组合技法在革新、优化老产品中有着广泛的应用天地。伞的发明已好几百年了，人们至今还在使用，其基本功能没变，但现代的伞的附加功能层出不穷，如伞与催泪瓦斯组合，就成了催泪伞，以防流氓、恶棍的袭击；伞与太阳能技术组合，就成了太阳能伞，能产生 600 度高温，供旅游者烧水、煮食；伞与刺刀、手枪等武器组合，就成了自卫伞，这对治安情况严重恶化的西方社会来说，无疑也是一种需要；伞与香水组合，就成了香水伞，使漫步街头的情侣能闻到阵阵幽香；伞与小电珠组合，就成了带灯的伞，这样走夜路的人就能引起司机的注意，起到了保障人身安全的作用；还有一种拐杖伞，同时具有拐杖的功能；日本的公司开发了一种音乐伞柄，能与任何尺寸的伞组合，只要使用者轻按开关，就会放出各种美妙的音乐，可以伴你度过恼人的候车时间或雨夜赶路的寂寞……

这些新开发的伞，基本思路就是外部非同类型组合，可见这种技法的作用真的很大。

案例：曾在美国获得专利的一种多用途钳子，它把锤子、起钉器、钢丝钳、管子扳手、绞铁丝器等多种工具的功能组合在一把钳子上，从而形成"一钳多用"，大大增强了产品的竞争能力。顾客只需花一份钱就能买到具有多种功能的工具，同时还大大节省了在操作时调换工具的麻烦。这样的新产品，顾客当然乐于购买了，因此这种多用途钳子在市场上大受欢迎。

2. 外部同类型组合

组合技法强调不同功能的事物组合，但这并不排斥同类型事物的组合，这就是外部同类型组合的思路所在。它的模式是①+①=N。

案例：德国人克莱斯特发明的莱顿蓄电瓶，由于蓄电量小，实用价值不大。后来美国电学巨匠弗兰克林把许多莱顿瓶并联起来，发明了蓄电池，蓄电量大大提高，使蓄电池有了较大的实用价值。

（三）内部组合

相比外部组合来说，内部组合是一种高级组合技术，一般来说技术难度较高。内部组合也有两种：非同类型内部组合和同类型内部组合。

1. 非同类型内部组合

这是组合技法中最重要的一种思路，许多新产品的开发和创意的构思都是运用了这种技法。其模式如图3-6所示。

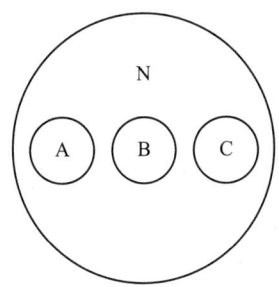

图3-6 非同类型内部组合模式

电视机是看的，电话机是听的，把原来两种不同功能的事物进行组合，就开发了兼有两者功能的新产品：可视电话。显然，与"贴纸+化妆品"那种外部组合相比，这种组合在技术上要复杂得多。通过把两种不同功能的机器——X光检查仪和计算机图像识别技术组合起来，就发明了能够对人体内部进行探测的 CT 扫描机，发明者也因此获得了诺贝尔医学奖。可见，这种非同类型内部组合创意开发方法确实很有效。

案例： 日本不久前开发了一种电子黑板，学生听课时不必再忙着记笔记，他们只须专心听老师讲课就行了，因为老师讲完课后，电子黑板可把老师在黑板上写的全部内容复印给学生。这种先进的电子黑板，实际就是摄像系统和复印系统的组合。

在应用非同类型内部组合时，可以有两条不同的思路（如图 3-7 所示）。

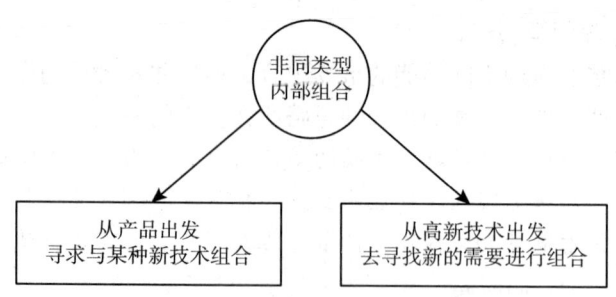

图 3-7　非同类型内部组合的两种思路

一条是从高新技术出发，去寻找新的需要，进行新的组合。例如，激光是一种新技术，只要在各个不同的领域里捕捉到各种新的需要，便可开发出一系列新产品。如激光唱片、激光测距、激光针灸、激光切割、激光焊接、激光手术（眼睛开刀）、激光精密计量、激光分离同位素、激光全息照相、激光模糊成像处理、激光引发热核聚变反应、激光计算机、激光雷达、激光战场通信、激光瞄准仪、激光制导炸弹、激光制导导弹……实际上就是激光在军事领域、医疗领域、金属加工领域等方面的应用。

另一种思路恰恰相反，是从产品出发寻求与某种新技术进行组合。例如，电话机是已经用了上百年的老产品，但美国新泽西州贝尔电话研究所把电话与电子计算机组合，便产生了一种新型电话，具有四种新的功能：一是可以查出电话号码，并接通对方电话。二是可以把信件内容传输给对方电话。三是可以和远处的朋友打扑克，作娱乐工具。四是可以收听当天的新闻节目。

可见非同类型内部组合创意开发法是开发高新技术产品的重要途径。

2. 同类型内部组合

同类型事物的组合，不能认为只是量的增加，更重要的是能够产生新的功能飞跃，也就是质的变化。如电子计算机与电子计算机的组合,形成计算机网络,组成彼此能够相互通信的一组相关的或独立的计算机系统,就可开发出新的功能,例如可以共享数据、共享硬件、共享软件、均衡负荷;它可以使用户在同一时间、不同的地点使用同一个计算机网络系统,从而大大提高了计算机系统检索信息的效率。其模式如图3-8所示。

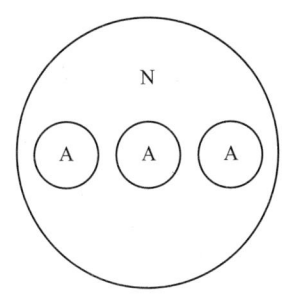

图3-8 同类型内部组合模式

例如,美国以医学图书馆为中心,用电子计算机网络把11个区域性分中心和它们所属的100多个基层图书馆,以及300多个医院、学校联系起来,形成医学系统的"图书情报信息库",这样,科研人员就可以坐在自己的办公室里检索所需的资料和信息,进行科研活动,平均只需10分钟就能完成一个课题的调研,它的速度相当于一个人用30种文字阅读2 000种专业杂志,浏览9万篇科学论文。

二、对组合创意开发法的评价

组合创意开发法是应用范围很广的一大类创意构思技法。据统计,在现代技术成果中60%~70%是通过组合创意开发法得到的。

组合创意开发法的难点不在于能否找到组合的对象,而在于找到组合对象后如何有机地把它们结合在一起,而如何做到这一点通常只能靠知识和经验。例如,要把数字控制技术同机械加工技术组合在一起,一般都能想到,但要真正实现有机的最佳组合,即研制出一台功能齐全、性能稳定的数控机床却非易事,要有相当丰富的专业知识和实际经验才能成功。

【思考题】
1. 请结合实际说明类比创意开发法的基本用法。
2. 请结合实际说明移植创意开发法的基本用法。
3. 请结合实际说明模仿创意开发法的基本用法。
4. 请结合实际说明逆向创意开发法的基本用法。

5. 请结合实际说明组合创意开发法的基本用法。

【延伸阅读】

1. Althuizen N & Reichel A. The Effects of IT – Enabled Cognitive Stimulation Tools on Creative Problem Solving: A Dual Pathway to Creativity. *Journal of Management Information Systems*, 2016, 33 (1), 11 – 44.

2. 陈爱玲:《创新潜能开发实用教程》, 化学工业出版社 2013 年版。

3. 贾虹:《创新思维与创业》, 北京大学出版社 2011 年版。

第四章
水平思考法

【学习目标】
1. 了解水平思考法的基本原理。
2. 能够描述一个应用了水平思考法的案例。
3. 能够使用六顶思考帽法思考问题。

【导入案例】
　　伦敦有位商人，由于经营不善，欠债主一笔巨款。这位又老又丑的债主要求以商人美丽的女儿抵债，同时债主为了故作仁慈，特地提出一个解决方案：在空钱袋里放入一个黑石子，一个白石子，让商人的女儿伸手摸出其一。如果她选中的是黑石子，她就要成为债主的妻子，同时商人的债务也不必还了；如果她摸出的是白石子，那么她不但可以继续留在父亲身边，其债务也可一笔勾销。当然，如果她拒绝伸手一试，他的父亲势必因为债务而入狱。

　　按照此解决方案，这位商人和他的女儿有50%的希望，然而，债主在一条铺满石子的路上，当场捡起两颗黑石子放入钱袋里，这个过程被眼尖的女儿瞧见，她必须当场解决这个难题。

　　女儿把手放进钱袋里，又漫不经心地看别的地方，一松手，石子便滚落在路上的石子堆里。"哎呀！我真是笨手笨脚！不过，没关系，你现在只需要看看钱袋里所剩下的石子是什么颜色的，就可以知道我刚才选的就是另一颗石子了。"债主当然不愿承认自己设计的诡计，自然就只能认定她选的是白石子了。

　　面临困境，却能巧妙地化解，真是令人惊叹，这就是运用水平思考法带来的"剧情扭转"。

第一节　水平思考法简介

　　水平思考法[①]是英国剑桥大学思维基金会主席爱德华·德·波诺提出的。德·波诺认为，在过去的时间里，人们一直沿用由苏格拉底、柏拉图和亚里士多德所创设的传统思维系统，以分析、判断和争论为基础。但是，在因信息技术的发展引发了一系列变革的今天，传统的思维方法和习惯已经难以充分适应快速变化的世界，因为除了分析和判断之外，还迫切需要独具匠心的思维设计理念以及建设性和创造性的思维能力。传统思维方式的核心是"是什么"，而未来思维方式需要的是"能够是什么"。

　　德·波诺在对传统思维模式反思的基础上，针对垂直思考法提出了另外一种思考模式——水平思考法。简单地说，垂直思考法是以逻辑与数学为代表的传统思维模式，即思考者是从信息的某个状况直接推演到另一个状况，就好像盖一栋大楼时，把石头一块接一块牢固地叠起来。其最根本的特点是，根据前提一步步地推导，既不能逾越也不能出现步骤上的错误。在一般情况下，这种思考模式甚为合理，尤其在分析事情或物理现象时，它能够显示出强大的力量。但是如果一个人只会运用垂直思考一种方法，则其创造力将大打折扣。而水平思考法属于超越性思考，是一种既非逻辑性又非因果性的思考模式，它可从答案出发对题目进行思考，德·波诺认为水平思考能够大大提高人们的创造力。

　　德·波诺强调了寻找看待事物的不同方式和方法，认为"你将一个洞挖得再深，也不可能在另一个地方挖出洞来。"在垂直思维中，你选择了某个立场，然后试图以此为基础往下发展。你的下一步将取决于你当前所在的位置，并且下一步必须和当前位置有关，是建立于一个基础之上或将同样的洞挖得更深；而在水平思维中，则强调水平移动，尝试不同的认知、概念和切入点。

　　水平思维与认知联系紧密。在水平思维中，我们努力提出一些不同的观点，所有观点都是正确的，可以共存。不同的观点不是从彼此中衍生出来的，而是独立产生的。从这个意义上来说，水平思维与探索有关，正如认知也与探索有关。你绕着一幢大楼行走，从不同的角度摄像，每个角度都同样真实。

　　常规逻辑关心的是"事实"和"是什么"，而水平思维关心的是

---

① 爱德华·德·波诺：《严肃的创造力——运用水平思考法获得创意》，杨新兰译，新华出版社2003年版。

"可能性"和"可能是什么"。我们建立起可能是什么的不同图层，最终得到一幅有用的图像。因此，从狭义上来理解，水平思维是一套系统的方法，用来改变并产生新的概念和认知；而从广义上来看，水平思维是探索多种可能性和方法，而不是追求单一的方法。

第二节　水平思考法的原理

水平思考法的理论认为，大脑的神经网络允许输入的信息自我组织，排列成由一个个暂时稳定的状态组成的序列。这些序列构成了一个系统，输入的信息在该系统中建立起一个活动顺序，最终这个活动顺序会变成一种首选的路径或模式。

一旦这些模式被建立，它们就是最有用的。因为它们允许我们去"认识"事物。一旦这些模式被激发，我们就会遵循它，按照以往的经验来看待事物。

简单的认知模式如图4-1所示。

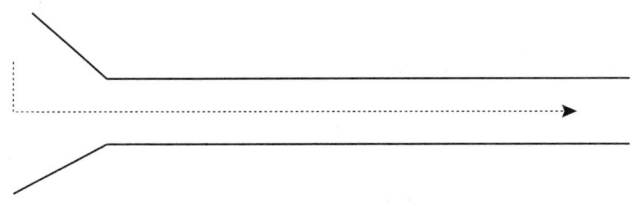

图4-1　简单的认知模式

简单模式系统的困难在于，要处理所有状况必须有大量的模式。任何不能直接引入现有模式的新情况都必须重新分析，大脑会非常简单地处理这个问题。

与河流的集水面积一样，模式有一个很大的适用范围。这意味着在这个范围内的任何活动都不稳定，会引向已经确立的模式，直接遵循一个非常简单的行为类型。计算机难以完成的任务（模式识别），人脑能立即自动完成。适用范围如图4-2所示，像一个漏斗。

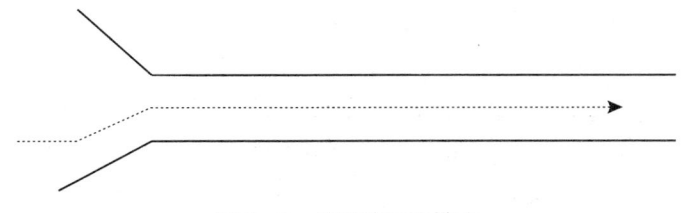

图4-2　扩展的认知模式

因此，无论何时当我们观察这个世界时，我们只是以我们现有的模式（如图4-3所示）来看待世界。这使得认知如此强大而有用。我们很少会不知所措。我们可以识别大多数情况，这也是为什么分析信息不能产生新想法的原因。大脑只能看见它准备看的东西（现有模式）。因此，当我们分析数据时，我们只能识别已有的想法。

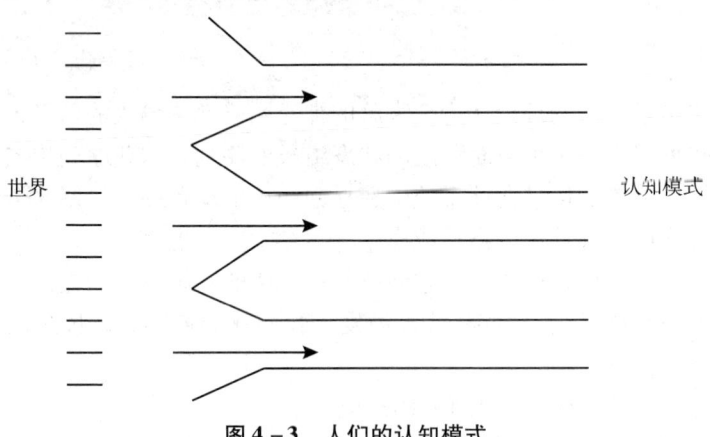

图4-3 人们的认知模式

德·波诺认为大脑神经网络的这种形成模式和使用模式的行为是非常不错的。如果没有它，生活将难以想象。认知就是设置、使用这些模式的过程。但是，如果如图4-4所示出现了一条支路，将会发生什么呢？我们必须停下来考虑每条支路吗？如果我们必须这样做，生活就会变得不可思议的慢。实际上这种情况永远不会发生，因为按照神经系统工作的方式，主导路径会屏蔽其他路径，使其他路径暂时消失。因此，我们尽管自信地沿着主路走下去。但是，如果我们能从另外一点进入支路，我们就可以沿着支路回到起点，这个过程如图4-5所示。

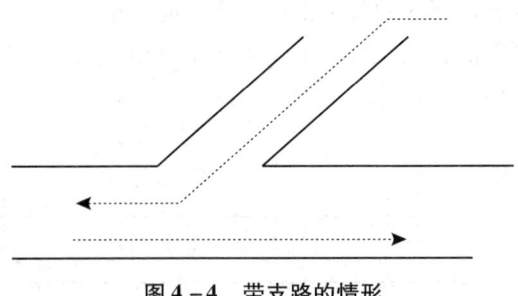

图4-4 带支路的情形

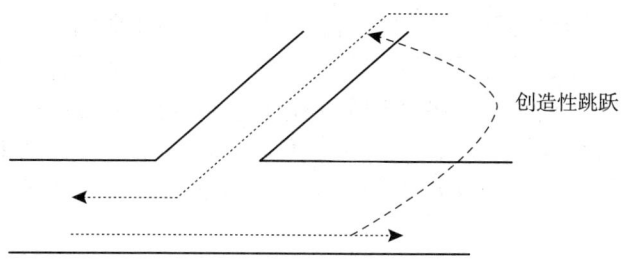

图 4-5　创造型认知模式

由此,德·波诺认为,水平的认知模式经过创造性的跳跃(creative leap),能够从主路设法到达支路,那就可以重新回到起点,获得创造性"见解"或新的想法。

但是,我们如何到达支路上"产生想法的地方"呢?那正是水平思考工具发挥作用的地方。水平思考法是帮助我们离开主路,以增加到达支路的概率的方法。"水平"是指水平穿越模式,而不是像在常规思维中一样沿着模式前进。

德·波诺认为大脑是允许输入的信息自我组织形成模式的一个绝妙的系统。一旦形成模式,在它们广泛的适用区域内,我们就可以在认知过程中运用这些模式。这些模式并不是对称的,而正是由于这种缺少对称的情况产生了幽默和创造。因而,这是创造在逻辑上的必要性,也是自我组织的模式系统的逻辑。

德·波诺认为大脑的这种自我组织形成模式也可以用时间顺序陷阱来解释。

设想有一个系统随时间的推移不断收集信息,信息不是一次突然到来,而是逐步累积。假设在每个时刻系统都尽量充分地利用已有的信息。显然,这种系统类似于个人、机构、公司、文化等。随时间流逝,信息不断收集,系统尽量充分使用已有的信息。

德·波诺为此举出了一个游戏:一次给出一个字母,任务是每次都要组成一个有意义的单词。字母代表了输入的信息,将所有可用的信息组成一个单词。

(1) 第一个字母是 A。
(2) 然后是 T,组成单词 AT。
(3) 下一个字母是 R,简单相加得到 RAT。
(4) 下一个字母是 E,组成单词 RATE。
(5) 下一个字母是 G,简单相加得到单词 GRATE。

到现在为止,新信息只是简单地加到现有的结构上。

(6) 下一个字母是 T,没有办法简单地加上去。只有退回去,打乱现有的结构才能重新组合字母,形成新词 TARGET。

在这个简单的例子里，德·波诺解释了信息依照到来的时间顺序如何建立结构，而为了以另一种方式进行组合，又必须打乱结构。

可能有人会提出，在每个阶段所有的字母都应打散顺序，然后在其中加入新的字母，形成一个新的单词。当然，在现实生活中，不可能为了让新旧信息完美融合而打破一切现有的概念、认知、词汇或制度。

信息也并不像游戏中的字母一样可以拆分。比如，RAT 的组合已经保持了那么久，现在已经变成了坚固的整体，拒绝拆分。同样，基本的认知也拒绝拆分。

第三节　水平思考法的实施

一、思维工具

德·波诺提出一系列有关水平思考法的具体思维工具，针对每一个具体的思维工具，德·波诺在他的著作中都展开了充分的说明，在这里，我们仅对其中的部分工具及其用法进行简单说明，同时建议有兴趣的读者阅读德·波诺的有关著作。

（一）六顶思考帽

德·波诺指出："思考的最大障碍在于混乱，人们总是试图同时做太多的事情。情感、信息、逻辑、希望和创造性都蜂拥而来，如同抛耍太多的球。"在思考的时候，人们往往同时顾及许多方面：既要照顾事实，又要建立其中的逻辑关系，同时又不能忽略感情因素，这些都经常造成思考上的障碍，影响做出最佳的判断或选择。

为此，德·波诺开发出一种实用的水平思考方法——"六顶思考帽"，其目的在于避免思维混杂。按六顶思考帽的方法，思考者要学会将逻辑与情感、创造与信息等区分开来，一次只戴一顶帽子，一段时间里只用一种方式进行思考。

德·波诺设计六顶思考帽方法，是为了使思考者从通常的争辩型思维向制图型思维转化。这使得思维过程成了两个阶段：第一个阶段是绘制地图；第二个阶段是在地图上选择路线。如果地图足够好，那么最好的路线经常会变得非常明显。每一顶帽子在地图上表现为一种类型的思考。

六顶思考帽的含义如下：

白色思考帽：白色是中立的颜色，代表客观的事实与数据，具有处理信息的功能；

红色思考帽：红色是情感的颜色，代表直觉和预感，具有形成观点的功能；

黄色思考帽：黄色是乐观的颜色，代表正面的思想，具有识别事物积极因素的功能；

黑色思考帽：黑色是阴沉的颜色，意味着警示与批判，具有发现事物消极因素的功能；

绿色思考帽：绿色是草地的颜色，代表着创造性的想法，具有创造性地解决问题的功能；

蓝色思考帽：蓝色是天空的颜色，代表着思维过程的控制与组织，它管理其他思考帽的使用。

（二）创造性的停顿

创造性的停顿是在思考者的思维中设置一个非常短暂的停顿，来考虑是否可能有替换方案或其他的做事方法。创造性停顿表示对任何地方进行创造性关注的意愿。由于在思考或讨论平稳的进程中，有许多事被认为理所当然，因而创造性的停顿允许思考者稍作停顿去考虑某件事。

（三）简单关注点

德·波诺认为，通常人们只会考虑被迫需要关注的问题和困难。然而，创造性的结果可以通过关注其他每个人都忽略的事情来获得。简单关注点并非试图产生新想法，而是愿意将某一点作为潜在关注点来关注，以做出创造性努力："那会是一个很好的创造性关注点。"有时候，记下这些关注点就够了，不必试图产生新的想法。

（四）质疑

创造性的质疑是水平思维最基本的方法之一。创造性的质疑不是攻击、批评，也不是试图表明某件事不完善的原因。它质疑的是唯一性："这是唯一可能的方法吗？"创造性的质疑假定由于过去存在、现在可能存在也可能不存在的原因，我们以某种方式完成了某件事。不管是哪种情况，都可能存在更好的做事方法。

创造性的质疑可以针对事情本身，也可以针对关于这件事的传统思维，还可以针对随时进行的思考："为什么我们必须这样看待它？"质疑可以针对调节思维的因素：主导概念、假设、界限、必要因素、需要避免的因素、不是/就是的两极分化。在质疑时，我们直接考虑这些因素，看它们是否真的必要。

创造性的质疑还质疑"连续性",即某件事以某种方式来做的原因是过去也是这样做,"连续性分析"方法考虑以下类型的连续性:

(1) 忽略的连续性:没有人费心去考虑它。

(2) 受限的连续性:必须符合其他事情。

(3) 满足的连续性:不断的成功忽略了重新思考。

(4) 时间顺序的连续性:受限于我们经历的事情的顺序。

总之,这种方法可用来质疑传统思维、现有思维和在创造期间产生的思维,还可以质疑思维的环境、假设、界限等。

(五) 替换方案

替换方案是水平思维的精髓,时刻使用替换方案的思维是指:

(1) 在没有明显的需求时,停下来寻找替换方案的意愿。

(2) 甚至在下一步合理而有效时仍然停下来寻找替换方案的意愿。

(3) 做出努力寻找更多替换方案,而不是满足于已经找到的替换方案的意愿(对于实际的事情,在搜索中需要有中断点)。

(4) 通过改变状况而不是满足于"分析"给定的状况来"设计"新的替换方案的意愿。

(5) 定义替换方案中将提及的"固定点"的重要性:"关于什么固定点的替换方案?"固定点可以是目的、团队、相似性或概念。通常在一种情况中可以定义多个固定点,然后为每个固定点寻找替换方案。

这是一种找到不同的做事方法和满足所定义的固定点的方法。可以在不同的层次广泛详细地进行操作。

(六) 概念扇

概念扇对于"实现"型思维尤其有用:"我们如何到达那里?"实现型思维包括解决问题和完成任务。概念扇是一种精心设计的寻找替换方案的方法,它使用概念来"串联"更多的替换方案。它分为三个层次:方向、概念、方案。方向指概念之间的目标指向,概念则泛指做事的一般方法或方式,方案指实现概念的明确、具体的方法。

为了产生概念扇,我们必须反向进行处理,从思考的目标到广泛的概念或必须到达的"方向"。然后继续反向进行处理,从方向到"概念",概念是向那个方向前进的方法。概念可能有若干层次,从广泛到明确。然后再继续进行反向处理,从概念到"方案",方案是实施概念的实际而明确的方法。

当建立起概念扇时,可以从任一点开始前进到达思考的目标,或后退到达明确的方案。

（七）概念

运用水平思考法的一个要求是应该能够处理概念和在概念层次操作。一般而言，概念是概括的做事的方法或方式。概念以概括、模糊、不明确的方式进行阐述，每个概念必须通过明确的"方案"来实施。在概念层次进行操作的目的是能够"衍生"出更多解决问题的方案。

有时概念可以直接创建，有时可以从任何方案"回溯"到概念，以解释方案背后的概念。在做任何事情时，我们都应该努力提取其概念或有关的概念（不管是否打算如此）。一旦提取出概念，我们就可以巩固概念、改变概念，或找到更好的实施概念的方案。德·波诺认为存在三种基本的概念类型：

（1）"目的"型的概念：与我们设法完成的事情有关，即事情的目的是什么？

（2）"机制"型的概念：描述了如何产生效果的方法。

（3）"价值"型的概念：它表明了某件事将如何提供价值。

（八）激励

德·波诺认为，任何自我组织的信息系统（例如认知）都绝对需要激励。需要用激励和运动来穿越模式。模式的非对称性质使穿越模式成为必要：在事后看来很明显的事，在事前可能看不出来。

德·波诺使用"Po"这个新词汇代表 Provocation Operation（激励操作），表示某个事物被直接当成激励。对于任何激励，都需要运用"运动"这个积极的思维操作，来前进到一个新想法。运动是积极的操作，不只是延迟判断。德·波诺认为激励有两个来源：

（1）出现的激励：创造性思考者可以选择将陈述、评论或经历的事件当成激励，而它们是否本来打算作为激励并不重要，这完全是思考者自己的选择。甚至被判定为不合理、荒谬的想法仍然可以作为激励，以得到一个有用的想法。这样的激励可以说是"出现"的，并没有刻意设置。

（2）逃离型激励：这是由创造性思考者刻意设置的激励，思考者注意一个"被认为理所当然"或常规的地方，然后"逃离"它。逃离是通过否定、取消、丢弃或什么也不做来实现的，但是"被认为理所当然"的地方一定不能是问题、抱怨或困难。逃离型激励在适合质疑的所有场合都有用。它将质疑变为激励，对考虑现有方法及现有思维有用，还可以用于当时进行的创造性思维。

德·波诺认为，设置激励的困难在于设置的激励必须要激发思考者进行新的思考，为此，德·波诺提出踏脚石型激励，这同时也是刻意设置的激励。设置激励的关键在于大胆设置，不要考虑如何运用激励，而且要认识到修改一个现有的想法来形成激励没有意义，激励应该机械地设置。为了得到踏脚石型的激励有四种方法：

一是反转：找到常规的行动"方向"，"反转"后形成激励。在相反的方向必须有某种行动。

二是夸张：夸张常规的度量或尺寸（数目、大小、重量），或者增加，或者减少。绝不应减小到零。

三是曲解：任意改变涉及的各方之间的一般关系或事件的常规顺序，创造一种曲解的情形。这形成了激励。

四是如意算盘：在这里提出一个幻想式的希望："如果……就好了。"这必须是一个幻想，而不只是一种愿望或一个目标，幻想就是你实际上并没预料或期望发生的事。

踏脚石型的激励一般用来设法实现整个系统或方法的根本改变，在各种方法中最有刺激性。踏脚石型的激励一般在应用于整个系统时最有效。

（九）随机输入

随机输入背后的原则是，如果你从另外一点开始，那么你就更有可能得到与从"中间"开始时可能用到的模式不同的模式。

随机输入最方便的形式是随机词汇，它可以通过多种方法得到（其中包括可以根据手表秒针的读数，从60个词语的列表中选择一个词），然后利用这个随机词汇，围绕选定的关注点产生新想法。

随机输入法还可以使用物体、图画、读物、展览等。其要点是输入必须是随机的，不能进行选择。

随机输入可用于在任何场合来提供新颖的想法。例如，用在"白纸"的情况中启动思维；在黔驴技穷时，用来再次启动思维；在已经得出一些方案后，用来寻找更多不同的方案等。

（十）运动

德·波诺从大脑作为一个自我系统组织的系统出发，指出运动是一个积极的思维操作，是整个创造的核心。并且使用者可以按照一般意愿从一个想法运动到一个新想法，还可以运用系统、正式的方法来得到运动：

（1）提取概念：从激励中提取原则、概念、特点或特征，而忽略其他部分。并且试图处理那个原则，围绕它创建一个新想法。

（2）关注区别：例如，这个激励和常规的做事方法在哪方面有所不同？我们能否从这个不同出发，得到一个有用的想法？即使区别很小，我们仍然关注那个区别来寻找新想法。

（3）每时每刻：我们想象激励被付诸实施——即使这在现实中不可能，然后我们观察"每时每刻"会发生什么，我们试图从这种观察中得出一个有用的想法。

（4）正面因素：这里我们关注激励中的正面因素，忽略其他部分，设法从这些正面因素中构造一个想法。

（5）在什么情况下：我们寻找激励会提供直接价值的特殊情况，然后设法前进，得到一个有用的想法，可以是那个情况下的，也可以是其他情况下的，或许后者更有用。

（十一）层

这是一个"敏感化"的方法，将五个不相干的关于情况的陈述放在一起，然后看会产生什么想法。在使用层的时候，不应该试图描述或理解各个陈述，不应该试图包括所有方面，要让层更加随意，例如，可以在纸上写下五条陈述，放入口袋中进行抽取。选择五条是为了理解方便。

层在开始思考时运用，使想法得以产生；稍后还可以在思考中运用，来看从已经进行的思考中能得出什么。

（十二）细线法

细线法是一一列出任何思考情况中的基本要求，然后按照从每个要求中延伸出的"细线"来考虑每个要求，在考虑后记下通常满足每个要求的方法。在使用细线法时，完全忽略问题实际的情境或创造性的关注点。

在细线法的被动使用方法中，考虑各条细线，直到方案从这个敏感化的方法中"产生"。

在细线法的主动或"促使"的使用方法中，从每条细线选出一个条目，然后坚决做出努力，促使这些条目组成一个新想法。

二、思维类型

德·波诺将水平思考法经常需要处理的情景，从所对应的思维的角度划分为几种不同的类型，每一种类型都可以用最适合的工具进行考虑。虽然这些是经过简化的类型，但它们仍对提供不同水平思维方法的一些使用方针会有所帮助。

（一）实现型思维（到达）

我们如何到达这一点？我们如何解决这个问题？我们如何执行这个任务？我们清楚地知道我们想去哪里。当遇到问题时我们想要解决问题或去掉问题。这种类型的思维包括问题、任务、项目、谈判、冲突等。许多水平思维方法都适合"实现型思维"，最适当的方法如下：

质疑：界限、主导概念、必要因素，甚至问题的定义都可以被质疑。我们为什么要这样看待它？我们为什么要将它视为困难？

概念扇：这是实现型思维的重要方法，因为它关注"如何到达那里？"需要的概念是什么？概念扇自己可以产生新的关注点，这些关注点还需要创造性的关注。系统地完成概念扇将产生许多可选的实现方法和路径。显然，概念扇是一种精心设计的寻找替换方案的形式。如果不可能完成概念扇方法，那么简单地寻找替换方案会更适当。

踏脚石：这种有强烈激励性的方法在设法通过找到问题、将事物以需要新想法的方式提出以得到真正新颖的方法时非常有用。概念扇会得到各种可能的方法，而踏脚石激励会产生一些完全不同的方法。如果问题已经考虑很久了，尝试至少一种激励法是很重要的，否则会再次提出同样的意见。

（二）改进型思维（改变）

改进型思维常常可以描述为实现型思维（如我们如何能得到一个更快的程序），但它值得单独进行考虑，因为改进有如下特点：第一是已经存在某种事物在有效地运转；第二是改进的方向（加速、更少的时间、更少的能量、更少的错误）以一般的、无限制的方式表述。同样，在改进型思维中有许多方法可以运用，但最有用的方法如下：

质疑：这是重要的方法之一，我们是如何开始这样做事的？为什么必须这样做？我们为什么在这些界限之内工作？我们可以质疑什么以及我们对这个过程的想法，对连贯性的分析特别有意义。

替换方案：我们在每一点都寻找替换方案，我们定义固定点，然后寻找实现那些固定点的可选方法。这不仅适用于整个过程，也适用于它的每个部分。

逃离：这是最适当的激励法。我们清楚地说明我们通常"认为理所当然"的事情，然后逃离它们。改进时总有可以逃离的事物，因为我们正试图改进现行的程序，甚至最基本的事情也可运用逃离的激励。

（三）白纸型思维（开始）

我们从哪里开始？我们如何开始行动？白纸型思维与改进型思维相反，进行改进型思维时，我们改进的是现有的程序，而进行白纸型思维时，我们只有一个概括的大纲。发明和设计是白纸型思维明显的例子，也是开发新机会和新概念的例子。有时，白纸型思维会被误认为是"实现"型思维。

随机输入：这是重要的方法之一。不管是什么情况，随机输入法都能立即提供一些新的起点，随机输入将思维引到不同的方向，一旦找到这些方向，它们就可以被修改或改变，从而将我们引向更多的方向。

细线法：可以记下任务（大纲）的一般要求，然后使用细线法开发思路。你可以让想法从中形成，你也可以利用这个方法"促成"的一面，将某些事物放在一起，促成一个新的想法。

如意算盘：前文已经提到，这是设置踏脚石激励的一种方法。在白纸的情况下，你可以设置这种"如意算盘"的幻想，它可以打开你的思路。在发展想法时，它最好与选择和阐明新概念的努力相结合。这个想法背后的概念是什么？这个概念还可以怎样运用？

（四）组织型思维（安排）

所有成分都需要处理，我们如何将事物以最可能的方式组织起来？这一般适用于计划、策略、某些类型的设计及组织。由于这种思维很大程度上是分析的优化，可能还需要一些新方法。

替换方案：关键是尝试不同的可能性。不仅应该有"合理"的替换方案，还应该有激励性的替换方案。如果我们这样来处理，会发生什么事情？

质疑：很多"安排"型的思维都是由传统的做事方式以及设想、界限和束缚引导的。因此，"质疑"常规的方法、尝试新颖的方法非常重要。

曲解：这是设置踏脚石类型激励的一种方法。它尤其适合安排型思维，因为为了促使一些新想法产生，常规的安排会受到"曲解"。这种类型的激励可以导致在做事方法上的顿悟和改变。

【思考题】
1. 请阐述水平思考法的含义。
2. 垂直思考法与水平思考法的区别是什么？
3. 请思考水平思考法思维工具是如何使用的。
4. 六顶思考帽的突出特色是什么？
5. 请查阅相关书目，尝试在一次会议中使用六顶思考帽法，并考察实际效果。

【延伸阅读】
1. Edward De Bono. *Serious Creativity：Using the Power of Lateral*

Thinking to Create New Ideas, Harperbusiness, 1993.

2. Edward De Bono. *Six Thinking Hats*, Back Bay Books, 1999.

3. Edward De Bono. *Lateral Thinking: Creativity Step by Step*, Harper Colophon, 2015.

4. 爱德华·德·波诺:《六顶思考帽:如何简单而高效地思考》,马睿译,中信出版社 2016 年版。

第五章
需求分析法

【学习目标】
1. 理解本章中介绍的发现问题的方法。
2. 理解本章中介绍的分析问题的方法。
3. 理解本章中介绍的解决需求的方法。

【导入案例】
　　共享单车的推出是针对短距离出行的"刚需",解决市政投入的公共自行车投放不足、还车不便等问题。被《财富》评为"2017年影响世界的50家公司"之一的摩拜单车坚持从问题和需求出发,启发创意,为传统的自行车行业注入了创新的生机。
　　考虑到共享单车作为投入公共使用的物品,需要足够耐用,摩拜因此提出了要设计出四年免维修的自行车。针对自行车维护过程中常见的掉链子问题,摩拜实践了其创新做法——使用无链条轴传动;针对车胎需要定期打气的问题,研发更适合骑行的弹性体做实心车胎,不仅解决了车胎的耐用性问题,而且也没有降低骑行体验;针对使用者找车的需求,加入嵌有SIM卡通讯模块和GPS的智能锁,实时报告车辆位置;智能锁需要用电,则通过连接光伏发电板或采用无链条传动轴,让使用者在骑行时就给电池充电;担心共享单车被骑到偏僻的地方,设置"红包车"活动,有效骑行达到10分钟以上即可随机获得奖励,让使用者来协助摩拜完成智能调度。
　　问题和需求是创意最好的来源。通过学习本章内容,理解"独角兽"是怎样炼成的。

第一节　发现问题

　　发现问题和需求是解决问题的第一个阶段,也是创意开发的一个起点。因此人们首先要做的工作是找到问题的所在，紧接着就要根据系统期望来确立需要实现的目标，再来寻求问题的解决方法。

发现问题和需求的重要前提就是要保持对周围的系统环境进行仔细而又有效的扫描。这样的系统环境涉及内部系统和外部系统两部分：对于外部系统而言，经济形势的好坏、技术上的进步、消费需求与消费构成的变化、竞争对手的态势，甚至于组织所处国家或地区的传统习俗和固有的文化模式，以及这些要素的变动等，都要被加以关注和考虑。同样还有内部系统，要保持对内部系统可能出现的问题的敏感。例如，对一个工厂来说，需要注意生产设备和其他各种机械的运转是否处于正常状态，关注整个工厂各个生产环节的运行情况及工艺流程的状态及效率，同时内部系统中的人这一因素也很重要，要关注员工们对工作岗位的满意程度，如果不满意还要探寻造成抱怨的原因，这些都是对内部系统进行问题扫描所要重点关注的问题。

如果可以根据不同的环境及系统的特点，建立起一套行之有效的问题扫描系统，就可以尽早发现问题，同时也能为问题的定义和再定义提供有力支持，也为创造性地解决问题奠定良好的基础。

一、保持好奇心

好奇心是创造性人才的重要特征，拥有好奇心的人更容易发现问题。爱因斯坦说："我没有特别的天才，只有强烈的好奇心。永远保持好奇心的人是永远进步的人。"牛顿对苹果落地产生了好奇，于是发现了万有引力。瓦特好奇烧水壶上冒出的蒸汽，改良了蒸汽机。人类最初的好奇心来自于婴儿的探究反射，婴儿在接触新事物时，会用手触摸，用舌头品尝。到了幼儿期，好奇心更加强烈和明显，他们通过感官、动作、语言来表达自己对周围世界的好奇，这种好奇最初是情景性的，如果受到鼓励与强化，就会变成认知与情感的结合。保持创新的诀窍就是无论在什么年龄，都保持婴幼儿的好奇心。以下习惯有助于培养好奇心：

（1）乐观生活，以有趣的心态看待周围的事物。

（2）保持怀疑。不迷信权威，相信有原则就有例外，真理有时也是有时效性的，习以为常的事物背后也会蕴含着问题。

（3）多问多思索，对有兴趣的事物追根究底。

（4）培养广泛的兴趣。广泛的兴趣和开阔的视野是好奇心的源泉，阅读新领域的书籍，与不同领域的人接触，让你的生活变得丰富多彩。

（5）善于创造联系。把新接触的事物与原有知识联系起来，可以提升对这个世界的理解，激发新的问题。

二、用户法

企业是为用户生产产品、提供服务的,用户是直接购买、使用产品和服务的人,对产品的优劣、经营方式的好坏最了解,也最有发言权。因而用户的意见、抱怨是企业创新的源泉和先声。

美国麻省理工学院冯·希伯尔的研究发现:在 11 项首创发明中,主意都来自用户;在 66 项重大发明中,85% 的主意来自用户;在 83 项次要发明中,有 2/3 的主意来自用户。可见用户的主意的确是企业发明、创新的源泉。所以可以这么说:顾客的抱怨、批评可能是一种最宝贵的财富。

用户的意见反映了用户的需求,尽可能满足用户的需求,这不仅是企业的职责,同时也是推动企业创新产品、改善经营管理的原动力。国外不少有远见的企业家认为"要让用户渗入到企业的每个角落和缝隙中去",就是因为用户的意见能揭示出领导人员看不到的东西和设计人员想不到的东西,故而能够对企业的发展和成功起巨大的推动作用。将这个原理应用于实际、贯彻于实际,就成了一种方法——用户法,即有意识、有计划、有目地发现、征求、收集用户的意见,从中汲取养料、智慧,使企业经营管理人员和科技、设计人员从中得到启示,以开发职工的创造力,达到不断开发新产品和服务、优化老产品、改善经营管理的目的。小米是利用用户法创新的典型案例。小米自诞生之日起,便将用户需求放在首位,打造了其独有的用户参与感文化,从最初的 100 位梦想赞助商开始,不断吸引忠实的小米用户,用户带着参与的荣誉感在论坛上提出问题、解答问题、测试,乃至参与开发,不断迭代产品。

第二节 界定问题

发现问题之后,就应当定义和分析问题,这是一项非常重要的工作。绝大多数的问题本身都可以有不止一种定义,也就是说对同一个需要解决的问题,可能存在着从不同角度出发的不同定义结果。不同的定义结果带来的解决思路也就各具特色,可以说对任何给定问题的某种特定的解决途径本身就反映了其定义和思维的方式。

对于问题的定义和分析有一整套专门的技术,但是不管涉及哪个方面,其基本的目的都是为某一待解决的问题寻求一种新的观察视角,这么做的意义在于:首先,对于给定的问题也许尚没有一个准确的界定，因此也就无法进行下面的工作，在这种情况下，就需要通过分析问题进行界定。其次，拥有了问题的新定义，也就意味着找到了一种新视角，将导致新创意、新观念、新思维的产生，由此带来的供选择的新概念可能会更多并且更为有用。

在进行问题定义的时候，有两点需要加以注意：

其一，绝大多数问题都不止有一种定义方式，这些问题都可以通过多种不同的定义方式加以界定，对于这些技术我们将在下面详细介绍。这样，任何问题的最终解决思路和方式就反映了对这一问题的最清楚、准确和完备的定义方式。

其二，对问题的定义与再定义依赖于对期望目标阐明的方式，因此对目标的探寻也就起着定义问题的作用。例如，假如某企业想在所在的行业长期生存并繁荣发展，那么它提出的问题就应该是具有战略性的，它在生产、研发以及市场营销等方面的问题就将围绕"如何保持企业产品的竞争力和企业的创新能力，建立长期竞争优势"这一方面，可见是出于长期发展这一基本目标的。如果该企业面临着所在产业的结构调整，企业希望进行转型也就是撤出原行业，那么企业决策者的目标可能就会是在转产之前"赚最后一笔"，那么其研发和营销方面的目标就肯定会有根本的不同，也就是说它的问题将在目标中得到反映。那么对于这两个不同的问题，其解决方略必然有天渊之别。

问题的定义并不总是明确和清晰的，在某些时候也可能是模棱两可的，因而无法为解决问题提供支持和帮助。同时描述得太过笼统和一般化的定义也会给实际操作带来阻碍，比如"提高企业的利润率"这样的问题定义涵盖的范围过大，很难操作，再如"提高员工的生产效率"同样由于太过笼统，很难找出具体可操作的解决方案。

目前应用的定义问题的方法有两种：二次定义技术与要素分析技术。

二次定义技术旨在利用对问题的再次定义来尽量避开对问题的固有成见和思维束缚，力图获得不同于首次问题描述的可能定义。采用二次定义技术通常需要用发散性的思考方式才能够达到预想的效果，其好处就在于通常能够获得对问题更独特的解决和处理方法。

要素分析技术需要操作者对问题的重要要素、属性加以分析，通过不同维度的分析达到从整体到局部的思考。要素分析技术同二次定义技术相比，其思维特点有助于缩小选择的范围，有助于整合与问题相关的信息，也有助于获取新的信息。

一、问题的二次定义方法

常用的问题二次定义技术主要包括下列几种：边界检验法、渐进抽象法、目标定向法、"5W+H"法、"为什么"法。

（一）边界检验法

为了打开对问题新的审视角度，引入新的问题定义，使用这种边界检验技术（De Bono，1970）[①] 来进行问题假设的重构。它包括以下四个主要步骤（如图5-1所示）。

图5-1 边界检验法

（1）先写出对问题的原始表述。

（2）将原始表述中最重要的关键词和短语提炼出来，同时对其可能隐含的假设进行分析。

（3）辨识隐含假设的真正含义，同时不需要考虑这些假设之间的关联关系。

（4）记录通过对假设含义辨识得到的新的问题定义。

（二）渐进抽象法

这一方法的目标就是为问题寻找不同定义，特点是通过对问题进行逐级抽象来获取对问题的满意描述。

渐进抽象法（Geschka, Schaude and Schlicksupp, 1973）[②] 对问题的抽象描述程度是逐级升高的，对问题基本含义的认识也逐渐清晰，因此在抽象到操作者满意的级别上获得的问题定义已经可以很好地帮助决策人员来寻找解决之道了。

这种方法要在明确问题的一般性表述的情况下，通过不断地确认其中的基本性问题来进行抽象，提高对基本问题的认知程度，最终获得满意的定义，操作步骤如图5-2所示。

（1）描述问题的最初定义。

（2）抽象问题描述，寻找基本问题。

（3）通过上一步对基本问题的寻找，引出新的问题定义。

（4）重复（2）和（3）两个步骤，直到现有的资源和技术等已

[①] De Bono E. Lateral Thinking: Creativity step by step, New York: Harper & Row, 1970.

[②] Geschka H, Schaude G R and Schlicksupp H. Modern techniques for solving problem, Chemical Engineering, August 1973: 91-97.

经无法解决给定的问题。

(5) 选择满意的问题定义，并作为创造性解决问题的基础。

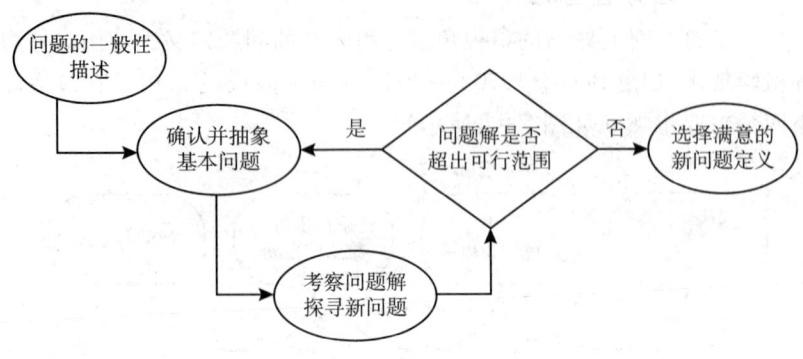

图 5-2　渐进抽象法

(三) 目标定向法

目标的寻求和确定是创意开发过程中的一个重要步骤，而目标定向法（Rickards，1974）[①] 是一种确立目标的非常有效的方法，它提供了一种思考问题的方法，因此我们可以对目标进行详细阐述。这项技术包括如下步骤（如图 5-3 所示）。

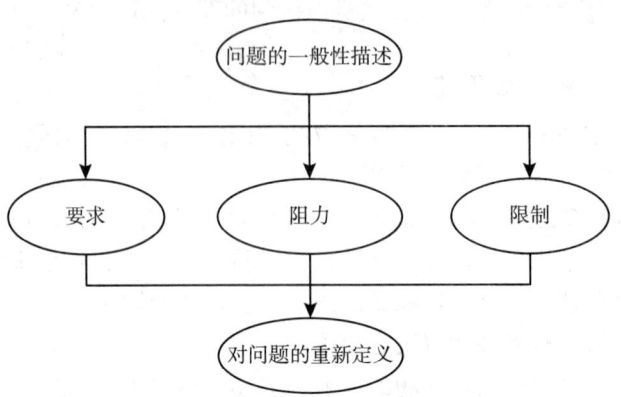

图 5-3　目标定向法

(1) 对问题进行一般性描述，确保描述定义中能够包括所有相关信息。

(2) 确认要实现的目标，明确实现这一目标可能会遇到何种阻力，会受到什么样的限制（包括环境限制、资源限制等）。

(3) 根据上面步骤得到的信息，对初始的一般性描述进行重新定义，得到新的问题定义方式，并记录下来。

---

① Rickards T. Problem Solving Through Creative Analysis, Aldershot: Gower, 1974.

(四)"5W+H"法

"5W+H"法（Parnes, Noller and Biondi, 1977）[1] 最早是从新闻采访引申而来的,利用这样的提问方式,采访人可以用一种系统的形式来收集所需的故事材料。

这种技术对创意开发也很有效,特别是在事实寻求阶段,可以为系统地收集与问题相关的资料提供一个基本的框架,由此而收集到的资料可能会为问题定义提供新的视角。同时,这种技术还可以有效地用于创造性地解决问题的其他阶段。本方法包括如下几个阶段（如图5-4所示）：

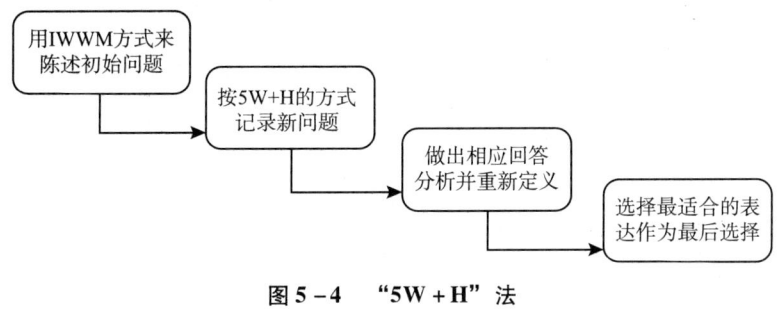

图5-4 "5W+H"法

（1）用"通过什么方式可以（In what ways might, IWWM）……?"这样的表述形式来陈述问题。

（2）一般性的问题都可以通过使用的某些疑问句来加以分解和表达。使用"5W+H"法,一般性问题就转化为以"谁"（who）、"什么"（what）、"何处"（where）、"何时"（when）、"为什么"（why）以及"怎样"（how）这样的疑问词引起的具体问题,将具体化的问题记录下来。同时要遵循一个原则：在整个过程中不加任何判断。

（3）针对"5W+H"问题给出相应的回答或反应,然后对这些反应加以考察分析。在此基础上,寻求对一般问题的重新定义。

（4）记录下新的问题定义。在新定义中寻找最适合要解决问题的表达方式,将这种表达作为要解决问题的最后选择。

下面以消除政府部门间内耗为例进行说明。

（1）初始问题陈述：政府部门办事不畅,纷争频仍。通过什么样的方法（IWWM）我们可以将部门间的内耗纷争扼杀于萌芽状态？

（2）按照5W+H的方式记录并回答新问题（如表5-1所示）。

---

[1] Parnes S J, Noller R B and Biondi A M. Guide to Creative Action, New York: Scribner, 1977.

表 5-1　　　　　　　　"5W+H"的问题和回答

疑问词	具体问题	回答
Who?	问题涉及哪些人？	那些对其受雇期限和条件不满意的白领人员
	是谁不满意？	那些没有直接主管的人，以及那些认为其工资受到克扣的雇员
What?	满意意味着什么？	提供必要的工作条件以促进任务的顺利完成
	最能激励员工的因素是什么？	成就感、安全感等
Where?	在什么地方员工因受激励而努力工作？	在他们的工作领域
	在哪些方面雇员的不满不成其为问题？	在基本的人性和工作需求受到关照的地方
When?	雇员何时产生不满情绪？	当他们觉得贡献并未受到承认和赏识的时候；当他们没有充足的资源以完成工作的时候；当他们的老板专横的时候；当他们的同事缺乏合作精神的时候
	什么时候老板应该尽力提高员工的满意度？	当按照工作日程进行操作评估的时候；当雇员犯了错误的时候；当雇员干了好事的时候；当老板面临提高生产率的压力的时候
Why?	为什么要提高员工的满意度？	为了增加生产；为了在与其他公司的竞争中占据有利地位
	雇员们怎样才能满意？	奖励；询问他们要做好工作想要和需要什么

（3）得到新的问题界定：

通过什么方式（IWWM）我们可以改变对雇佣期和雇佣条件的认识？

通过什么方式（IWWM）我们可以为某些特定的雇员提供更为直接的管理监督？

通过什么方式（IWWM）我们可以奖励雇员？

通过什么方式（IWWM）我们可以确定更为现实的雇员工作目标？

通过什么方式（IWWM）我们可以更好地为雇员提供他们完成工作所需要的资源？

通过什么方式（IWWM）我们可以满足雇员的基本需要？

通过什么方式（IWWM）我们可以丰富雇员的工作？

通过什么方式（IWWM）我们可以引导雇员由他们来决定如何开展工作？

通过什么方式（IWWM）我们可以提高公司的总生产力？

通过什么方式（IWWM）我们可以增强雇员间的合作意识？

(五)"为什么"法

"为什么"法(Parnes,1981)[①] 是再定义问题的一种非常简单的技术。这种方法依赖于抽象水平的变化,这一点与渐进抽象法相似。通过变化对问题表述的抽象水平,就可以获得对问题的新的观察视角,同时这些新视角可能会导致创造性的问题可行解。"为什么"法对扩展问题范围及探索其各种各样的边界是十分有用的。这种方法包括以下步骤(如图5-5所示)。

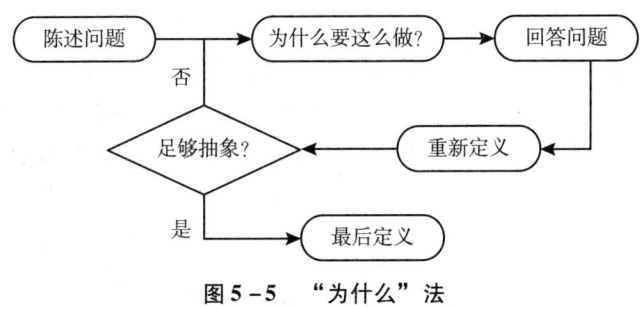

图5-5 "为什么"法

(1)陈述问题的初始定义。
(2)提出"为什么要这么做"的问题,对这一问题做出回答。
(3)将得到的答案作为新的问题,做出新的问题定义。
(4)重复上面两步,直到得到更高表述层次的问题描述。

下面以减少雇员旷工现象为例进行说明。

(1)初始问题:通过什么方法(IWWM)我们可以减少雇员的旷工现象?

问题:我们为什么要减少雇员的旷工现象?

回答:维持充足的员工水平。

(2)&(3)再定义:通过什么方式(IWWM)我们可以维持充足的员工水平?

问题:我们为什么要维持充足的员工水平?

回答:这样做是为了能维持工作产出水平。

再定义:通过什么方式(IWWM)我们能保证维持工作产出水平?

问题:我们为什么要维持工作产出水平?

回答:为了增加公司的利润。

再定义:通过什么方式(IWWM)我们可以增加公司的利润?

问题:我们为什么要增加公司的利润?

[①] Parnes S J. The Magic of Your Mind, Buffalo, NY: The Creative Education Foundation in association with Bearly Ltd, 1981.

回答：改善国民经济状况和人民生活水平。

（4）再定义：通过什么方法（IWWM）我们能够改善国民经济状况和人民生活水平？

二、问题的要素分析法

要素分析技术主要包括以下几种常用的方法：组织化随机探寻法、分解矩阵法、关联系统法、维度分析法。

（一）组织化随机探寻法

组织化随机探寻法（Frank Williams，1960）[①] 出现比较早，其要旨是把问题进行分解，通过细分为不同的部分来寻找创意，因此比起纯粹偶然性地进行尝试，这种方法显然更可取。操作步骤如图 5-6 所示。

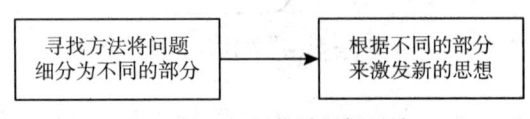

图 5-6 组织化随机探寻法

（1）考察问题是否可以细分为不同的部分。

（2）记录分化出的不同部分，探求新的思想。

下面以"如何在商务谈判中赢得优势"为例进行说明。

问题是："如何在商务谈判中赢得优势"，那么就可以首先将问题细分为人物和事件两个部分，从这两个部分出发再寻找其细分的可能性，从最终细分得到的部分中开拓思路，激发创意。本问题的一种细分结果如表 5-2 所示。

表 5-2　　　　　商务谈判的组织化随机细分思路

（A）人物	（B）事件
（Ⅰ）内部人员 　　上级 　　下级	（Ⅰ）内部事件
（Ⅱ）外部人员 　　谈判对手 　　竞争者	（Ⅱ）外部事件

[①] Williams F E. Foundations of Creative Problem Solving. Ann Arbor, MI: Edward Bros, 1960.

（二）分解矩阵法

分解矩阵法（Simon，1969）[1] 是建立在组织化随机探寻的基础之上，对问题进行系统化、主题化、层次化分解的方法。其操作原理在于：有的问题的主题可以被视为复杂的、层次化的系统。对这样的问题主题我们可以将其分解为各种次级系统，然后对这些次级系统再加以分析。这一过程涉及如下几个方面（如图 5-7 所示）。

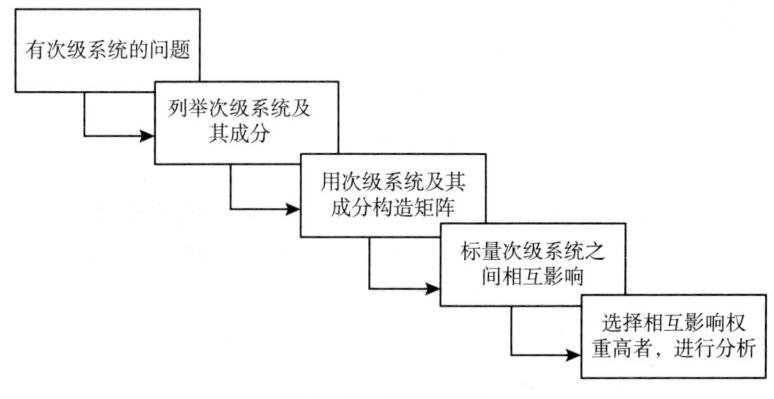

图 5-7 分解矩阵法

（1）首先确定要解决的问题是否可由其次级系统来加以分析。
（2）列举出主要的次级系统和其组成要素。
（3）建立由次级系统和其组成要素构成的矩阵。
（4）对次级系统两两之间相互影响的关联度加以估量（可以采用任何适用的评分标准）。
（5）选择相互影响的权重高者，进行进一步分析和刺激创见。

下面以"如何提升管理阶层员工的工作效率"为例进行说明。
（1）问题是"如何提升管理阶层员工的工作效率？"
（2）上述问题可以分为 3 个次级系统（A 为整个系统层面的，B 为工作团队层面的，C 为管理者个人层面的）。
（3）建立矩阵（如表 5-3 所示）。
（4）根据矩阵，数值高表示相互影响的重要性也就大。选择 A1-A2、B1-B3、C1-C2、C2-C3，因为它们的分值最高。在这个提升管理层的工作效率的例子中，这样的交叉点是最应该引起足够重视的。

---

[1] Simon H A. The Science of the Artificial Cambridge, Mass: MIT Press, 1969.

表 5-3　　　　　　　　次级系统相互影响的权重矩阵

	系统层面			团队层面			个人层面		
	A1	A2	A3	B1	B2	B3	C1	C2	C3
A1 系统设计	5	3	2	4	1	1	1	1	1
A2 系统目标		4	3	2	1	1	1	1	1
A3 权利			3	2	3	1	1	1	1
B1 领导				4	5	3	2	2	4
B2 沟通					4	3	2	2	4
B3 凝聚力						4	1	1	4
C1 需求								5	5
C2 价值									5
C3 期望									

（5）以上这些交叉点是应该进行进一步探讨的关键领域：系统设计与系统目标、团队领导与凝聚力、个体需求与个体价值、个体价值与个体期望、个体需求与个体期望。

（三）关联系统法

关联系统法（Richards，1974）[①] 是用来促进与问题相关的信息组织化的一种行之有效的方法。具体做法是使问题的主要要素得到逐层的精细化。

关联系统有两种类型：一种是单立关联系统；一种是双元关联系统。单立关联系统由所有与问题相关的要素所组成。双元关联系统则由两个单立系统所组成，这两个单立系统通过最低的一级发生相互作用。该方法的步骤如图 5-8 所示。

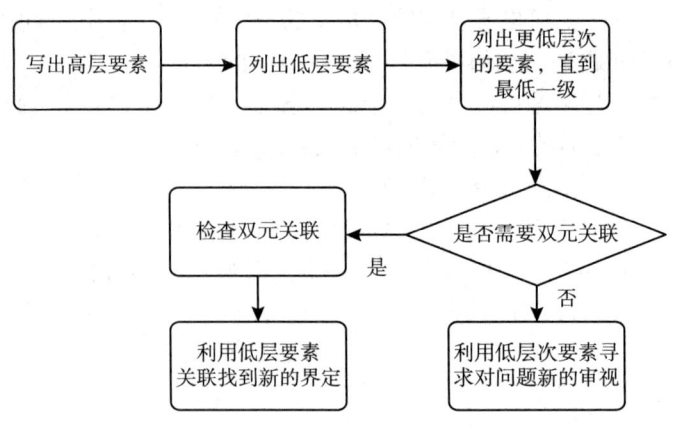

图 5-8　关联系统法

---

① Rickards T. Problem Solving Through Creative Analysis. Aldershot：Gower，1974.

(1) 写出问题的最高阶要素（一阶要素）。

(2) 列出通过一级要素分化出来的次一级要素（二阶要素）。

(3) 列出更低一级的要素，直到所有可能的分级层次被达到，分解出的要素是最低层次。高层次要素通常可以被表述成诸如"为何要这么做"这样的问题，而低阶要素通常是"如何达到"这样一种问题情景。在这一状态下，要对"如何做"这样的问题进行探寻从而获得对问题新的审视。

(4) 从低层次要素开始寻求问题的可能定义方式。

(5) 如果问题与其他领域间有重叠，并且这两个领域的问题有整合的可能，那么原有的系统需要通过创立第二系统来进行扩展。这样，两个关联系统的低层次要素就会关联起来，结果就是导致双元关联系统的产生。

(6) 对于双元关联系统，考察彼此相交的部分，找出单独的或者相互重合的部分，并对可能影响各个系统目标的制约因素加以考虑，探求新的双元系统带来的问题定义。

（四）维度分析法

维度分析法（Jensen，1978）[①] 的用途是探索问题定义的维度和限度，主要考察问题所具有的五种属性：实在属性、空间属性、时间属性、数量属性以及质量属性。其基本过程如图 5-9 所示。

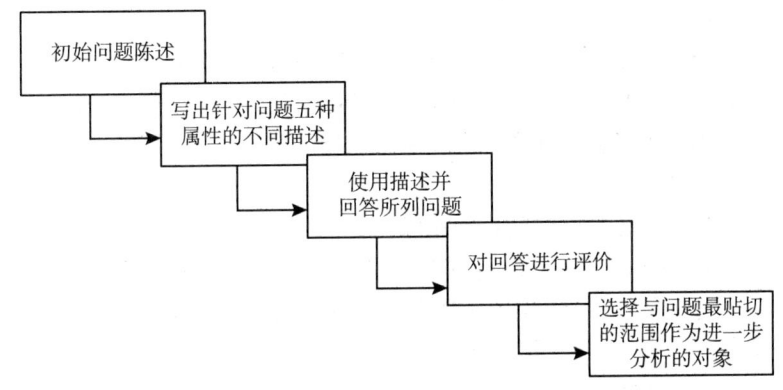

图 5-9　维度分析法

(1) 初始问题陈述。

(2) 以"什么""何处""何时""多少""有多么严重"等体现五种属性的问题对初始问题进行描述，并将描述记录下来。

---

① Jensen J V. A heuristic for the analysis of the nature and extent of a problem, Journal of Creative Behaviour, 1978（12）: 268-280.

（3）通过上面得到的描述来寻求每一维度上的问题答案。

（4）对得到的针对五种属性的这些答案进行评价。评价的依据是它在问题定义和问题解决中的重要性。

（5）从中选择与问题最为贴近的部分作为进一步分析的对象。

下面以"消费者的需求被忽视"为例进行说明。

（1）初始问题陈述：消费者的需求被忽视。

（2）描述问题：

什么样的需求被忽视。

在什么地方这样的需求被忽视。

在什么时间这样的需求被忽视。

在多大程度上这样的需求被忽视了。

需求被忽视的程度是否很严重。

（3）根据描述探讨问题的五种属性：

①实在属性：

a. 委托办理还是疏漏：某事委托别人去做，还是被疏漏了？

b. 原因还是结果：是原因还是结果？是不是已经潜伏的问题的症状？

c. 态度或行为：行为是归于态度问题还是应该归于其他可以观察到的行为问题？

d. 主动的还是被动的：是构成了威胁，还是只是引起了不快？

e. 可见还是不可见的：真正的问题明显吗？

②空间属性：

a. 当地还是远方：这种现象是不是只是在当地存在？

b. 特定区域：是否可以在特定区域进行隔离？

c. 隔离的还是扩散的：散布的面积有多大？

③时间属性：

a. 当前的还是以往的：问题以往就存在吗？或是隔多久就会出现？

b. 长期或短期：问题存在多久了？是否会引出更多的问题出现？

c. 连续的或间断的：问题总是出现，还是间或发生？有无一定的规律？

④数量属性：

a. 关系多数人还是小部分人：有多少人卷入问题？

b. 原因是单一还是多元：产生的原因的个数有多少？

c. 简单还是复杂：问题由单一要素组成，还是由许多相互关联的要素构成？

d. 充足还是匮乏：问题的出现是由某种要素的富余导致，还是由于短缺的存在？

⑤质量属性：

a. 根源深或浅：问题是否有很深的根源？
b. 首要还是次要：是不是首要的问题？
c. 残存还是新生：是以往问题的残存还是情境变化引起的新生问题？
d. 是否损害了什么价值：出了什么毛病？所及价值是不是应该得到维护？
e. 价值受损的程度：非常严重还是比较轻微？

维度分析法除了可以用于研究问题的维度、探索问题新的界定，还可以在解决问题时开列关于问题的五方面属性的清单，为后来的工作提供一个清楚、广阔的视野，有助于为其他的分析方法做准备和引导。

第三节 解决需求

一、检验表法

检验表法就是用一张一览表对需要解决的问题逐项进行核对，从各个角度诱发多种创造性设想，以促进创造、发明、革新，或解决工作中的问题，是一种可以大量开发创意的方法。可以说发展到一定阶段的检验表法就是清单法的一种扩展。

（一）检验表

检验表法发展比较早，在奥斯本之前就有人设计过一些检验表，但其中最有影响的是奥斯本在1964年设计的一种检验表。由于简单易行，通用性强，且包容了多种创意开发方法，因而有"创造技法之母"之称。奥斯本最初制定的检验表提纲达75条之多，后来精简为9个方面（见表5-4），这些方面又在后来不断的创意构思实践应用中得到了发展和修正。

表5-4   奥斯本所做的检验表及其应用实例

角度	具体研究的问题	开发实例
用途	有无新的用途？是否有新的使用方式？可否改变现有的使用方式？	美国的学者经研究发现花生有300多种用途，仅用于烹调的就有100多种 日本一家公司通过对烫发用的电吹风进行联想，发明了一种被褥烘干器

续表

角度	具体研究的问题	开发实例
类比	有无类似的东西？利用类比能否产生新观念？过去有无类似问题？可否模仿？能否超过？	电脑被引入机械，形成自控机床，效率大幅度提升 电视机引入光控装置，形成遥控电视，给使用者带来方便
增加	可否增加些什么？附加些什么？更长的时间？更长、更高、更厚？提高强度、性能？加倍？放大？	两块玻璃之间加入某些材料制成一种防震、防碎、防弹的新型玻璃 上海一家轮胎厂原来使用的包布太小，使用的时候要三个连接起来用，后来扩大了包布尺寸，仅此一项改变，一年就节约19万元
减少	可否减少什么？可否密集、压缩、浓缩、聚束？可否微型化？可否缩短、变窄、去掉、分割、减轻？	早期的电器体积很大，经多次创新，逐渐向小型化发展 笔记本电脑向超薄本发展，轻便的平板电脑（如iPad）越来越受消费者喜欢
改变	可否改变功能、颜色、形状、运动、气味、音响、外形？是否还有其他改变的可能？	把滚柱轴承中的滚柱改成圆球从而创造出了滚珠轴承 服装行业天天在形状、面料、颜色、制作方法上创新
代替	可否代替？用什么代替？还有什么别的排列？别的成分？别的材料？别的过程？别的能源？	用别的材料、别的工艺代替镀金，称为仿金电镀 某厂技术人员用国产电机替代进口备件，每年为企业节约几十万元
变换	可否变换？有无互换的成分？可否变换模式？可否变换布置顺序、操作工序？可否变换因果关系、规范？	很多日用品，将其组成部分改换一下排列的顺序或布置即可成为新产品 老式飞机的螺旋桨安装在头部，后来把它装在顶部，就成了直升机，而现在的喷气式飞机则把它装在尾部
颠倒	可否颠倒？可否颠倒正负、正反？可否头尾、上下颠倒？可否颠倒位置？可否颠倒作用？	瑞士发明家阿·皮卡尔将气球的原理颠倒过来设想，成功地发明了海洋深潜器 英国科学家法拉第将"电流能够产生磁场"的原理颠倒过来，实现了"磁能变成电"的设想，于是发明了世界上第一台发电机
组合	可否重新组合？可否尝试混合、合成、配套、协调、配套？可否把物体、目的、物性组合？	铅笔和橡皮组合在一起成为带橡皮头的铅笔 日本柯尼卡的傻瓜相机是闪光灯、电眼调节器和照相机的组合

发展到今天，由Marvin Small创立了一个比较完备的针对产品创意

的检验表（如表 5-5 所示），涉及可选择的每一个方面，这就使得在分析一般消费品、进行创意激发时很有成效[①]。

表 5-5　　**Marvin Small 设想的激发产品创意的检验表**

1. 尺寸能否改变？	
放大	爆米花、相片放大
缩小	助听器、袖珍手电、微缩胶卷、文摘报
加长	大号香烟、记录本式打字机移动台
缩短	男式短裤、女式短衬裤
加厚	毛毯衬垫、饮料瓶嘴、玻璃砖
变薄	尼龙袜、手表
加深	工作服和军装上的大口袋、槽型蓄电池板
变浅	戏水池、儿童饮用喷泉
直立型	摩天大楼、竖琴
平放型	平房
倾斜或平行	书架、汽车反光镜、镜架
分层	胶合板、储藏架、多层蛋糕
倒放	翻领大衣、不分脚凉鞋
交叉	胸罩、剪刀
集中	人工机械手、冰钳
环形	救生圈
插入	药品中用来消除涩味的缓冲剂
描绘	坐标镗床
边界	图框、房间隔板、办公室里的可动隔板
2. 数量能否改变？	
增多	加有衬裤的套服、三只长筒袜（一只备用）
减少	一盎司装的谷物品种
改变比例	冷热可调节的水龙头
分开	喷头、一盒分装饼干
加入	拖车、袜子成双
加上东西	香烟上的过滤嘴
与其他东西结合	水陆两用汽车
完善	将制冷器加入电冰箱里

[①] MBA 必修核心课程编译组：《新产品开发》，中国国际广播出版社 2000 年版。

续表

3. 顺序能否改变?	
排列	美国汽车的方向盘在左侧，英国的在右边
顺序	后轮驱动的汽车
开端	开香烟盒的红带
装配或拆卸	装配预备件、可拆装船体
注意	克罗格包装（在左角上标名而不是中间）
4. 时间因素能否改变?	
快速	即刻就干的墨水、听写机器、相互通信设备
减慢	耐用轮胎上的高强度纤维
加长	用于冰淇淋的隔热袋、木材防腐剂
缩短	压力锅、一分钟 X 射线机
定时	除霜设备、收音机内的时钟
永久化	相片、永久磁铁、金属电镀
同步化	统一假期、集体出游
预计	保温器
更新	自动充电电池、自动上弦手表
循环	指示灯和电器上的开关时钟
轮流进行	凸轮驱动、电流
5. 原因或结果能否改变?	
激励	发电机
蓄能	电磁铁、能量控制
强化	支流/交流变换装置、汽车外壳
大声	音量控制、助听器
小声	隔音装置、橡胶鞋跟
变化	抗凝固化学品、肉类抗硬剂
破坏	树木杀虫、口腔除臭
影响	允许销售有色黄油的规定
反作用	断路器、空调器、过滤器
6. 特性能否改变?	
强些	抗污涂料
弱些	儿童用阿司匹林
可变	混合型水泥、多年的或混合的威士忌
转变	转换型飞机

续表

6. 特性能否改变？	
替代	低热量沙拉（不用油）
互换	可换零件、所有尺寸的鞋袜
稳定	陀螺仪、防水塑料型绷带
反向	双向火车
弹性	泡沫橡胶衬垫、软木地板
统一性	食品、药物、燃料、溶液的标准
便宜些	大公共汽车旅游、纸杯
贵些	精装书、硬盒或金属盒装香烟
加颜色	彩色塑料、彩电
变颜色	各种颜色的牙刷、汽车、灯泡
7. 形式能否改变？	
活动的	可移动楼梯、包装传送带
静止的	空气制动
快的	绞肉机
慢的	减震装置、沙石公路
指示的	流量表
偏离的	让车场
吸引的	磁性设备
排斥的	充电围栏
接纳的	旋转栅门
阻止的	大门、围墙
抬高的	铲土卡车
放下的	船闸
旋转的	搅拌机、镗床
摆动的	电扇
搅动的	电动剥离机
8. 状态或条件能否改变？	
热些	电热盘、优质煤
冷些	冷冻器、水冷器
硬化	乳脂香波
软化	软水剂、土质软化剂
开或关	录像设备、电动房门

续表

8. 状态或条件能否改变?	
制作的	装好的家用设备
可处理的	瓶盖
组合的	印刷计数设备、现金出纳机
分离的	立体高速公路、多机式拖拉机
固化	电木和其他塑料
液化	化学植物肥料
汽化	药物蒸馏器
粉化	蛋粉、垃圾粉碎机
摩擦	雪地轮胎或链条
润滑	自润滑设备
湿润	水闸
干燥	防潮地下室、卷烟
绝缘	纤维玻璃、抗压绝缘鞋
弹性	乳胶、泡泡糖、丝带
抗性	橡胶鞋
轻型	铝制皮箱、自动式电热毯
重型	重型开罐器
9. 用途能否适应新市场?	
男人	男用化妆品
女人	有色过滤嘴香烟
儿童	小型工具
老人	带手杖的椅子
残疾人	椅子提升器
外国人	外文版书籍

（二）检验表的使用

1. 操作步骤

利用检验表进行创意构思，要从下述几个方面进行思考：

（1）现有发明能否吸收其他技术，引入其他的创造性构想？

（2）现有发明的用途是否可以扩充？

（3）现有发明的造型、颜色、气味、音响、制造方法等能否改变？

（4）现有发明的体积、尺寸、重量能否改变？改变后怎么样？

（5）现有发明的使用范围能否扩大？寿命能否延长？

（6）现有发明的功能是否可以进行新的组合？

（7）现有发明是否可以重新组合？

（8）现有发明可否更换一下型号或更换一下顺序？

(9) 现有的发明开发可否颠倒过来?

2. 应用举例①

(1) 美国通用汽车公司为了开发每个职工的创新潜能,发给每个职工一张检验表(如表5-6所示)。

表5-6　　　　　　　　通用汽车的职工检验表

序号	检验内容
1	为了提高工作效率,能不能利用其他适当的机械?
2	现在使用的设备有无改进的余地?
3	改变流水线、传动装置、搬运设备的位置或顺序能否改善操作?
4	为了同时进行各种操作,能不能利用某些特殊的工具?
5	改变操作顺序能提高零部件的质量吗?
6	能不能用更便宜的材料代替目前的材料?
7	改变现有的材料切削方法能不能更经济地利用材料?
8	能不能使员工的操作更加安全?
9	能不能去掉无用的程序?
10	现在的操作能不能再简化?

(2) 企业开发新产品所用的检验表(如表5-7所示)。

表5-7　　　　　　　　企业开发新产品的检验表

序号	检验内容
1	开发什么产品?
2	为什么开发此产品?
3	此产品被用在什么地方?
4	此产品何时使用?
5	此产品被谁使用?
6	此产品起什么作用?
7	此产品的成本是多少?
8	此产品的市场规模有多大?
9	此产品竞争形势如何?
10	产品生命周期有多长?
11	生产能力怎样?
12	盈利程度如何?

---

① 孙建霞:《创新:奔向成功》,经济科学出版社2000年版。

（3）日本明治大学教授川口寅之助专门制定了降低成本的检验表（如表5-8所示）①。

表5-8　　　　　　　　　降低成本的检验表

序号	检验内容
1	能否节约原材料（最好是既不改变工序，又能节约）？
2	在生产操作中有没有干扰，产生的原因是什么？
3	能否回收和最有效地利用不合格的原料和操作中产生的废品，能否使之变成其他具有商业价值的产品？
4	产品所用的零件能否购自市场上销售的规格品，并将其编入公司的生产工序？
5	将采用自动化而节约的人工费用和手工操作进行比较，其利害得失如何？
6	产品所用的原料可否用其他适当的材料代替，性能与价格如何，能否把金属换成塑料？
7	产品设计能否简化，从性能上看有无加工过分之处？
8	工厂的生产流程有无浪费的地方？
9	零件是从外部订购合适，还是公司自制合适？
10	计算一下商品各组成部分的强度，然后考虑能否进一步节约材料？

3. 方法评价

检验表的"魔力"之所以如此巨大，在于它是一种多渠道的思考创意方法，包括了以下一些创造性技法：迁移、引入、改变、添加、替代、缩减、扩大、组合、颠倒。它启发人们缜密地、多渠道地去思考问题、解决问题，并广泛应用于创造、发明和革新。它的关键是一个"变"字，而不是把视线凝固于某一点或某一个方向上。

这种创新方法的特点就是把创新的思路科学地系统化了，它可以克服那种漫无边际的、没有目标的乱想，节约创新时间，也能有效地帮助人们突破旧框框，闯入新境界。

从检验表中，人们可以产生许多潜在的新创意和新概念，尤其是有关新产品开发的创意，不过大多数靠这种方法得到的设想是没什么用处的，很难取得较大的突破性成果，并且还要在选择不同的设想上花费大量的时间和精力。现实中这种方法通常和其他方法结合起来使用，特别是一些群体创造力方法。

（三）检验表的衍生方法

1. 检验表的衍生方法1——范围检验表法

奥斯本的检验表虽然设问全面，但由于追求包罗万象，难免使内

---

① 吴诚：《创造——成功的道路》，上海远东出版社1994年版。

容过于庞杂，这样就为应用这种技法带来了一定的困难。美国麻省理工学院的教授 J. 阿诺德从市场竞争的实际角度、从优化和销售产品出发，将奥斯本的检验表法简化为四个思考范围，从而使该方法拥有了简捷、抓住要害、适用面广的特点，既能适用于经营管理方面的革新创意，又能应用于产品的创意开发，特别是在开发新产品、进行新产品的概念构思时非常有效。

针对产品开发创意，这四个思考的范围如下：

一是增加功能。在现有的产品上增加功能是提高产品竞争能力的重要途径，因为顾客购买商品，实质上就是购买商品的功能，产品增加了功能，无疑就是增强了产品的竞争能力。原来的速溶咖啡，冲的时候还需加糖和咖啡伴侣，现在有了"三合一"，冲水即可直接饮用。因为速溶咖啡增加了新的功能，顾客的购买愿望就增强了。

二是降低成本。能否简化机构、节约开支、精减人员，同时减少运输和储存环节？能否减少工艺、工序，实现自动化并且使用廉价的原材料？降低了产品的成本，必然会增强产品在市场上的竞争力。

三是提高性能。能否使工作做得更有效、更完善、更简便，即提高工作效率；能否将产品设计得更加高效、更加小巧、更加结实，同时也更精确和安全。性能的提高意味着产品质量的提高，当然也就增强了产品的竞争力。

四是增加产品的附加值。从产品名称、造型、包装到售后服务，如何吸引消费者，满足顾客和潜在顾客的需求，从而增加产品的销售额。

这四个思考范围，核心就是优化产品、增强产品的竞争力，以促进产品的销售。

2. 检验表的衍生方法 2——和田技法

上海市创造学会在奥斯本检验表的基础上加以改造、提炼和通俗化，逐渐形成了十二个"一"的"和田技法"，在推动创造性思维方面起到了积极的促进作用。这种创意构思方法适用于各个年龄阶段的人，它的优点就在于简单、易记、实用。

"和田技法"包括十二个"一"：

一是"加一加"：加高、加厚、加多、组合等。

二是"减一减"：减轻、减少、省略等。

三是"扩一扩"：放大、扩大、提高功效等。

四是"变一变"：变形状、颜色、气味、音响、次序等。

五是"改一改"：改缺点、改不便、不足之处。

六是"缩一缩"：压缩、缩小、微型化。

七是"联一联"：把某些东西联系起来。

八是"学一学"：模仿形状、结构、方法。

九是"代一代"：用别的材料代替，用别的方法代替。

十是"搬一搬"：移做他用。

十一是"反一反"：能否颠倒以下。

十二是"定一定"：定个界限、标准，能提高工作效率。

按照这十二个"一"的顺序进行核对和思考，就相当于按照一种"思路提示"，就能从其中得到激发，从而诱发创意。

3. 检验表的衍生方法3——提问法

提问法包括以下几种——"5W2H"法、"32问"法、"3问"法。

"5W2H"法由美国陆军兵器修理部首创，诞生于第二次世界大战中，由于易记、应用方便，曾被广泛应用于企业管理和各项工作中，也适用于对产品的开发或改进。这种方法通过设问来诱发人们的创造性设想，也就是通过设问这种方式来激发创意。

"5W2H"是指下列英文单词的第一个字母。发问的具体内容可根据具体对象灵活运用。

Why：为什么？为什么需要改革？为什么非要这么做不可？为什么要做成这个形状？

What：做什么？目的是什么？要做哪个部分的工作？

Where：何处？从何入手？何处最适宜？

When：何时？何时完成？何时最适宜？

Who：谁？谁来承担？谁去完成？谁最合适？

How：怎样？怎样去做？怎样做效率最高？怎样改革？怎样实施？

How much：多少？要完成多少数量？成本多少？利润多少？

以上几个发问将要做的事情与可能遇到的问题都包括进去了——从变革的原因、目的、从何入手、谁去做，到何时完成、怎样去完成、完成多少，都在其中。因而在贯彻落实某项工作时，想一想这"5W2H"大有好处，可以避免产生目标、数量、时间不明确或人员、方法不落实等问题，从而保证该任务的贯彻执行。

通过使用这种方法往往会发现原先考虑的疏漏，或发现新问题、新情况，以便及时弥补或采取新的对策，激发新的创意。

"32问"法是一种应用范围较广的实用方法，这种方法实际上是奥斯本检验表法在企业管理中的具体运用，是在管理工作中发现问题和解决问题的一种方法，是激发创意的一种方法。

管理工作中经常会遇到各种各样的"问题"，即目标与现实之间的差距。发现问题就是在寻找差距，解决问题就是消除差距或缩小差距。

"32问"法把问题分为八个要素：对象、目的、人员、时间、场合、手段、数量、效果，然后对每个要素从四个方面提问：现状如何？造成现状的原因是什么？现状能否进行改变？应该如何改变？

这就问清楚了是什么人、为了什么目的、采用什么手段、在什么时间完成、什么地方完成、做了什么事情、做了多少、结果如何。这实际是用"打破砂锅问到底"的办法，对每一项要素连续追问四个为什么，即通过 4×8＝32 个"为什么"直到把问题彻底弄清、提出改进措施和创造性的解决方法为止。

"32 问"法在深入发现问题、解决问题方面虽能发挥积极的作用，但是在实际使用中毕竟有些烦琐，于是美国管理学家伯纳姆提出了他的"3 问"法，相比"32 问"法，这种方法就简便多了。

"3 问"法是指做任何事情之前都要提出三个基本问题：能不能取消？能不能合并？能不能用简单的东西来取代？

对产品创意来说，把多余的功能"取消"，把两个相同的部件进行"合并"，用低价优质的原材料去"取代"价高质低的原材料，产品的质量可以提高、成本可以下降。

将这三个问题应用于管理工作中同样有许多好处，有些不必要开的会议开了反而劳民伤财也浪费时间，能不能"取消"呢？两个相同性质或相同对象的会议，能不能"合并"为一个呢？各个部门都要召开的会议，能不能召开一个会议来"取代"？

这三个问题是对奥斯本检验表的高度概括和运用，问题虽然提得很简单，却抓住了创造性思维的要害，所以这种方法无论是对产品的革新还是对工作的改进都很管用。可见这三个问题貌似简单，其实不简单。"3 问"法曾在美国风靡一时，在推动美国工业生产达到历史新水平上曾起了积极的促进作用。

二、序列—属性转换矩阵法

（一）序列—属性转换矩阵法的操作步骤

序列—属性转换矩阵法操作如下（如图 5-10 所示）。

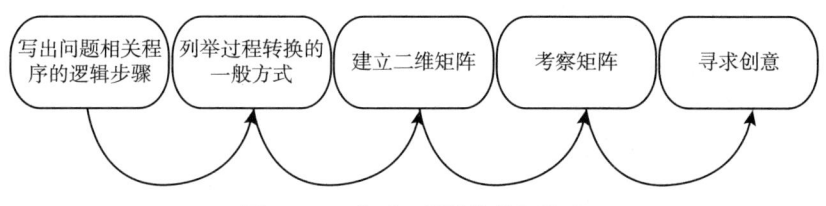

图 5-10　序列—属性转换矩阵法

（1）写出与问题相关程序的逻辑步骤。

（2）阐明修改过程的一般方法（如消除、替换、重新安排、组合、增加、减少等）。

（3）建立一个二维矩阵。在其中，左边纵向因素为逻辑步骤，矩阵的顶端横向因素为变化形式。

（4）检查矩阵的元素，寻求有发展前景的创意，这时的研究要细致，探索得越深入细致，就越可能产生革新性的思维。

（5）寻找具有创造性的问题解决思路。

（二）应用举例

问题：无法将销售面谈转化为实际的销售。

1. 程序步骤

（1）在联络前先行研究顾客的背景。

（2）通过电话安排面谈。

（3）面谈前通过邮政部门寄发相关材料。

（4）在约定的时间、地点进行面谈。

（5）引起候选客户的注意。

（6）激发候选客户的兴趣。

（7）唤起候选客户的欲望。

（8）促使候选客户采取行动，订购产品。

（9）结束面谈。

（10）确保订单如约完成。

（11）打电话征询客户，确保其对商品满意。

2. 修改过程

修改过程的一般方法：取消、替换、重新安排、组合、增加、减少、分割、改进。

3. 建立矩阵

（1）研究顾客。

（2）安排面谈。

（3）发送材料。

（4）出席面谈。

（5）引起注意。

（6）激发兴趣。

（7）唤起欲望。

（8）促使行动。

（9）结束面谈。

（10）确保送货。

（11）考察满意度。

4. 建立二维表

建立一个二维的表格（如表5-9所示）。

表5-9　　　　　　　　　　二维表

	重新安排	增加	减少	改进
研究顾客		×		
安排面谈	×			
发送材料				×
出席面谈				
引起注意		×		
激发兴趣				×
唤起欲望				×
促使行动				×
结束面谈				×
确保送货			×	
检查满意度		×		

5. 观察

（1）也许需要花费更多的时间来重新研究顾客，以便获得更好的信息。而销售面谈就是建立在这种信息上。或者也可以借助于办公室职员的力量，以获得有益的支持和帮助。

（2）面谈要有巧妙的安排，最好是将与最有希望成为客户的候选人的面谈时间安排在最适宜的时间。通常情况下，不合时宜的面谈安排是导致销售预约失败的主要原因。

（3）寄给候选人的销售材料十分重要。材料的质量和有效性、适应性可以加以改进，而这些改进可能是实质性的改进。如果进行的调研理想，那么由此推出的销售材料将会是顾客期望看到的。

（4）再来关注"引起注意"这一点，恐怕最应该付出的努力是速度（引起顾客注意自己的速度），这恐怕是销售环节中的首要步骤。如果在面谈的过程中不能很快地引起候选顾客的注意的话，那么候选顾客的潜在欲望就永远不会被唤起，永远也成为不了真正的顾客。

（5）关注"激发兴趣、唤起欲望、促使行动、结束面谈"这几点。所有这一切都和"销售场所"或者"销售理由"有关系。因此，提高其质量就必不可少。同时还要求提高销售技巧。同时，需要对产品的特殊性、公司的总体状况和顾客的背景有清楚的了解和把握。

(6) 确保送货是销售人员的责任。如果送货有所延误，那么势必会引起顾客的不满。这样，不光在下一次面谈中顾客有可能不再订购公司的商品，同时还可能对其他潜在顾客传播这一信息，影响其他的顾客，使他们倾向于不订购该公司的产品。因此，这里的目标是在整个发货系统中减少乃至杜绝拖延发货的现象。

(7) 最后来检查顾客的满意度。这样做的原因在于要确保顾客对所购买的货物满意，这在销售过程中是最重要的一点。这就是说，送达顾客的货物，其性能达到了说明书中的标准。销售人员应该不断地提高顾客的满意度，最好的办法就是：一旦出现产品的质量问题，不论问题的大小，销售人员都应该对其加以妥善负责任的处理。

(三) 方法评价

这种方法是综合了属性罗列法、清单法、形态分析法的一些优点，对于程序化了的问题而言，是极为有用的。然而，对于非程序化的问题来说，这样的方法就不太适用了。

三、信息交合法

信息交合法认为，人的思维活动的实质，是大脑对信息及其联系的输入的反映。一切创新活动都是创造者对自己掌握的信息进行重新认识、联想的组合。使用信息交合法，就是要改变人们传统的思维习惯，拓宽视野，进行创造性思维。

(一) 信息交合法的操作步骤

信息交合法的操作步骤如下（如图 5-11 所示）。

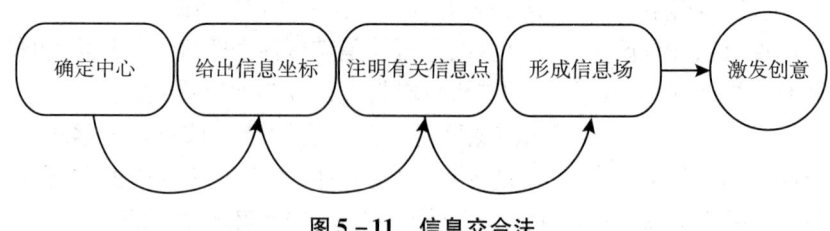

图 5-11　信息交合法

(1) 确定一个中心，也就是零坐标（原点）。
(2) 给出若干的标线（信息坐标），即串起来的信息序列。
(3) 在信息坐标上注明有关的信息点。
(4) 将若干信息坐标形成信息反应场，信息在信息反应场中交合，引出新创意。

（二）应用举例

1. 单信息坐标的情形举例

使用信息交合法进行新式家具的创意（如图 5-12 所示）。

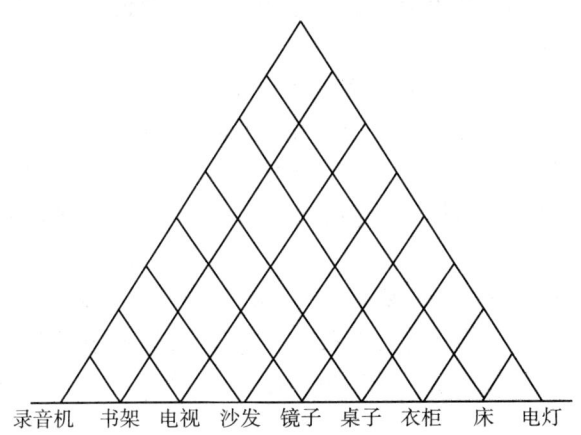

图 5-12 新式家具的创意

第一步：列举有关家具的信息，如录音机、书架、电视、沙发、镜子、桌子、衣柜、床、电灯。

第二步：用一根坐标线将它们串起来，形成一个信息坐标。

第三步：从每一个信息处引出两条信息射线，这些射线相交得到 36 个交点。

第四步：每个交点就是一个可能的信息组合即新的创新思维。例如，录音机衣柜、衣柜桌子、电视衣柜、衣柜台灯、衣柜书架、衣柜镜、衣柜沙发、衣柜床等。

2. 双信息坐标的情形举例

采用信息交合技术，进行小学生用文具的创意（如图 5-13 所示）。

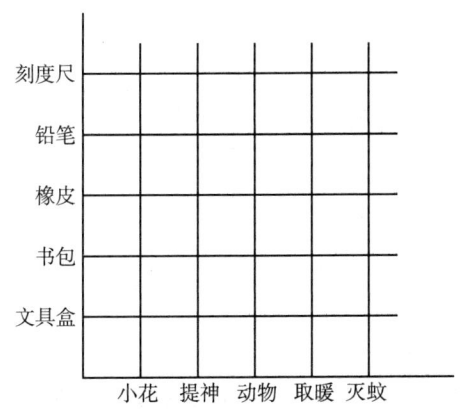

图 5-13 文具创意

第一步：用一个信息坐标串连小学生用文具信息：刻度尺、铅笔、橡皮、书包、文具盒等。同时用另一个信息坐标串连起不同的信息：小花、提神、动物、取暖、灭蚊等。

第二步：将两个信息坐标相交组成坐标系，再引出信息射线形成信息射线的交点，列出众多的信息组合（新的创意），如动物铅笔、提神文具盒等。

3. 多信息坐标的情形举例

对于多信息坐标的情形，运用的要点如下：

一是将整体加以分解，按序列得出要素。

二是先建立信息原点，再从信息原点出发，建立若干根信息坐标线。

三是将各个轴的每个要素逐一与其他轴的各个要素相交合。

四是通过对各相交合的方案进行筛选，找出最优方案。

运用信息交合技术，指导杯子的设计（如图 5-14 所示）。

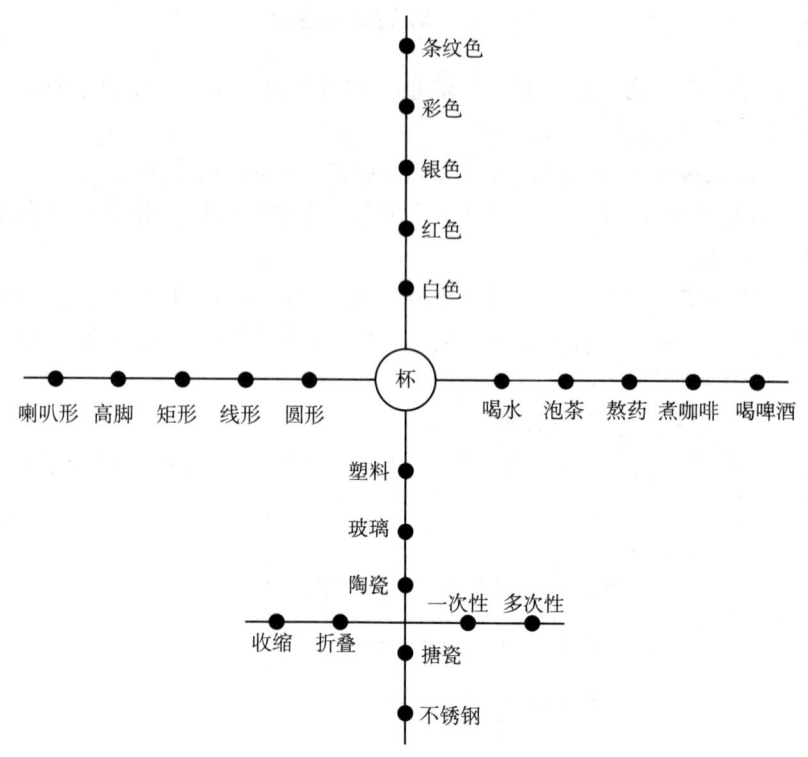

图 5-14 杯子的创意生成

第一步：将杯子作为信息原点。

第二步：根据杯子的形状、材料、功能、分类等建立信息坐标。

第三步：交合出上百种新的产品创意思路，如搪瓷电磁杯、陶瓷电磁杯、一次性塑料杯等。

【思考题】

1. 请阐述自己面临问题后是如何分析并解决的。
2. 需求分析方法有哪些具体操作工具？
3. 请结合本章提到的需求分析方法开发一项新产品。
4. 请查阅相关书目，收集一个采用本章介绍的方法开发产品的例子。

【延伸阅读】

1. John D Bransford, Barry S Stein. *The Ideal Problem Solver: Guide for Improving Thinking, Learning and Creativity*, W. H. Freeman & Co Ltd., 1993.
2. Peter Thiel, Blake Masters. *Zero to One: Notes on Startups, or How to Build the Future*, Currency, 2014.
3. 艾森·拉塞尔：《麦肯锡方法》，张薇薇译，机械工业出版社2010年版。

第六章
TRIZ 方法

【学习目标】
1. 了解 TRIZ 的发展历程。
2. 理解 TRIZ 中的基本概念。
3. 理解 TRIZ 理论的主要内容。

【导入案例】
  在众多应用 TRIZ 的企业中，韩国三星公司无疑是发展与成效惊人的代表性企业之一。三星公司引入 TRIZ 系统后，用它来进行发明思考，要求每个新员工都要参加 TRIZ 培训，TRIZ 已经成为三星的文化。

  2003 年，三星公司因采用 TRIZ 理论指导项目研发而节约成本 1.5 亿美元，通过应用 TRIZ 理论研制开发的 67 项研发项目中有 52 项成果成功申请了专利。三星公司也因此在 2003 年成为全球品牌价值增幅之首。2006 年，三星公司更是获得美国发明专利 2 453 项，公司市值突破了 1 000 亿美元，超过索尼公司 410 亿美元，从"技术跟随者"成为了"行业领跑者"。2003 年，三星公司 TRIZ 协会成立。三星机电 SEM 首次举办年度 TRIZ 竞赛。2005 年 1 月 16 日，时任 CEO 尹钟龙表示：未来的发展取决于技术，而专利是技术的核心，2005 年和 2006 年三星公司要分别注册 2 000 多件专利技术（以申请美国专利为准），进入世界前 5 大专利企业排行榜，并于 2007 年进入前 3 位。2005 年，三星公司以 1 641 项美国发明专利授权超过美光公司（Micron Technology）和英特尔，在全球排名第 5。

  除了三星公司，TRIZ 还为波音、英特尔、福特、大众、美国国家航空航天局（NASA）等单位所运用，带来了创新和技术的提升。

  本章介绍的 TRIZ 方法已经被许多学者奉为世界上最具系统化的创新方法。

第一节 TRIZ简介

TRIZ（俄文为 теории решения изобретательских задач，俄语缩写"ТРИЗ"，翻译为"解决发明家任务的理论"，用英语标音可读为 Teoriya Resheniya Izobreatatelskikh Zadatch，缩写为 TRIZ）的英文意思为 Theory of Inventive Problem Solving，可理解为发明问题的解决理论，在欧美也缩写为 TIPS。TRIZ 是苏联发明家阿奇舒勒（Genrich S. Altshuller）所提出的，他从 1946 年开始领导数十家研究机构、大学、企业组成了 TRIZ 的研究团体，通过对世界高水平发明专利（累计 250 万件）几十年的分析研究，基于辩证唯物主义和系统论思想，提出了这一有关发明问题的基本理论。这一理论的主要目的是研究人类进行发明创造、解决技术难题过程中所遵循的科学原理和法则，并将之归纳总结，形成能指导实际新产品开发的理论方法体系。运用这一理论，可大大加快人们创造发明的进程而且能得到高质量的创新产品。

阿奇舒勒认为，任何领域的产品改进、技术的变革、创新和生物系统一样，都存在产生、生长、成熟、衰老、灭亡的过程，是有规律可循的。人们如果掌握了这些规律，就能能动地进行产品设计并能预测产品的未来发展趋势。发明问题解决理论（TRIZ）通过分析人类已有技术创新成果——高水平发明专利，总结出技术系统发展进化的客观规律，并形成指导人们进行发明创新、解决工程问题的系统化的方法学体系。

阿奇舒勒经过不懈的努力，从大量的专利研究中，抽象出一种创造原理（inventive principle）和创新算法（algorithm for inventive problem solving）。在其后的几十年里，他以培养学生的方式继续研究与传播 TRIZ 理论。冷战结束后，随着苏联的解体，大量的 TRIZ 专家移居欧美，TRIZ 理论得以在西方国家受到重视与发扬。1998 年 11 月第一次 TRIZ 国际会议在美国洛杉矶召开；从 1999 年起，欧洲 TRIZ 学会已分别在奥地利、法国和瑞士举办了三届 TRIZ 会议，吸引了众多国际 TRIZ 研究学者参加。欧洲以瑞典皇家工科大学（KTH）为中心，集中了十几家企业开始实施利用 TRIZ 进行创造性设计的研究计划。在俄罗斯，TRIZ 理论方法一直被作为大学的专业技术必修科目，并且已广泛应用于工程领域中。美国也有大学开设了 TRIZ 课程，而且成立了有关 TRIZ 的研究、咨询机构。TRIZ 在日本的传播较晚。TRIZ 一词是 1996 年由《日经机械杂志》引入日本的，此后这一理论受到日本制造业的普遍关注与应用研究，1997年底开始有了TRIZ入门的日文版图书。TRIZ软件工具也得到了相应的发展，Invention Machine Corp.（IMC）等公司率先推出了TRIZ软件包。日本的三菱研究所作为IMC的代理，开始在日本境内推广应用TRIZ工具。

据有关报道统计，自1993年以来，美国数以百计的公司如通用汽车、克莱斯勒、洛克威尔以及摩托罗拉等已经开始研究和应用TRIZ方法，其中最成功的是福特汽车公司，由TRIZ创新的产品为其每年带来超过10亿美元的销售利润。

第二节　TRIZ中的基本概念

一、发明问题

TRIZ将人类需要解决的问题分为两类：一类是解决方案已知，只需按规定步骤就能解决的问题，这属于常规问题。该类问题通常可以通过查找书籍、技术文献或相关专家提供的信息来解决。假如要设计一种车床，只要低速的电机（每分钟100转）就够了，而目前大多数的交流电机都是高速的（每分钟3 600转），那么问题就是如何降低电机的速度，解决方案是用齿轮箱或变流器，接着就可以设计特定尺寸、重量、转速、扭矩的齿轮箱等。另一类则是某一关键步骤或解决方案未知，属于真正的发明问题。

二、发明等级

阿奇舒勒对250万个专利进行研究后，发现可以根据创新程度的不同，将这些专利技术解决方法分为五个"发明等级"：

第一级：技术系统的简单改进，设计人员利用自身的经验即可解决，不需要创新。所要求技术在系统相关的某行业范围内。大约32%的解属于该范围。例如，以厚度隔离减少热损失，以大卡车改善运输成本效率，屏幕分辨率由600×480提高到800×600。

第二级：通过解决一个技术冲突，对已有系统进行少量的改进。需要利用系统相关的不同行业的知识，采用行业中已有的方法即可完成。解决该类问题的传统方法是折衷法。大约有45%的解属于该范围。例如，灭火器附加到焊接装置、中空斧头柄、上下反置地图。

第三级：包含物理冲突解决方法的发明，需要利用系统相关行业以外的知识，对已有系统有根本性的改进。大约有18%的解属于该范围。例如，径向轮胎、原子笔、登山自行车、计算机鼠标。

第四级：包含突破性解决方法的新技术，需要利用不同科学领域知识，采用全新的原理完成已有系统基本功能。解决方案的发现主要是从科学的角度出发，而不是从工程的角度出发。大约有4%的解决方案属于该类。例如，联结器上使用记忆合金、内燃机、集成电路、计算机、气压胎、虚拟实境、利用细菌冶金、液电效应。

第五级：罕见的科学原理导致一种新系统的发明。大约有1%属于该类。例如，飞机、晶体管、计算机、照相术、青霉素（盘尼西林）、自行车、记忆合金、蒸汽机与热力学、聚合物。

对于第一级发明，阿奇舒勒认为不算是创新，而对于第五级发明，他认为"如果一个人在旧的系统还没有完全失去发展希望时，就选择一个全新的技术系统，则成功之路和被社会接受的道路将是艰难而又漫长的……因此寻找改进方法是更好的策略"。他建议将这两个等级排除在外，TRIZ工具对于其他三个等级创新作用更大。

TRIZ将发明分为以上五个等级，可以改良产品，通过分析，了解目前产品设计状态，以建立更清楚的产品改良策略。由于通常有很多设计属于第一级，这些产品虽目前可获利，但无法维持长久竞争力，因而，可以通过提高第二级、第三级或第四级的发明创新比例，以提高产品竞争力。

另外，TRIZ理论与TRIZ工具还可以被用来研究发展高阶发明，通过发明专利的分类与评估，使创新技术得到更广泛的应用。通过学习技术趋势、发明原则与效应工具、预测技术从何处演化而成，能有效地把不同工具运用到不同问题上。例如，利用发明原则易产生第二级发明。但若想获得第三、第四级发明，则需运用效应工具、发明标准解答或预测工具等。

三、理想状态

任何技术系统，在它的生命周期内，都趋于越来越可行、简单、有效，即更加理想。因此改进技术系统的目标就是使理想逐步提高，趋于完美。也就是说，TRIZ的一个基本观点就是"系统是朝着不断增加的理想状态进化"。

理想的定义为：理想（Ideality）=系统全部有用的结果/系统全部有害的结果。

TRIZ认为理想的技术系统是不存在的，但是必须致力于实现理想的最终结果，增加理想成为解决创造性问题的一般规律。

技术系统理想状态包括三个方面的内容：

第一，技术系统的主要目的是提供一定功能。传统思想认为："为了得到这样的功能，那么必须建立这样的装置或设备。"TRIZ 则认为："为了得到这样的功能而不对系统引入新的装置和设备。"

第二，任何技术系统都是朝着理想化发展，也就是更为可靠、简单、有效。理想系统是不存在的，但技术系统越接近理想状态就越简单，成本越低，效率也更高。

第三，理想化也意味着系统或子系统中现有资源得到最大化利用。

四、技术系统

所有运行某个功能的事物均可称为技术系统，如汽车、笔、书、刀等。任何技术系统可能由一个或多个次系统构成，如汽车是由引擎、转向机构、刹车等次系统组成。任何技术系统都包括一个或多个子系统，每个子系统执行自身功能，它又可分为更小的子系统。TRIZ 中，最简单的技术系统由两个元素以及两个元素间传递的能量组成。例如粉笔与黑板放在一起，并不是一个技术系统，除非有能量（机械力）作用到粉笔，使它与黑板发生交互作用，因此粉笔—黑板技术系统应包括粉笔、黑板与作用力，才能发挥写字功能。

表 6-1 所示为运输技术系统，左边一列是技术系统，依系统大小顺序排列。右边一列包括一些次系统，这些次系统对应于左边的技术系统。例如刹车技术系统是汽车技术系统的次系统，但刹车技术系统同时为踏板技术系统之高层系统。

表 6-1　　　　　　技术系统层级——以运输为例

技术系统	次系统
运输	汽车、道路、地图、司机、服务站
汽车	动力源、刹车、加热、转向、电机
刹车	踏板、油压缸、流体、刹车系统组件
刹车系统组件	缓冲器、装配盘、铆钉
缓冲器	微粒 A、微粒 B、化学结合
化学结合	分子 A、分子 B

当技术系统产生有害功能或不具有预期功能时，它必须加以改善。所有的子系统均在更高层系统中相互连接，任何子系统的改变将会影响到更高层系统，当解决技术问题时，常常要考虑与其子系统和更高层系统之间的相互作用。

五、技术系统的演变模式

技术系统的演变模式是 TRIZ 理论的总纲,阿奇舒勒在分析大量的专利后,认为技术系统的演变遵循一定的规律,如同生命系统一样处于不断进化之中,如果能够找出并确诊这些规律,就可以使人们的创造过程更加具有预见性。在分析研究之后,他得出技术系统演变的 8 个模式:

(1) 技术系统的演变遵循产生、成长、成熟和衰退的生命周期。
(2) 技术系统的演变方向是增加理想化水平或提高理想度。
(3) 技术系统中子系统的不均衡演变导致冲突。
(4) 技术系统演变是向增加动态性和可控性方向发展。
(5) 技术系统的功能不断增加导致系统复杂性增加,随之集成度增加,系统得以简化。这个过程不断交替进行。
(6) 技术系统内的部件匹配与不匹配交替出现。
(7) 从宏观系统向微观系统演变,运用能量场实现更好的控制。
(8) 技术系统向增加自动化、减少人类参与的方向演变。

针对技术系统进化演变的规律,阿奇舒勒在大量专利分析的基础上,总结提炼出八个基本进化法则。这些进化法则可用来分析确认当前产品的技术状态,并预测未来的发展趋势,开发富有竞争力的新产品。

六、冲突

TRIZ 理论认为,创造性问题是指包含至少一个冲突的问题。在产品创新过程中,冲突是最难解决的一类问题。TRIZ 提供了一套基于知识的技术来解决该类问题。应用 TRIZ 可在消除冲突的过程中自然地产生新的概念。

冲突可分为三类:技术冲突、物理冲突及管理冲突。管理冲突是指为了避免某种现象或希望取得某些结果,需要做一些事情,但不知如何去做。如希望提高产品质量,降低原材料的成本,但不知道方法。管理冲突本身具有暂时性,而无启发价值。因此,TRIZ 只研究前两种冲突的解决方法。

当技术系统某个特性或参数得到改善时,常常会引起另外的特性或参数劣化,该冲突称为"技术冲突"。解决技术冲突问题的传统方法是在多个要求间寻求"折衷",也即是"优化设计",但每个参数都不能达到最佳值,如响应面设计。而 TRIZ 则是努力寻求突破性方法消除冲突,即"无折衷设计"。TRIZ 的另一类冲突是"物理冲突":系统同时具有冲突或相反要求的状态。比如对于高空跳水,水必须是"硬"的,以支撑跳水者,而同时水又必须是"软"的,从而不会伤害跳水者,要求水在同一时间既"硬"又"软"两种状态就是物理冲突。

第三节　TRIZ 理论的主要内容

一、冲突解决理论

上文我们已经提到,在 TRIZ 理论中,阿奇舒勒将一个技术系统面对两个相反要求条件的状况称为冲突(contradiction),同时重点研究技术系统冲突中的两个基本类型:技术冲突与物理冲突。

在介绍具体的冲突解决理论之前,需要先简要介绍 TRIZ 理论中解决冲突问题的基本工具,其中包括 39 个工程参数和 40 个基本发明原理,以及冲突矩阵。

(一) 39 个工程参数

39 个工程参数及其解释如表 6-2 所示。

表 6-2　　　　　　　　39 个工程参数

序号	参数名称	解释
	运动物体	对象用自己本身或外力作用产生空间位置改变。车辆、物体设计成可携带者为本类
	静止物体	物体不因自己本身或外力作用产生空间位置改变。一般指在某一状况下使用的物体
1	运动物体重量	在重力场下运动物体受到的重力。如运动物体作用在它的支持物或悬吊物上的力
2	静止物体重量	在重力场下静止物体受到的重力。如静止物体作用在它的支持物或悬吊物上的力或作用于它所在平面的力
3	运动物体长度	任一线性尺寸,不需最长,可考虑为长度
4	静止物体长度	同上
5	运动物体面积	物体内部或外部所具有的表面或部分表面的面积
6	静止物体面积	同上

续表

序号	参数名称	解释
7	运动物体体积	一物体所占空间的体积
8	静止物体体积	同上
9	速率	物体速度、过程或动作随时间之变化率
10	力	力用来测量系统间的交互作用,例如,牛顿力学中:力＝质量×加速度,在TRIZ中,力为意图改变物体状态的任何作用
11	应力或压力	每单位面积承受的力
12	形状	系统的外部轮廓或外观
13	结构稳定性	系统的全部性或完整性,系统组成元素间的关系,所有磨损、化学分解、系统分解皆为稳定性降低
14	强度	物体能抵抗外力作用使之变化的能力
15	运动物体作用时间	物体完成动作的时间、服务寿命。两次误动作之间的时间也是作用时间的一次度量
16	静止物体作用时间	同上
17	温度	物体所处的热状况,一般包括其他热参数,如影响温度变化率的热容量
18	光照度	每单位面积上的光通量,亦指系统任何光照特性,如亮度、光线质量等
19	运动物体能量	测量物体做功的能力,在经典力学中,功是力与位移之积,还包括电能、热能、核能等
20	静止物体能量	同上
21	功率	单位时间所做的功
22	能量损失	做无用功的能量
23	物质损失	部分或全部、永久或暂时,系统材料、物质、工件、子系统的物质损失
24	信息遗失	部分或全部、永久或暂时的系统数据遗失或失去使用系统数据权
25	时间损失	时间是指一项活动所持续的时间间隔,改善时间损失是指减少一项活动所花时间
26	物料数量	系统物料、物质、工作或次系统的数目或数量,可以全部或部分、永久或暂时地改变
27	可靠性	系统在可预测方式及状况下执行预期功能的能力
28	测量精度	系统特征的测试值与实际值之间的误差
29	制造精度	系统或物体实际性能与所要求性能之间的误差

续表

序号	参数名称	解释
30	物体外在有害因素作用的敏感性	系统对外界有害效应的敏感程度
31	物体产生有害因素	有害因素会降低物质、系统功能效率或质量，这些因素由物体或系统部分操作所产生
32	可制造性	物体、系统在制造或建构中的方便、舒适、容易程度
33	可操作性	简单化：一个过程是不容易的，如它需要很多人、很多操作步骤和特殊工具等，一般困难过程造成低生产量，容易过程造成高生产量且做的正确
34	可维修性	修理系统的错误、损坏、缺陷所需时间以及简单、舒适、方便等特性
35	适应性	系统、物体响应外界变化的能力
36	装置复杂性	系统内组件个数与组件间关系发生变化，使用者可能因系统内一个组件而增加复杂性，掌握系统的难易程度可视为系统复杂性的一个度量
37	监控及测试困难度	监控及测试是复杂、高成本的，需要很多时间、劳力去做，或在组件间有复杂关系，或组件间有互相干扰现象，以上皆显示监控及测试困难性。增加监控及测试成本以满足误差要求也是增加监控及测试困难度
38	自动化程度	系统或物体能执行它的功能，不需人工介入
39	生产率	系统每单位时间执行功能或操作数

（二）技术冲突矩阵

TRIZ 采用创造性的方法完全消除技术冲突。阿奇舒勒对大量技术领域的专利研究分析后发现，引起技术冲突的参数是有限的，他用 39 个技术参数构造了一个 39×39 的冲突矩阵，其行是欲改进的技术参数（改善参数），列是相应的不希望得到的结果（恶化参数）。在冲突矩阵中，除了主对角线外，行与列的交叉点构成一对冲突，对于每对冲突，阿奇舒勒提出了解决冲突的 40 个创造性发明原理。表 6-3 是技术冲突矩阵的一部分。事实上在实际应用中，完全可以由计算机程序来完成查表工作，一些基于 TRIZ 的软件已经开发出来，能够很好地处理这些问题，另外，一些 TRIZ 网站也提供相关服务，如 http://www.triz40.com/ 中就有技术冲突矩阵的简单查询。

表6-3　　　　　　　　　　局部技术冲突矩阵

改善参数＼恶化参数	1. 运动物体重量	2. 静止物体重量	3. 运动物体长度	4. 静止物体长度	5. 运动物体面积
1. 运动物体重量	*	*	15，8，29，34	*	29，17，38，34
2. 静止物体重量	*	*	*	10，1，29，35	*
3. 运动物体长度	8，15，29，34	*	*	*	15，17，4
4. 静止物体长度	*	35，28，40，29	*	*	*
5. 运动物体面积	2，17，29，4	*	14，15，18，4	*	*

（三）40个创造性发明原理

实践证明，TRIZ理论提出的40个创造性发明原理对于指导设计人员的发明创造、创新具有明显的促进作用，下面结合实例进行说明。

1. 分割原理

（1）把一个物体分成几个独立的部分。

（2）把物体变成可组合的。

（3）增加物体的自由度。

实例：组合式家具，模块化计算机组件，可折叠木尺；花园里浇水的软管可以接起来以增加长度。

2. 分离原理

（1）从一个物体上抽取（去除或分割）有问题的部分。

（2）仅仅分离有用的部分。

实例：为了在机场驱鸟，使用录音机来放鸟的悲鸣声（将鸟的叫声从鸟身上分离出来）。

3. 改变局部品质

（1）从同一类物体/外部环境/作用的结构变换到不同类结构的物体/外部环境/作用。

（2）让物体不同的部分承担不同的功能。

（3）把物体的每个部分都置于利于其发挥作用的最适合的条件下。

实例：为了在采煤中防止煤尘飞扬，就要在掘进机和储运机上喷水雾，水滴越小抑尘效果越好，但水滴小会影响机械工作，于是就在小水雾层外面裹上大水滴的水雾层。

4. 非对称原理

（1）用物体不对称形状代替对称形状。

（2）如果一个物体已经不对称就增加其不对称自由度。

实例：通过一个对称形的漏斗卸载湿黄沙时，会在漏斗上部形成拱形，造成沙流不规则流动。用一个不对称形的漏斗就可以消除这种拱形。

5. 合并原理

（1）合并在空间上类同的物体或有相近趋势的物体。

（2）合并在时间上类同或有相近趋势的做法。

实例：在冻土上进行挖掘作业，就要在挖掘机上加上蒸汽喷管以融化冻结的地面。

6. 多用性原理

使物体具有多重功能，以消除对其他物体的需求。

实例：工具车上的后排座可以坐、靠背放倒后可躺、折叠起来可以装货。

7. 嵌套原理

（1）让物体一个个依次叠放起来。

（2）把一个物体放在另一个物体的空腔中。

实例：椅子可以一个个叠起来以利存放；抽取式玻璃钢钓鱼竿。

8. 质量补偿原理

（1）把带有上升力的物体和重物组合在一起以抵销重物的重量。

（2）通过环境提供的空气动力或水动力来平衡物体的重量。

实例：用气球携带广告条幅；船在航行过程中船身浮出水面，以减少阻力。

9. 预先反作用原理

（1）先施加反作用力。

（2）物体在承受张力或要承受张力的情况下，就先施加一个压力。

实例：预应力混凝土楼板或柱子；加固轴是由几个预先扭转了特定角度的管子组成。

10. 预操作原理

（1）预先就加上所有或部分所需的作用力。

（2）把物体预先放置在一个合适的位置以让其能及时地发挥作用。

实例：把刀放在刀鞘中以保护刀锋；橡皮泥很难快速均匀地成形，那就把它放到成形模中以利快速成形并节省材料。

11. 预补偿原理

为补偿物体的低可靠性，则预先加上一些反作用措施。

实例：商品上加上磁性条来防盗。

12. 等势性原理

改变工作条件以使之不需要升高或降低。

实例：Automobile 汽车发动机换机油时，工人只要把车开到维护槽上进行维修即可，不必使用任何起重设备。

13. 反向原理

（1）对于一些特定问题，可以用反向操作法。

（2）让物体的移动部分或外部环境停下来，而让不动的部分动起来。

（3）让物体上下颠倒。

实例：对一个长跑运动员来说，正确的跑姿、适时的速度调整是必要的，这一点通过长期的训练是可以有效掌握的。而另一种有效的策略是让运动员在跑步机上训练，教练通过调整跑步机的速度，就可以有效控制运动员的跑步速度。

14. 圆球化

（1）用曲线或曲面替换直线或平面，用球体替代立方体。

（2）使用圆柱体、球体或螺旋体。

（3）用旋转运动来代替直线运动；利用离心力。

实例：计算机鼠标用一个球体来传输 X 和 Y 两个轴方向的运动。

15. 动态化原理

（1）在物体变化的每个阶段让物体或其环境自动调整到最优状态。

（2）把物体分成几个元素，使各元素间可以相互转换。

（3）物体不动则让其动起来，反之亦然。

实例：圆柱形的运输工具，为减小工作量和装载难度，就把容器形状设计成两个铰接半圆柱体，以利装卸。

16. 近似化原理

如果不能达到 100% 的应用效果，就根据实际情况让物体变大或变小来最大限度地简化问题。

实例：用沉浸法油漆一个圆柱体侧壁时，油漆会很均匀，但会产生底面上漆的现象，解决方法是让圆柱体旋转起来进行油漆，从而通过快速旋转甩掉多余的油漆；要让金属粉末均匀地充满一个容器，就让一系列漏斗排列在一起以达到近似均匀的效果。

17. 维数变化原理

（1）在直线上沿两维运动物体以解决问题（将一维空间中运动或静止的物体变成二维空间中运动或静止的物体，将二维空间拓展到三维空间）。

（2）用多层装配体来替换单层装配体。

（3）倾斜物体或把物体翻转到一侧。

实例：花房朝北的区域加上一个反射镜来加强此区域白天的光照

效果；自卸车。

18. 振动原理

（1）让物体振动起来。

（2）已有振动存在就加大振动频率，甚至增加至超声波频率区。

（3）利用共振。

（4）用电振动代替机械振动。

（5）超声振动和电磁振动耦合。

实例：要切除体内的结石而又不伤及皮肤，就可以用超声刀来代替手术刀；通过振动铸模来提高填充效果和零件质量。

19. 周期性作用原理

（1）变持续性作用为周期性（脉冲）作用。

（2）如果作用已经是周期性的，就改变其频率。

（3）在脉冲中套脉冲以达到其他效果。

实例：用冲击扳手拧松一个锈蚀的螺母时，就要用脉冲力而不是持续力；报警灯使用脉冲方式比其他方式效果更好。

20. 有效作用的持续性原理

（1）对一个物体所有部分施加持续有效的作用。

（2）去掉无用的运动。

（3）用旋转运动代替往复运动。

实例：带有切削刃的钻头可以进行正反向的切削；打印机的后台处理不影响前台工作。

21. 紧急行为原理

在高速中施加有害或危险的动作。

实例：在切断管壁很薄的塑料管时，为防止塑料管变形就要使用极高速运动的切割刀具，在塑料管未变形之前完成切割。

22. 变害为利原理

（1）利用有害因素或环境去包含有利因素。

（2）通过混合其他不利因素来去除有害因素。

（3）增加有害因素的数量直至其消失——"以毒攻毒"。

实例：在冰冷的天气条件下运输沙子会使其结块，那就用深冷的方法（用液氮）使冰破碎，沙就好传送了；用高频电流加热金属时，只有外层金属被加热，这一现象后来被用于表面热处理。

23. 反馈原理

（1）引入反馈来改善过程或动作。

（2）如果反馈已经存在，则改变反馈的大小和灵敏度。

实例：水箱中的水位偏低就由一个传感器测出并控制电机向水箱泵水；要把冰水混合后的重量控制好，由于冰的重量难以分配准，就要先测冰的重量，然后把冰的重量反馈给水控制设备而得到精确的结果。

24. 中介物原理

（1）引入中间物来传输或承载作用。

（2）临时将一个物体和一个易去除的物体连起来。

实例：为减少电流通过液体金属的能量损失，就要引入冷却电极和较低熔融温度的金属作为中间物。

25. 自服务原理

（1）使物体具有自我服务的功能。

（2）利用废弃物和剩余能量。

实例：为防止镀层磨损后要用磨料来研磨，就在其表面放上研磨材料；对于电焊枪，焊条的供给是通过一个特殊的装置来控置的，为了简化系统，焊条是通过焊接电流控制的螺线管来实现改进的。

26. 复制原理

（1）使用一个简单便宜的物体的复制体来代替复杂、昂贵、易坏或使用不便的物体。

（2）将物体的影像复制下来去替换物体，并可进行放大和缩小。

（3）如果物体的光学影像已经存在，就用红外或紫外影像去替换它。

实例：测量物体的高时，可以用测量其影子的方法；用红外线探测热源。

27. 用便宜、寿命短的物体替换昂贵、寿命长的物体原理

用便宜、可丢弃的物体替换昂贵的物体。

实例：纸尿布；一次性餐具。

28. 机械系统替换原理

（1）用声学、光学、嗅觉系统替换机械系统。

（2）用电、磁或电磁场来共同作用于物体。

（3）替换作用场：带有移动作用场的固定作用场；带有随时间变化的固定作用场；带有结构化作用场的随机作用场。

（4）将铁磁粒子用于场的作用之中。

实例：为增加金属和塑料的粘结力，就引入电磁场作用于金属；在天然气中混合难闻的气味代替机械或电器传感器来警告天然气泄漏。

29. 气动或液压结构原理

用气体或液体零部件替换固体零部件。

实例：为增加工业烟囱的效率，在其口部加上一个螺旋形的管路，当风流过管路时形成一堵风墙，以减少阻力；在运输易碎产品时，使用泡沫材料。

30. 灵活的隔膜或薄片原理

（1）用隔膜或薄片来替代传统结构。

（2）用隔膜或薄片把物体从其环境中隔离开。

实例：为防止水从植物的叶片上蒸发，将一种聚乙烯材料喷涂在叶片上，凝固以后就会在叶片上形成一层保护膜。它既透气又防水。

31. 使用多孔材料

（1）使物体多孔或在其表面、内部等区域加上多孔材料。

（2）如果物体已经是多孔的，用这些孔引入有用的物质或功能。

实例：为提高机械的冷却效率，机械中的一些零件就采用多孔材料，里面充满冷凝剂，机械启动时冷凝剂蒸发，以达到短时有效的冷却效果。

32. 变色原理

（1）改变物体或其环境的颜色。

（2）改变物体的透明度使之难以被发现。

（3）使用颜色添加剂或方法来发现物体或使之难以被发现。

（4）如果已经使用添加剂的话，就使用发光追踪剂。

实例：透明绷带可以让人们不打开绷带而检查伤口；轧钢时用水幕来阻止钢铁产生的红外线对工人的伤害，但同时它也阻挡了可见光，为了让工人既能看到轧钢情况又不受伤害，于是就在水中加入颜料让它过滤红外光，而保持可见光的透光性。

33. 同质原理

相互作用的物体采用相同结构。

实例：当处理器内存地址按内存访问边界对齐时，处理器的性能较好。未对齐的数据结构会导致性能下降。建议按处理器内存访问边界对齐数据结构，这种同质处理可以减少处理器对内存的访问次数，提高性能。

34. 抛弃与修复原理

（1）当零件完成其功能或变得没有用时，就放弃它或改变其元素。

（2）当物体要耗尽时，马上恢复所损耗的部分。

实例：子弹射出后，弹壳就被自动抛掉；火箭助推器用完后就会自动脱离箭体。

35. 参数改变原理

改变物体的聚合状态、密度分布、柔性、温度等。

实例：在脆性材料的连接中，螺钉的表面要用弹性材料并配上两个弹簧。

36. 状态转换原理

在物质转换过程中进行有效的开发，如改变状态的过程中会放热或吸热。

实例：为防止管子膨胀，把它充满水后冷却至冻结温度。

37. 热膨胀原理

（1）利用散热或导热的材料。

（2）利用不同传导率的材料。

实例：为方便温室天窗的开关，窗板就要使用双相金属板来防止变形。

38. 运用强氧化剂

（1）用压缩空气来替换普通空气。
（2）用纯氧替换压缩空气。
（3）用电离辐射对在空气中或氧气中的物体进行处理。
（4）使用电离氧。

实例：为让焊枪放出更多的热量，就要向焊枪充氧；用高压纯氧杀灭伤口细菌。

39. 惰性环境

（1）用惰性环境来替换普通环境。
（2）在真空中进行处理。

实例：为防止棉花在仓库中着火，就向仓库中充惰性气体；真空包装食品。

40. 复合材料

用复合材料来替换单一材料。

实例：为增加强度减轻重量，军用飞机的机翼是用塑料和碳纤维组成的复合材料制造的。

（四）技术冲突解决理论

TRIZ 采用创造性的方法消除技术冲突，在解决技术冲突时通过变换成物理冲突加以解决或直接利用 40 个发明原理加以解决。在实际应用中，首先把组成冲突的双方内部性能用 TRIZ 理论提出的 39 个工程参数中的某两个来表示，目的是把实际中的冲突转化为一般的或标准的技术冲突。

一般技术冲突解决步骤如下：

（1）决定系统参数，它的改善可清除不希望的效应（undesired effect，UDE）。
（2）找出改善参数的方法。
（3）指出应用已知方法所导致的系统中恶化的参数。
（4）改变问题的叙述，以两个不同性能参数中的技术冲突来表达。
（5）从阿奇舒勒冲突矩阵的 39 个典型参数中找出两个对应参数：改善参数（列）和恶化参数（行）。
（6）找出冲突矩阵中列与行交叉处对应的创造性发明原理代号。
（7）找出对应的创造性发明原理。
（8）转换创造性发明原理成为面对问题的解答。

案例：饮料罐的改良设计。

首先，对该问题进行 TRIZ 语言表述：这是一个装饮料的工程系统；承担储存作用是其操作环境；资源包括罐体的重量、罐体所承受的内部压力、罐体结构的刚度；有利因素为装饮料；有害因素为原材料消耗、罐体生产、存储空间浪费；理想的情况是一种一人高的饮料罐，并能承受自身和饮料的重量而不被破坏。

其次，公式化该问题：我们无法控制饮料罐的高度，由于原材料的价格，客观上必须降低成本，因此罐体的厚度要薄，但是这会引起罐体强度不够。这就是一对客观冲突，如果能够解决这对冲突，我们就会得到一个理想的工程系统。

再次，结合 39 个工程参数，确定：要使饮料罐的壁厚减小的工程参数是"#4 静止物体的长度"（在 TRIZ 里，标准工程参数的含义是非常多样的，在这里"长度"可以指任何线性的尺寸，如长度、宽度、高度、直径等）。减小壁厚就会引起罐体承载力的减小，这个工程参数就是"#11，应力"，那么标准的技术冲突就是：要减小"运动物体的长度"就会引起"应力"的降低。

最后，查找冲突矩阵（或在软件中、Web 页面上快捷查找），找出对应的创造性发明原理：饮料罐的工程冲突参数是"#4 静止物体的长度"和"#11 应力"，那么 Y 轴就是罐体的壁厚，X 轴就是"#11 应力"，于是查找出来的创造性发明原理对应号就是 1、14、35。

利用创造性发明原理 1（分割原理）中"增加一个分割物体的自由度"，饮料罐的侧壁可以做成波浪形的，这样在不增加壁厚的情况下可以增加其应力。

利用创造性发明原理 14（圆球化原理）中"用曲线或曲面替换直线或平面，用球体替代立方体"，罐体焊在一起的唇口原来是垂直于侧壁的，现在变成带一个弧度，以此来提高应力。

利用创造性发明原理 35"改变物体的物理和化学状态"，可以采用强度更高的金属材料来增加饮料罐的承载能力。

（五）物理冲突解决理论

物理冲突解决理论是 TRIZ 理论的重点，阿奇舒勒曾提出 11 种方法，后来的研究者也提出了各种具体策略。现代 TRIZ 解决物理冲突的方法主要基于分离原理，常用的有时间分离、空间分离、基于条件的分离、整体与部分的分离四种方法。

1. 从时间上分离相反的特性

该原理将冲突双方在不同的时间段分离，以降低解决问题的难度。当关键子系统冲突双方在某一时间段只出现一方时，时间分离就是可能的。运用该原理首先应回答如下问题：第一，是否冲突一方在整个时间段中"正向"或"负向"变化？第二，在时间段中冲突的一方是否可不按一个方向变化？如果冲突的一方可不按一个方向变化，则利用时间分离原理是可能的。

2. 从空间上分离相反的特性

该原理将冲突双方在不同的空间分离，以降低解决问题的难度，当关键子系统冲突双方在某一空间只出现一方时，空间分离就是可能的。运用该原理首先应回答如下问题：第一，是否冲突一方在整个空间中"正向"或"负向"变化？第二，在空间的某一处，冲突的一方是否可不按一个方向变化？如果冲突的一方可不按一个方向变化，则利用空间分离原理是可能的。

3. 在同一种物质中相反的特性共存

该原理将冲突双方在不同的条件下分离，以降低解决问题的难度。当关键子系统冲突双方在某一条件下只出现一方时，基于条件的分离是可能的。运用该原理首先应回答如下问题：第一，是否冲突一方在所有条件下都要求"正向"或"负向"变化？第二，在某些条件下，冲突的一方是否可不按一个方向变化？如果冲突的一方可不按一个方向变化，则利用基于条件的分离原理是可能的。

4. 从整体与部分上分离相反的特性

该原理将冲突双方在不同的层次分离，以降低解决问题的难度。当冲突双方在关键子系统层次只出现一方，而该方在子系统、系统或超系统层次内不出现时，整体与部分的分离是可能的。

我们以实例说明解决物理冲突的方法。

在通常情况下，屋顶大多用来遮雨，但是当不下雨时，就似乎已不需要屋顶，此时房间空气越多，流通越好，室内就越舒适。因此屋顶构造必须防雨，同时又不能妨碍空气流通及光线照射。

利用分离原理解决这个物理冲突：

首先，利用时间分离原理：设计可折叠式屋顶，当天气良好时，把屋顶折起来，天气变坏时将屋顶展开。

其次，利用空间分离原理：利用多孔性材料制作屋顶，其孔能阻挡雨水，又能使空气及光线流通。

再次，利用整体与部分分离原理：不使用屋顶，改用热流覆盖，让雨滴蒸发，或不使用屋顶，在周围以其他方式保护居住空间，例如以玻璃覆盖。

最后，利用条件分离原理：屋顶以特殊材料制作，这种特殊材料与雨水相互作用成为固体，当无水时又成为具有多孔性的材料。

二、物质—场模型分析方法

物质—场分析是用符号表达技术系统变换的建模技术,"物质"一词在 TRIZ 中所表达的意思非常广泛,可以表示从简单的物体到具有各种复杂程度的技术系统。"场"则用于表示两个物体之间相互作用、控制所必需的能量。在 TRIZ 中"场"主要指机械场、热场、电磁场、化学场以及重力场等。

物质—场分析方法产生于 1947~1977 年,每一次的改进都增加了新的可利用的知识,现在已经有了 76 种标准解。这 76 种标准解是最初解决问题的方案精华,因此,物质—场分析为我们提供了一种方便快捷的方法,利用这种方法,可以在汲取基本知识的基础上产生不同的想法。

TRIZ 理论认为,技术系统构成要素物体 S_1、作用体 S_2、场 F 三者缺一就会造成系统的不完整。而当系统中某一物质所特定的机能没有实现时,系统就会产生问题。为了控制这一物质产生的问题,有必要引入另外的物质,由此产生这些物质之间的相互作用并伴随能量(场)的生成、变换、吸收等,物质—场模型也从一种形式变换为另一种形式。因此,各种技术系统及其变换都可用物质和场的相互作用形式表述。

(一) 物质—场模型分类

物质—场模型分为四类:不完整系统、有效完整系统、非有效完整系统、有害完整系统,现分述如下。

不完整系统指组成系统的三元件中部分元件不存在,需要增加元件来实现有效完整功能,或用一种新功能代替。

有效完整系统指系统中的三元件都存在,且都有效,能实现设计者追求的效应。

非有效完整系统指系统中三元件存在,但设计者追求的效应未能完全实现,为了实现预期效应,需要改进系统。

有害完整系统指系统中三元件存在,但产生的效应与设计者预期的效应相反,在创新过程中应当消除有害效应。

(二) 物质—场模型解决问题的步骤

利用物质—场分析方法分析系统存在的问题,建立系统的物质—场模型并提出问题解决对策的步骤如下[①]:第一,指定物体 S_1;第

---

① 牛占文等:《发明创造的科学方法论——TRIZ》,载《中国机械工程》1999 年第 10 卷第 1 期。

二,指定场;第三,建立物质—场初期模型;第四,指定作用体 S_2;第五,生成所希望的物质—场模型;第六,提出解决问题的对策。

例如,金属热轧加工时,变形区域需要润滑剂。液体润滑剂通常用特殊的刷子或喷雾装置供给,但会产生润滑剂供给不均匀、洒落浪费等问题,需要一种高效率且能均匀供给润滑剂的方法。此问题利用物质—场模型的解决步骤如下:

第一步:指定物体 S_1。此问题的主要目的是向变形区域提供润滑剂,所以将润滑剂作为物体 S_1。

第二步:确定场 F。在原系统中,润滑剂是由喷雾器产生的机械场(液压)作用于物体 S_1,但是这个机械场并不能完全满足要求,需要重新选定一个场 F 来满足要求。

第三步:物质—场的初期模型。通过上述分析,原有系统的物质—场模型中,由场 F 指向物体 S_1 的实线箭头为有用的相互作用。

第四步:指定作用体 S_2。问题是由于没有适当的作用体将润滑剂准确、均匀地提供到变形区域而引起的。因此,为了解决该问题,有必要引入作用体 S_2 来完成物质—场模型。

第五步:生成所希望的物质—场模型。在所希望的物质—场模型中,S_2 应该能够准确、均匀地提供润滑剂,但对热轧工艺过程不产生影响。最理想的 S_2 是准确、均匀地提供润滑剂后就在系统中消失。而理想的场最好是由系统中已有物体产生。该系统中理想的场应该是由回转轧辊产生的机械场和变形区域的热场。最终得到的问题解决对策是:用浸满润滑剂的纸将润滑剂均匀地且几乎没有浪费地送入轧辊和压延材之间,变形区域产生的高温将纸燃烧掉。系统的最终物质—场模型如图 6-1 所示。

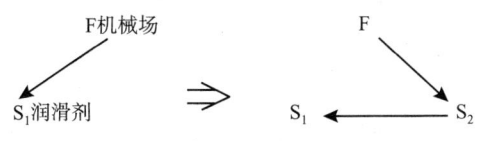

图 6-1 机械场模型

(三) 标 准 解

在建立物质—场分析模型后,阿奇舒勒和他的同事提出了 76 个标准解来协助解决将不完整系统、非有效完整系统、有害完整系统此三类问题模型转化为有效完整的系统模型的途径。此 76 个标准解分为五大类,如表 6-4 所示。

表 6-4　　　　　　　　　76 个标准解的分类

序号	类别	含标准解数量
1	不改变或少量改变来改良系统	13
2	改变系统来改良	23
3	系统转换	6
4	检查与测量	17
5	简化及改善策略	17
	合计	76

1. 不改变或少量改变来改良系统

利用不改变或是少量改变来改良系统以得到一个想要的结果。这一类问题包含了必要的办法来使一个不完整的系统变成完整系统。在物质—场模型的形式里，则表示为系统中少了 S_1、S_2 或 F，或者 F 不完整。改善策略为：

（1）改进不完整系统的性能。

（2）消除或抵抗有害的效应。

2. 改变系统来改良：发展物质—场系统

改善策略为：

（1）转变到复杂的物质—场系统。

（2）强制发展到易控的物质—场系统。

（3）利用控制元素的频率来匹配或不匹配自然频率而达到改进性能的效果。

（4）强磁材料和磁场的整合对于改进系统性能也是一个有效的方法。

3. 系统转换

改善策略为：

（1）转换成双物质—场系统或多物质—场系统。

（2）转变成微观物质—场系统。

4. 检查与测量

检查与测量为控制的典型环节。检查只是判别发生或未发生，测量则是有一些定量或精确的等级。

（1）非直接法。

（2）将零件或场引入已存在的系统中。

（3）增加或提高测量系统。

（4）测量物质—场系统。

（5）测量物质—场系统的发展趋势。

5. 简化及改善策略

简化以及改善标准解的方法。改善策略为：

(1) 导入物质。
(2) 使用场。
(3) 状态传递。
(4) 应用自然现象（使用物理影响）。
(5) 产生高等或低等结构水平的物质。

针对具体问题，在问题分析完后，将问题以物质—场模型表示，接着判断其属于何种物质—场系统，再配合五类总共 76 个标准解依序考虑套入系统中，找出并发展最适合的解决方式。

三、发明问题解决算法

TRIZ 理论认为，解决一个问题的困难程度，取决于对该问题的描述或程式化方法，描述得越清楚，问题的解就越容易被找到。在 TRIZ 理论中，发明问题求解的过程是对问题不断描述、不断程式化的过程。经过这一过程，初始问题最根本的冲突被清楚地暴露出来，能否求解已很清楚，如果已有的知识能解决该问题则有解，如果已有的知识不能解决该问题则无解，还需等待自然科学或技术的进一步发展。该过程是靠 ARIZ 算法实现的。

发明问题解决算法（ARIZ）是 TRIZ 用于解决冲突的主要方法。它是一种组织人们思维的有效程序，能够使一个人同时拥有很多发明家的经验。它基于对产品和过程的演化，是由一套明确的原理组成的方法，用于克服物理惯性，是物理冲突消除的数据库。ARIZ 算法的基本步骤如下：

分析系统有助于定义系统的基本功能和值得解决的基本冲突。

建立问题模型，包括分析所选冲突的正反两方面，选择实现系统基本功能最好的一方面，建立消除所选冲突的不利因素的问题模型。

分析系统资源，包括分析所选冲突发生的地带、发生的时期、系统拥有的物质和能量。分析的目的是为了物理冲突的分离和系统资源的利用。

物理冲突的定义，包括对同一参数相反冲突需求的定义，该参数引起了冲突。定义最大利用资源的理想解，这一步要最大限度地缩小问题领域。

分离物理冲突，运用 4 条原理中的一条来分离冲突需求。

利用资源使得改变系统最小和花费最小。

创新概念的演化和发展。

……

以上步骤及物理冲突的求解已有软件支持。

在 TRIZ 理论中，冲突的消除有强大的效应知识库的支持。效应知识库包含物理、化学、几何等效应。作为一种规则，经过分析与效应的应用后问题仍无解，则认为初始问题定义有误，需对问题进行更一般化的定义。应用 TRIZ 理论取得成功的关键在于没有理解问题的本质前，要不断地对问题进行细化，一直到确定了物理冲突。

四、应用 TRIZ 理论的一般过程[①]

有多种方法可用于 TRIZ 工具及方法的描述，流程图是可用方法之一，如图 6-2 所示。

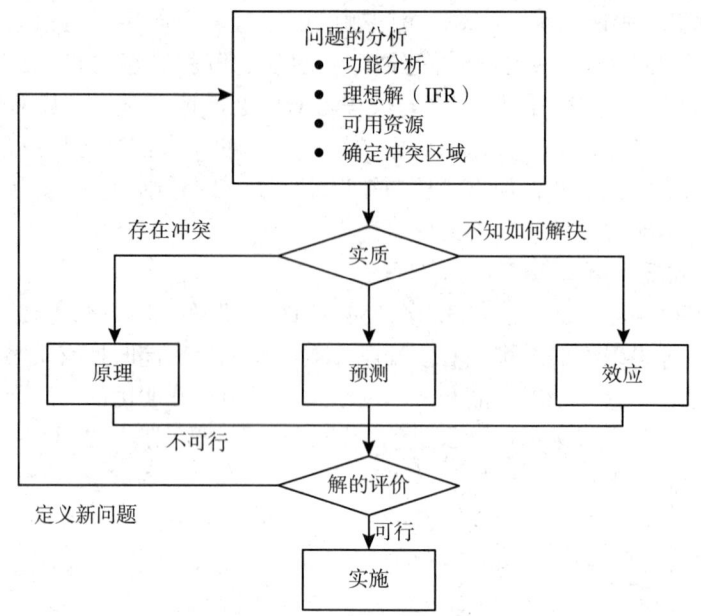

图 6-2 TRIZ 方法流程图

图 6-2 不仅描述了各种工具之间的关系，也描述了产品创新中的问题。应用 TRIZ 理论的第一步是对给定的问题进行分析。如果发现存在冲突，则应用原理去解决；如果问题明确，但不知道如何解决，则应用效应去解决；第三种选择是对待创新的技术系统进行进化过程的预测。之后是评价。最后是实现。该过程可采用传统手工方法实现，也可采用计算机软件辅助实现。

---

① 檀润华等：《发明问题解决理论：TRIZ——TRIZ 过程、工具及发展趋势》，载《机械设计》2001 年第 7 期。

（一）分析

分析是 TRIZ 理论的工具之一，包括产品的功能分析、理想解（ideal final result，IFR）的确定、可用资源分析和冲突区域的确定。分析是解决问题的一个重要阶段。功能分析的目的是从完成功能的角度，而不是从技术的角度分析系统、子系统、部件。该过程包括裁剪（trimming）的程序，即研究每一个功能是否必需，如果必需，系统中的其他元件是否可完成其功能。设计中的重要突破、成本或复杂程度的显著降低，往往是功能分析及裁剪的结果。

理想解是采用与技术及实现无关的语言对需要创新的原因进行描述，创新的重要进展往往是在该阶段对问题进行深入理解而取得的。确认使系统不能处于理想状态的元件是创新成功的关键。设计过程中从某一起点向理想解过渡的过程称为理想化过程。

可用资源分析是要确定可用物品、能源、信息及功能等。这些可用资源与系统中的某些元件组合将改善系统的性能。

冲突区域的确定是要理解出现冲突的区域。区域既可指时间，又可指空间。假如在分析阶段问题的解已经找到，可以移到实现阶段。假如问题的解没有找到，而该问题的解需要最大限度的创新，基于知识的三种工具——原理、预测和效应——都可采用。在很多的 TRIZ 理论应用实例中，三种工具要同时采用。流程图表明了采用三种工具的条件。

1. 原理

原理是获得冲突解所应遵循的一般规律。在前文我们已经提到有技术与物理两种冲突。技术冲突是指传统设计中所说的折衷，即由于系统本身某一部分的影响，所需要的状态不能达到。物理冲突是指一个物体有相反的需求。TRIZ 理论引导设计者挑选能解决特定冲突的原理，其前提是要按标准参数确定冲突。有 39 条通用工程参数和 40 条创造性发明原理可供应用。

2. 预测

预测又称为技术预报。TRIZ 理论确定了 8 种技术系统进化的模式。当模式确定后，系统、子系统及部件的设计应向高一级的方向发展。

3. 效应

效应指应用本领域，特别是其他领域的有关定律解决设计中的问题。如采用数学、化学、生物及电子等领域中的原理，解决设计中的创新问题。

（二）评价

该阶段将所求出的解与理想解进行比较，确信所做的改进不仅满足了用户需求，而且推进了产品创新。TRIZ 中的特性传递（feature transfer）法可用于将多个解进行组合，以改进系统的品质。

第四节　TRIZ 理论的应用展望

  TRIZ 将人们思考问题、解决问题的过程科学化，并为问题的创造性解决提供正确的探索方向。利用 TRIZ 方法解决的问题很多都可以成为新的发明创造。但这并不意味着 TRIZ 是解决任何问题的灵丹妙药，也不意味着使用了 TRIZ 马上就可以自动得到问题的解。问题的真正解决尚需要开发人员依据 TRIZ 所提供的问题解决指针，根据问题的特定条件，利用特定的知识和经验去探索。

  TRIZ 近年来迅速、爆发性的普及与应用，显示出在市场及技术竞争日趋激烈的环境下，TRIZ 作为创造性地解决产品设计及制造过程中问题的一个有效工具所发挥的重要作用。

  目前 TRIZ 理论广泛应用于工程领域，并不断向其他领域渗透和扩展。现在已总结出了 40 条创造性发明原理在工业、建筑、微电子、化学、生物学、医疗、食品、商业领域应用的实例，用以指导解决各领域遇到的问题。

【思考题】

1. 请简要阐述 TRIZ 理论中的基本概念。
2. 请简要阐述 TRIZ 理论中的冲突解决理论。
3. 物质—场模型分析方法的核心是什么？
4. 请阐述应用 TRIZ 理论的一般过程。
5. 请参阅相关资料，使用 TRIZ 方法开发一项新产品。

【延伸阅读】

1. 艾萨克·布柯曼：《TRIZ 推动创新的技术》，李晟、李荒野译，中国科学技术出版社 2016 年版。
2. 刘训涛、曹贺、陈国晶：《TRIZ 理论及应用》，北京大学出版社 2011 年版。
3. http://www.triz-journal.com/.
4. http://www.mazur.net/triz/.

第七章 头脑风暴法

【学习目标】
1. 掌握头脑风暴法的基本规则。
2. 了解头脑风暴法的主要变式。
3. 能够组织头脑风暴会议。

【导入案例】
　　头脑风暴法是一种被广泛使用的激发创意的方法。华为公司在工作中也推行此方法。
　　华为的高层务虚会一般要进行两天，第一天上午漫议，任正非采取完全的"头脑风暴法"，每个与会者都可以说出自己的想法。而到了下午，会议开始筛选并聚焦主题，所有人开始围绕主题进行充分的开放式的讨论，并且主动与任正非或其他高层进行争论和辩解。到了第二天，所要讨论的议题会进一步收缩，大家对前一天的一些富有代表性的观点进行充分讨论，然后形成会议纪要。不仅如此，华为还会将会议纪要下发到相关部门的高管层，听取相关的意见和建议，接着进行讨论和修改，如此几上几下的反复之后，最终形成决议。
　　华为的项目团队也经常采用头脑风暴的方法，确定主题，激发奇思妙想，寻找创新方向，攻克技术难题。

第一节　头脑风暴法简介

　　人类很早就认识到了集体创造性思维的重要性。集体创造性思维之所以重要，就在于集体的智慧要大于个人的智慧。随着科学的发展、技术的进步和生产力水平的提升，人们面临的问题和情境越来越复杂，充分发挥集体智慧的力量越来越重要。时至今日，没有人会怀疑合作创新的价值。

熟悉创意开发的人一提到集体创意开发方法就会想到头脑风暴法，甚至可以这样说，头脑风暴法是创意开发方法中最基本的方法，虽然所有的创意开发方法不尽相同，但所有这些方法都含有同样的核心概念：一个人提出一种想法和思路，另一个人对此做出反应，其他人再对上述反应做出反应，如此等等。正是这种提出思路、做出反应的程序使得集体创造性有了存在的价值。各种集体创意开发方法的具体不同之处，仅仅在于提出设想和做出反应的方式方法不同。

头脑风暴法（brain storm）是当今最负盛名，同时也可以说是最具实用性的一种集体式创造性解决问题的方法，指一群人或一个人运用脑力进行创造性思考（creative thinking），在短暂的时间内对某项问题的解决提出大量构想的技巧。

头脑风暴最初的含义是"精神病患者的头脑错乱状态"，众所周知，精神病患者最大的特征就是言语与肢体行为随心所欲，而无视他人的存在，这虽然不合乎社会行为礼节的规范，然而从创造思考的启导与引发的目标来看，摆脱世俗礼教与旧观念的束缚，期望构想（idea）能无拘无束地涌现，还是有必要的，这也正是头脑风暴法的精义所在。头脑风暴法也被简称为"BS法"，从形式上来看，是将少数人召集在一起，以会议的形式，对某一问题进行自由的思考和联想，同时提出各自的设想和提案。头脑风暴法是一种发挥集体创造精神的有效方法，与会者可以在没有任何约束的情况下发表个人的想法，提出自己的创意。参与的人甚至可以提出看起来异想天开的念头，就如同精神病患者处于大脑失常状态一样，因此称这种方法为"头脑风暴法"。

第二节　头脑风暴法的基本规则

头脑风暴法的操作过程必须遵循4条基本规则。

一、规则一：延迟评判

所有与会者，包括主持者和发言人，对各种意见、方案的评判必须放到最后阶段，此前不能对别人的意见提出批评和评价。需要认真对待任何一种设想，而不管其是否适当和可行。这是因为每个人的思路、行动方法以及个性都不相同，要让每个人都不受限制，冲破大脑的思考禁区，发掘潜在的创造性，就不能进行评价，否则就可能使与会者偏向某种意见，或是人云亦云，僵化思维，结果是不能提出有创造性的设想或方案。

二、规则二：自由畅想

让与会者有一种和家人聊天的感觉，想什么就说出什么，各抒己见，自由鸣放，创造一种自由的气氛，激发参加者提出各种荒诞的想法。

案例：某公司在召集单位职工讨论开发面包烤箱时，请了一位老年清洁女工。她提出要能够生产一种带捕鼠器的烤箱就好了。与会的其他人听到这个意见，顿时哄堂大笑。但是主持者并没有对这种听起来十分荒谬的发言置之不理，而是让老太太说明道理，老太太根据自己的经验，说因为面包烤箱总是留下不少面包屑，会招来老鼠。根据老太太的奇想，公司后来开发出了不掉面包屑的面包烤箱，没有面包屑也就不能引来老鼠了，这个问题得到了创造性的解决。

三、规则三：以量求质

提出来的假想、方案、观点越多越好，即要求达到足够的数量，这样才能从众多的假想方案、创意中选择出最佳的，或者得到创造性的启发。

发言者要进行自我控制，不要因为要追求数量而说废话浪费集体的时间。

四、规则四：综合改善

探索取长补短和改进的办法。除提出自己的意见外，还要鼓励参加者对他人已经提出的设想进行补充、改进和综合。通过对他人的设想加以综合和修正，进行创意开发就变得轻而易举了。

在实际应用中，这四项基本原则非常重要。在运用头脑风暴法寻求创意的过程中，要严格遵守上述四条原则。特别是前两条，它们可保证产生足够数量的创意。奥斯本认为，只有当会议成员严格遵循不进行任何有关缺点的评判这一规则时，会议才能称为名副其实的"头脑风暴"会议。梅多等人在一项研究中发现，运用第一条规则产生的设想比不运用该规则产生的设想高出70%左右。

一般认为，妨碍人们进行创造性思考的三道难关是"认识关""知识关"和"感情关"。头脑风暴法中采取严禁批判的原则，就是为了克服上述"三关"的障碍。

第三节　头脑风暴法的实施

一、头脑风暴小组成员的组成

（一）小组人数的确定

现有文献并未明确规定头脑风暴法最合适的人数。一般而言，参加人数的多少取决于主持人风格、个体的变化情况等因素。奥斯本本人认为，头脑风暴会议以 5~10 人为宜，包括主持人和记录员在内以 6~7 人为最佳，太多或太少都不好。小组人数过多，则会使某些人没有畅所欲言的机会；参与者过少，场面冷清会影响参与者的热情。参与者最好职位相当，对问题均感兴趣，但不必皆属同行。

（二）小组中不宜有过多专家

如果专家太多，就很难避免在进行"头脑风暴"的过程中进行各种评价，并且难以形成自由的发言气氛。然而，在企业中实际操作"头脑风暴"的时候，参加者往往是从企业的各个部门汇集而来的各种专业的专家。在这种场合，无论主持人还是参加者，都应注意不要从专业角度发表评论，以免产生不良效果。

同时专家的人选应严格限制，便于参加者把注意力集中于所涉及的问题。具体可按照下述三个原则选取：

第一，如果参加者相互认识，要从同一职位（职称或级别）的人员中选取，领导人员不应参加，否则可能对参加者造成某种压力。

第二，如果参加者互不认识，可从不同职位（职称或级别）的人员中选取。这时不应宣布参加人员职称，不论成员的职称或级别的高低，都应同等对待。

第三，参加者的专业应力求与所论及的决策问题相一致，这并不是专家组成员的必要条件，但是，专家中最好包括一些学识渊博、对所论及问题有较深理解的其他领域的专家。

（三）小组成员最好具有不同学科背景

如果小组成员具有相同的学科背景，是某一方面的专家，那么他们很可能会沿着其固有专业的常规思路来思考问题，这样就失去了头脑风暴的优势。如果小组成员背景不同，他们提出的观点就可能千差万别，从而达到"头脑风暴"的目的。

另外，头脑风暴法的所有参加者，都应具备较高的联想思维能力。在进行头脑风暴时，应尽可能提供一个有助于把注意力高度集中于讨论问题的环境。有时候某个人提出的设想，可能正是其他准备发言的人已经思考过的设想。其中一些最有价值的设想，往往是在已提出设想的基础之上，经过头脑风暴迅速发展起来的设想，以及对两个或多个设想的综合。因此，头脑风暴法产生的结果应当认为是成员集体创造的成果，是头脑风暴小组成员互相感染的总体效果。

二、头脑风暴小组中主持人的确定

操作头脑风暴法能否获得预期的效果，很大程度上取决于头脑风暴小组中担任主持人角色的人对整个头脑风暴过程的控制和协调，因此对主持人的要求就比较突出。

主持人必须特别注意以下三点：一是召开会议时应严格遵循前文所述的四条基本规则；二是要使会议保持热烈的气氛；三是要保证让全体参与者都能献计献策。

头脑风暴小组的主持人必须具有丰富的经验，并且必须充分地把握讨论问题的本质。帕恩斯（Parnes，1963）教授认为，头脑风暴会议的主持人需要具有熟练的技术，他应乐于接受这种方法所造成的奔放而接近狂热的会议气氛，努力使参加者忘却自我并且变得更为自由，他应积极地发现参加者朝哪个方向提出设想，并会很巧妙地将脱离正确方向的参加者引回到既定的目标方向上来。在某种程度上，主持人应该是演技相当细腻的演员。在实际运用中，主持人可以运用以下技巧：

一是在参加者发言气氛显得相当热烈时，可能会出现许多违背头脑风暴法基本原则的现象，如哄笑别人意见、公开评论他人意见等情况，此时主持人应当立即制止。

二是当许多灵感陆续被激发出来，而参与者也有些疲惫，灵感激发速度明显下降时，主持人可以以"每人再提两个点子就结束"之类的话结束会议。

三是为避免参加者太疲倦而产生反感甚至厌恶情绪，主持人应控制好时间，一般建议控制在 30 分钟左右。

四是会议结束后，主持人应表示感谢并鼓励和表扬大家。

三、会议准备

只要时间允许，就应该提前对提出初始问题的个人、集体或部门组织进行访谈调研工作。而且，还应准备一份简要的问题分析。在问题分析材料中，应有对限制条件、制约因素、阻力与障碍以及任务目标的描述。然后，在实际举行头脑风暴会议之前的几天内，应连同会议程序的注意事项一起，分发给各位与会成员。

（一）举行热身会

这是主要针对小组成员缺乏经验的情况而实施的一步。由于小组成员缺乏经验，他们就不容易达到很高的思想水平，做到迅速遵守"延迟评价"原则也比较困难。这就需要在正式进行头脑风暴会议前召开一个预备会议，以期营造一种有利于头脑风暴法的气氛。

在这样的热身会上，应向参加的成员解释说明头脑风暴法的基本规则和创意激发方法的基本技术，如自由联想、图像激励、写作激励等，并对成员所做的任何有助于发挥创造力的尝试都予以肯定和鼓励，让参与者形成一种思维习惯来适应头脑风暴法，并尽快适应头脑风暴法的气氛。

（二）确定讨论主题

讨论主题应尽可能具体，最好是实际工作中遇到的亟待解决的问题，目的是为了进行有效的联想和创意激发。

讨论主题应由主持人在召开头脑风暴会议前告诉参加者，并附加必要的说明，使参加者能够收集确切的资料，并且按正确的方向思考问题。此外问题的涉及面不宜太宽，应有个适度的范围，这样便于与会者能集中创造力向同一目标进发。

四、创意产生的过程

首先由会议的主持人重新叙述议题，要求小组人员讲出与该问题有关的创意或思路。

与会者想发言的先举手，由主持人指名开始发表设想，发言力求简单扼要，一句话的设想也可以，注意不要做任何评价。一开始，发言者首先提出由自己事先准备好的设想，然后再提出受别人的启发而得出的思路。从这一阶段开始，就存在着头脑风暴的创造性思维方法。

在这一阶段，主持人必须充分掌握时间。根据参加者的数量和构成状况，会议安排为1~2小时，形成的设想不少于100种。需要指出的是，最好的设想往往是在会议快要结束时提出的。帕恩斯（Parnes，1963）认为可以将已确定的会议结束时间再延长5分钟，因为在这段时间里人们容易提出最好的设想。

在小组人员提出设想的时候，主持人必须善于运用激发创意的方法，语言要妙趣横生，使气氛轻松融洽。同时主持人还要保证使参与者坚守头脑风暴法的基本规则，即任何发言者都不能否定和批评别人的意见，只能对别人的设想进行补充、完善和发挥。

一次会议创意发表不完的，可以再次召开会议，直至各种创意充分发表出来为止。最后一定能从大量的创意中选择出最佳的问题解决方案。

在头脑风暴法进行到人人已临山穷水尽时，主持人必须使讨论发言再继续一段时间，务必使每人尽力想出妙计，因为奇思妙计往往在挖空心思的压力下产生。

五、使用技巧

对于如何开好头脑风暴会议，经过多年的研究和实践，前人已经总结出了大量简便有效的经验，下面我们简单介绍一些小技巧，以便在实际操作中产生更好的实施效果。

（一）讨论内容的确定

讨论内容的确定问题很重要，设置不当则头脑风暴会议很难成功。在设置问题时可参考上面总结的头脑风暴法的适用范围。同时还需关注以下几点：一是讨论问题要具体、明确，不要过大，如有大问题则分解成小问题逐一讨论。二是讨论问题也不宜过小或限制性太强，不要出现讨论"A与B方案哪个更好"类似的议题。三是不要同时将两个或两个以上的议题拿来讨论。四是主持人要对那些首次参加头脑风暴会议的人给予关注，可适当提出一些小练习来让新参加者熟悉该类会议的特点、基本规则等。

（二）行一停法

"行一停"（stop and go）是头脑风暴法中一个常用的技巧，即三分钟提出设想，然后五分钟进行考虑，接着用三分钟的时间提出设想……这样三五分钟反复交替，形成有行有停的节奏。

（三）"一个接一个"法

"一个接一个"（round-robin）是头脑风暴法中另一个常用的技巧，与会者不是自愿自发地提出自己的设想，而是根据座位的顺序一个接一个提出观点，如果轮到的人没有新构想就跳到下一个人，如此循环，直至会议结束。据研究表明，该技巧能极大地提高头脑风暴会议产生的构想数。

(四) 成员定期更换

参加会议的成员应当定期更换，应在不同部门、不同领域挑选不同的人参加，以防止集体形成固定的思维方式，以致一些成员可以估计到其他成员的构想。

(五) 成员的搭配

在会议的人员组成上，应当考虑男女搭配的比例，适当的比例会极大地提高产生构想的数目。另外，实践表明，领导或权威在场，常常会造成一般成员不敢自由地提出设想，当然，在氛围浓烈的环境下则又另当别论。

(六) 活跃气氛

为使氛围活跃，在正式举行会议前可以先热身活动一番，如吃些点心、听听音乐、说说笑话等。

第四节 头脑风暴法的主要变式

头脑风暴法产生的半个世纪以来，几经变革，已有多种变异的方法，这些方法各有特点。在下文中我们将介绍几种著名的变式及其实施程序。

一、戈登法

该法发明人威廉·戈登（William Gordon）在美国马萨诸塞州剑桥市的理特（Arthur D. Little）咨询公司设计开发部工作期间，曾经对经典的头脑风暴法进行了改进，提出了一种值得注意的新颖变式（Taylor, 1961），[1] 因此这种变式又被人们称为 A. D. Little 法。

戈登在工作中注意到，对某个问题进行头脑风暴式讨论的时候，参加人员常常会流露出这样的情绪：认为所得到的解决方案要么太过理想，要么太明显。在这样的情况下，他们就减弱了创新的努力，甚至还会失去参与头脑风暴式思想冲击的积极性。

为了防止这样的情况出现，戈登提出了对经典头脑风暴的实施过程进行改进的方案（如图 7-1 所示），改进的操作过程力图避免在

---

[1] Taylor J W. How to Create Ideas, Englewood Cliffs, NJ: Prentice Hall, 1961.

一开始就将要解决的问题呈现出来。参与头脑风暴讨论的成员应该先将注意力集中于关于问题的最基本的概念和原理上，会议主持人的任务在于把与会者引领到这些抽象的形式上去。随着会议的深入，不同的思路和创意必然会不断产生，主持人再逐步揭示出越来越多的信息。

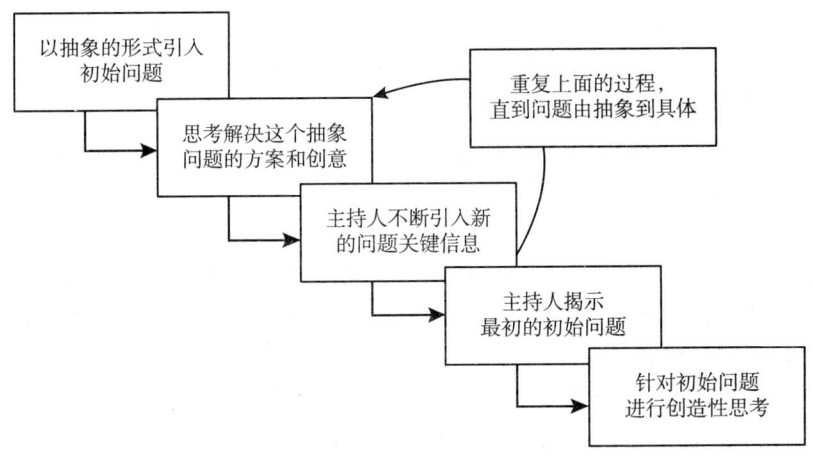

图 7-1　戈登法的操作步骤

（一）戈登法的操作步骤

（1）会议的主持人以抽象的形式引入初始问题。

（2）与会者集中思考解决这样的抽象问题的方案和创意。

（3）在创意激发的过程中，主持人应该不断引入新的、关键的问题信息，帮助与会者利用创造性思维解决问题。

（4）重复上面第三步的过程，逐步对问题进行重新界定，直到问题由抽象到具体。

（5）主持人向与会者揭示最初的初始问题。

（6）全体成员根据已有的思路和创意，针对初始问题进行创造性思维，寻找解决方案。

（二）戈登法的使用特点

（1）有关成员完全不知道初始问题，只有会议主持人才知道。参加者能自由发表自己的各种见解。

（2）对主持人素质要求很高，他要完成将参加者提出的创意同真实问题结合起来的任务，因此要有丰富的想象力和敏锐的洞察力。

（3）当在讨论中与实质性问题有关的设想出现时，要马上将其抓住，使问题向纵深发展。如果最佳设想已近乎出现，时间又接近终点时，要使实质问题明朗化，然后会议结束。

(4) 参加人数以 5~12 人为佳，尽可能由不同专业的人参加，有科学家与艺术家参加效果会更好，所有参加者必须对戈登法有深刻理解，否则会感到不愉快。

（三）戈登法的适用范围

(1) 该方法最适于新产品开发，并且在开发与过去完全不同的产品时也最为有效。

(2) 该法也适用于拘泥于常识性的献计献策会议上，引用这种具有新鲜感的刺激方法，会使人们思维自由奔放。

(3) 该法也可用于销售领域，如考虑新的销售方式，或者拟定一项有划时代意义的事业规划。

案例：

主持人："这次会议的议题是'分离'这一概念。请大家考虑一下能从其他物质中分离出某种物质的一切方法。有什么问题吗？没有的话，现在就开始谈。"

比尔："用离子和电离法就能从盐水中分离出盐来。"

主持人："这就是说，为了分离就要用电化反应。"

保尔："也可以用化学反应来进行。"

阿尔巴特："筛子能分出大小不同的物质。"

吉姆："利用离心力，能从液体中分离出各种各样的固体。"

主持人："换句话说，就像从牛奶中分离出奶油的情形一样，只要不停地团团打转。"

（这时，主持人抓住利用离心力的设想，最终得出使用旋转的带有孔眼的滚筒的设想。）

主持人要迅速地将这一点记录下来，使会议继续下去，以便得出下一启示。

玛丽："离开船坞的船也是一种分离的形式。"

吉姆："撇蛋糕时，从蛋白中取出蛋黄。"（略去部分谈话内容）

主持人："投球手投球时，也是某种形式的分离吧。球离开投球的手时，会发生怎样的情形呢？是要用力气的吧……"

阿尔巴特："这个场合有两个力，一个是投球的力，另一个是分离的力。如果手指不放开，即使用劲地投出，球也不会从手中离开。"

比尔："雪的溶化是怎样的呢，长时间握着雪就溶化了。"（笑声）

莎莉："这的确是分离啊！"

主持人："这是由热和温度引起的分离，还有没有别的方法呢？"

比尔："焊接工用电焊使金属一分为二。"

（这时，主持人听到利用乙炔火的设想时，就会联想到使用红外线除草的方法。）

主持人按照这种方式使会议进行下去,在会议的最后阶段,提出实质性的问题,然后以会上提出的启示为基础,同参加者一起考虑实现这些设想的具体措施。

二、故事书法

这种创意生成方法其实很早以前就开始被人们应用了,现在广告机构多使用这种方法进行创意激发。

故事书技术需要一个活页纸板、一个软木板、一些图钉和一些卡片(可以根据需要调整使用的道具)。这种方法的使用程序如图7-2所示。

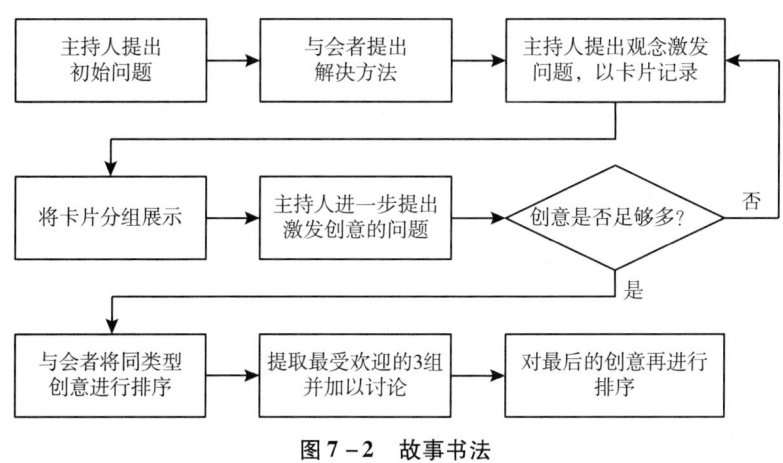

图7-2 故事书法

(1) 由会议主持人陈述初始问题。

(2) 与会者提出解决问题的分类方法,并把每一种想法记录在卡片上,然后将卡片钉在软木板顶端。

(3) 主持人就每类解决办法询问一些观念激发型问题。与会者将他们对问题的反应记在卡片上,并将其交给主持人。

(4) 主持人按照主题将卡片进行核对整理,并将其分别钉在相应的档上。

(5) 主持人根据初期的回答,提出更具激发性的问题。

(6) 重复第三步和第四步,直到获得数量足够的创意为止。

(7) 由与会者将同类型创意或想法进行排序。

(8) 集中讨论每种类别中最受赏识的3个观念组。主持人可以提出观念激发问题。

(9) 再一次将得到的想法排序(如有必要),最终形成可行的观念组。

我们以"如何处理那些将逐步被淘汰的职员"为例进行说明。

第一步是激发可能的解决办法并将其分类，如培训、惩罚、奖励及伙伴压力。把这些分类的解决办法记录下来，并将写有这些想法的卡片钉在软木板上，作为卡片头。

下一步，主持人就各个分类的方案提出问题。例如，他可以提出如下问题：公司是否还有其他途径来使用这些雇员。在这样的问题辅助下，参加者在卡片上写下他们的想法，然后将其交给主持人。小组主持人将不加批评地宣读这些想法，并将它们进行分类，然后对号入座，把它们钉在相应的分类框内。最后，在每一类中确定三组最佳想法，并将其记录在一张活页纸上。接着与会者对这些想法加以排序，最终形成实施方案。

三、问题元素整合法（SIL 方法）

这种方法首先由德国人提出。SIL 在德语里的意思是"对问题元素的成功整合"。它的具体步骤如下（如图 7-3 所示）。

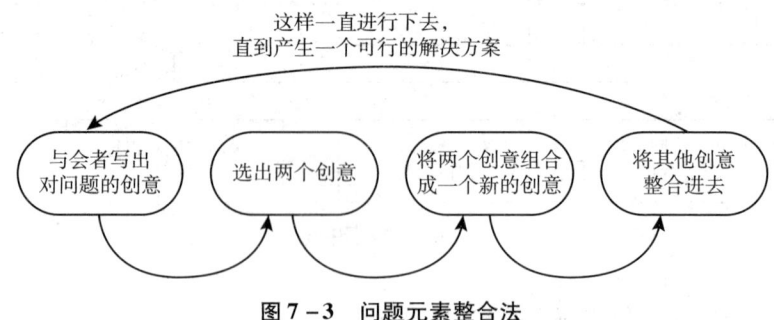

图 7-3　问题元素整合法

（1）与会者在不交流的情况下写出对问题的创意。

（2）两个与会者分别选出一个创意，将它大声读出来。

（3）其他成员试图将这两种创意组合成一个新的创意，这个组合而成的创意可能是缺乏逻辑性的，但由它可以引出更有潜力的方案。

（4）由第三个小组成员读出自己的一个创意，再由小组将它整合到刚刚产生的新的创意中去。

（5）这样一直进行下去，直到产生一个可行的解决方案。

我们以"如何减少车间的生产废料"为例进行说明。

小组的每个成员分别进行发散，写出自己的创意。

两个成员分别读出他们的一个创意：发明一种利用原材料效率更高的机器；为每个生产班组设计一个废料监视器。

与会其他成员通过寻找两种创意之间的关系，将它们组合成一个创意：让每个生产班组决定合理的废品量，或设计出可调节的机器，使每个生产班组可以根据具体的情况对其进行调节。

由第三个成员读出一个创意，将它与上面的一个创意进行整合，直到产生了可以解决问题的方法。

四、菲利浦斯66法

这个方法是美国密歇根州希尔斯代尔大学校长菲利浦斯研究出来的。最初他给这个方法取名为"讨论会66"。但是由于它的方法是把大团体分成每6人一小组，只讨论（头脑风暴）6分钟的时间，所以就冠以他的名字被叫成了"菲利浦斯66"。

据说，该方法的来源有这么一个故事。

有一次菲利浦斯在某制造公司演讲，听众有80人。讲题是"独创性的思考方法"。演讲过程中，他突然灵机一动，提出了"黑板擦应当怎样改进"的问题，他把听众分为6个小组，进行了6分钟的头脑风暴会议。

结果是令人感到吃惊的。有的组提出把黑板擦底部改用海绵橡胶来制作，以防粉笔末飞扬。有的组提出把黑板擦芯子设法改换一下。还有的组提出疑问说："为什么不能在黑板擦上安个像熨斗那样的把手呢？"另一个组受到这个疑问的启发，便提出了"制造熨斗形黑板擦"的创造性设想。

菲利浦斯由于一瞬间的主意而举行的头脑风暴法，仅在6分钟后，就获得了大量的具有实用价值的改进黑板擦的方案。据说有些方案已被具体实行，其后不久，市场上就出现了改进后的黑板擦。

菲利浦斯66的运用步骤如下：

（1）首先确定课题。
（2）把大团体分为6~10人的小组。
（3）各组设一主持人（兼记录），分别举行头脑风暴会议。
（4）时间为6~10分钟。
（5）各组做出结论，汇报结果。
（6）全体参加人员根据汇报进行讨论，或评价设想。

这个方法成功与否取决于两个重要因素：一是负责分组的讲师或主持人的能力。小组的划分如不恰当，就会出现混乱。因此最好在会前就考虑好小组的构成，安排好各组的主持人。二是要使参加人员都懂得有关头脑风暴法的做法和要领。为此，要求会议主持人提前掌握要领，同时把头脑风暴法的规则印发给参加人员。

五、默写式头脑风暴法（635法）

"635法"是头脑风暴法引进德国后被改变了形态的一种方法。德国人的国民性习惯于逻辑性的有步骤的思维方法，而对于许多人吵吵嚷嚷地开展自由联想的头脑风暴会议似乎稍有抵触。因此，"635法"既不妨碍别人发言，自己也不需要发言，是一种吸取了头脑风暴法长处的设想法。它的命名来源于以下过程的重复，即：6人参加，每人提3条设想，在5分钟内完成。

这个方法的开发人是一位叫荷立根的形态分析法专家。他从1968年开始编写鲁尔巴赫训练课程，在讲授其他设想法的同时也开始讲授了"635法"。

进行该法的步骤如下：

（1）参加者为6人。虽然人数以6人为最理想，但并不局限于6人。

（2）在每个人的面前放置"635法"所使用的设想卡。卡片的尺寸相当于A4纸，上面划有横线，每个方案有3行，共有9个方案的空白处，分别加上1~3的序号。卡片也可以用一般纸张代替。

（3）"6"代表6个人，每人都必须在面前的卡片上写出3个设想，并在5分钟内完成。开始进行该法以前由出题者提示问题，如有疑问点必须预先澄清。

（4）5分钟一到，每个人都要把面前的卡片传递给右邻的参加者。在第一个5分钟内，各人分别在传送到自己面前的卡片上填写3个设想。这样每隔5分钟一次，一共6次，30分钟为一个循环。根据计算，每一个循环可得到108个设想。

该方法与头脑风暴法的相似之处在于，它也要严格地遵守四条规则。因为大家都不说话，所以没有孰优孰劣的评价，而思维活动的自由奔放则相同。即使从追求设想的数量来说，在30分钟内可得到108个设想，也是极为可观的。在采用头脑风暴法时，一下子就有好几个人同时发言，人声鼎沸，效果不够理想，与此相比，"635法"由6个人同时进行作业，也许会产生出更高密度的设想。通过参考他人写在传送到自己面前的卡片上的设想同样也可以设法改进他人的设想，或者巧妙地加以利用。

"635法"与头脑风暴法的不同之处在于不能说话。在小组中不存在因连锁反应而出现狂热地提出设想的状态，只要求个人开动脑筋。在因相互作用而形成附和状态的过程中，往往会导致某些人提出质量较差的设想。相反，在弥补参加者地位上的差别以及懦弱的性格方面，该方法也许是比较适宜的。

六、快速思考法

快速思考法是一种用于会议上的集体思考法。美国 AT&T 公司（美国电话电报公司）的营业负责董事麦金吉不满意过去会议的开法，觉得既花费时间又得不到有效的提案和措施，因而研究出这个方法。

如同麦金吉所说的那样："智力的相乘作用和它的开放才是快速思考的最重要之点。"这个方法是以造成一种不受拘束的、可以自由设想的环境为目标，因此智力激励法就成了这个方法的依据，但是在做法上却有很大的不同。

它的特点是选出参加成员的办法。一是规定参加成员必须是企业中层管理人员，就是说必须是股长、科长级别而且是实际业务经验丰富的人，同时又必须是能够阐述清楚自己意见的人。二是规定成员人数 5~6 人，但其中不得包含上级与部下，以免因上下级关系而影响自由发言。三是参加成员必须对讨论的课题不具备专门知识。其目的是为了不受任何限制地进行设想。因为从专家的固定观念中很难产生最佳的创造设想。

从上述选拔成员条件的特点中可以看出，这个方法是要使会议处于一种非常融洽的自由气氛之中，参加成员不为固定观念所束缚，而又具有丰富的实际业务经验，这样的会议结果必然是成功的。

为实现这个目的，做好周密准备、创造良好气氛是十分必要的，同时也是这个方法的一个特点。对开会日期和时间的安排也应当充分注意。要排除那种心理上不稳定的日子，在星期天或节假日的前一天和第二天都不宜开会。会议时间最好定在一天中情绪比较稳定的上午，不要超过两小时。要趁着头脑清晰的时候迅速进行，这是最要紧的。

会议不设主席或领导人，只有 1 名工作人员掌握会议的进度和负责记录，以不妨碍成员毫无拘束地进行设想。

使用该方法，需遵循以下原则：一是无论是什么样的设想都可按照自己所想的那样去讲。二是所想到的设想，用什么方法去实现（解决问题的方法），可以不必考虑。三是对提出的设想，需要进行细节上的说明。四是对提出的设想一律不得批评。五是对最后结论不需要负责。

总之，这个方法的目的在于提出更多的设想。凡是妨碍实现这个目的的因素，比如要求考虑具体实施方案之类的事情，都不要做。

记录工作就是把会上接连不断提出的各种设想记下来，制成设想明细表。以这个明细表为基础，由提出课题的人（如领导人）自己去考虑和实行具体的解决方法。

会上提出的设想、提案和措施是怎样具体化并付诸实施的,日后应当通知参加成员。

【思考题】

1. 请简要介绍经典头脑风暴法的基本内容。
2. 头脑风暴法的操作步骤是什么?
3. 请结合自己主持的一个头脑风暴会议进行经验总结和分享。
4. 你认为头脑风暴法是一项高效的创意开发方法吗?谈谈你的理由。

【延伸阅读】

1. Chen, M H. Entrepreneurial leadership and new ventures: Creativity in entrepreneurial teams [J]. *Creativity and Innovation Management*, 2007, 16 (3): 239-249.

2. 奥斯本:《创造性想象》,王明利译,广东人民出版社1987年版。

3. 甘华鸣等:《创新》,中国国际广播出版社2001年版。

4. 王黎萤、陈劲:《共享创造:提升研发团队创造力的过程机制》,科学出版社2010年版。

第八章
综摄方法

【学习目标】
1. 了解综摄法的基本原理。
2. 能够使用综摄法组织或参与一次头脑风暴会议。

【导入案例】
　　日本南极探险队第一次准备在南极过冬，当时南极越冬队队员正在设法用输送船把汽油运到越冬基地。因为是初到南极过冬，实地操作时才发现输送管的长度根本不够，可是又没有备用的管子。这个难题困住了所有的队员，大家不知该如何办才好。

　　这时，队长西堀荣三郎突然提出了一个很奇特的设想，他说："我们用冰来做管子吧！"

　　他的这个设想当然不是凭空想出来的，因为南极非常冷，水在碰到外界空气的瞬间就会变成冰，可以说是滴水成冰。但问题的关键是怎样使冰形成管状，而且在中途不会断裂。

　　西堀队长很快又有了灵感。"我们不是有医疗用的绷带吗？就把它缠在铁管上，上面再淋上水让它结冰，然后拔出铁管，不就成了冰管子了吗？用这种方法做冰管子，再把它们一截一截连接起来，想要多长就有多长。"

　　在西堀队长的整个构想中，首先是找出冰管来代替输油管，其次是将绷带的机能由包扎伤口转为缠绕铁管。

　　西堀队长的聪明之处在于通过已知的东西作为媒介，将毫无关联的、不相同的知识要素结合起来，也就是摄取各种事物的长处，把它们综合在一起，找到解决问题的创造性方法。这位西堀队长灵活运用综摄法，充分发挥了潜在的创造力，使越冬输油管的难题得到了解决。

第一节 综摄法简介

　　综摄法是一种典型的创意构思方法，与知识体、行为技能集以及一整套问题解决术相关，诞生后已在美、日、欧等西方国家得到相当广泛的发展和应用。

综摄法（Synectics）一词最早出自希腊语，指"把表面上看来不同而实际上有联系的要素综合起来"，综摄法还有很多种叫法，如集体研究制、集中导向法、共同研讨法、比拟法等。这种方法最初的含义是指由不同性格和不同专业的人员组成精干的小组，采取自由运用比喻和类比方式进行非正式的交换意见、进行创造性思考，并在此基础上阐明观点、构思创意并解决问题。该方法一般由主持人、相关领域的专家以及各种专业领域的成员共同运用，以外部事物或已有的发明成果为媒介，并将它们分成若干要素，对其中的要素进行讨论研究，综合利用激发出来的灵感，来发明新事物或解决问题，是标准的集体创意构思技法。

综摄法最初是由威廉·戈登（William Gordon）开发的。1944年，戈登对一名发明家进行了连续的观察，以期了解创造活动的心理过程，他期待通过自己的研究成果可以开创出一种更有效地从事发明创造的方法。在观察中，戈登发现在创造活动中会出现几个反复性的心理过程，并证明这是一种普遍现象。后来乔治·普林斯（George Prince）加入戈登的研究行列，他们二人合伙在美国创建了以这种创意方法命名的公司——Synectics公司。后来戈登在1960年离开了公司，俩人各自建立起一套关于综摄法的学说，但是这两套体系总的说来是一致的，其差别主要在于采用的术语上。

从字面上说，"综摄法"意为把分离的诸元素组合起来。在戈登的著作中贯穿始终的指导思想是强调有必要"使熟悉的陌生起来"，以便增加获得洞见或创意的可能性。综摄法就是这样的一种过程：小组成员以一种古怪的方式来分析和解决问题。这种方法重在突出思想中的非理性成分，同时通过发挥非理性思维的作用，来获得对要解决问题的具有独创性和启发性的看法与创意。

第二节 综摄法的原理

一、基本假定

戈登在创立综摄法的过程中，不但注意观察创造家和天才的情况，而且重视创造家的传记，这样做的目的是刻画出创造的心理过程，并让一般人学会如何进入反复、特殊的创造性心理状态，从而提高一般人的创意开发能力。戈登通过长期对创造心理过程的观察和研究，将综摄法的使用建立在以下五种基本假定之上：一是每个人都有潜在的创造力，都有构思创意的可能。二是通过特定个人的创造现象可以描绘出创造共同的心理过程。三是在创造过程中，非理性因素比理性思维更加重要。四是创造中的心理过程能通过适当的方法加以训练和控制。五是集体的创意构思过程可以模拟个人的思维创造过程。

二、思维基础

综摄法的思维是以类比为基础的，这就意味着，在设想某一事物时，应该查明与该主题"本质上相似的东西有什么"，从而得到启发进而刺激出设想和创意。例如，尼龙带扣就是通过类比思维，模仿自然界中一种带有钩状小刺的小型植物（当人们在这种植物中走过的时候，这样的小刺往往使它可以粘附在人的裤腿上）而得到的创意。

综摄法是一种利用类比思维的典型技术，戈登经过整理将类比分为四种主要类型：直接类比（direct analogy）、切身类比（personal analogy）、象征类比（symbolic analogy）和荒诞类比（absurd analogy）。

戈登曾经以教学为例，说明了切身类比的使用：

老师：假想你是一堆软泥，有一只螃蟹筑窝其中。

学生：我想不会有人在乎我的。我浑身是洞。夜间有螃蟹在我身体里爬行。它们纵然感激，但我也只是泥土而已。我想为螃蟹做一些事情使它们感激我。因为假如没有我，这些螃蟹会失去藏身之地而在一夜之间被捕捉干净。

老师：你如何使螃蟹感激你呢？

学生：我想当螃蟹爬进洞的时候，我就将洞封闭，这样就可以保护它们了。可是糟糕的是我无法动弹，因此每当我看到一只螃蟹即将被游鱼吞没的时候，我虽然有冲出去将它们包起来以救它们一命的愿望，但是我却无能为力。

在这里，戈登通过软泥的例子说明了当将心境融入到切身类比的创造性心理过程时，能够对所研究的事物进行充分的把握，从而提出创见性意见。

后来，随着人们对类比思维的认识和应用的不断深入，类比思维得到了不断的扩充，现在的类比思维方法可以分为八种：直接类比、拟人类比、因果类比、荒诞类比、对称类比、象征类比、结构类比和综合类比（在前面类比创意开发法章节中我们已经进行了详细讨论，这里不再赘述）。这八种类比方法各具特点：

直接类比：根据原型启发，直接将一类事物的现象或者规律搬到另一类事物上去。

拟人类比：把自己同问题对象进行类比。

因果类比：把两事件的起因和结果联系起来进行类比。

荒诞类比：把最荒诞的创造性思维和实现愿望联系在一起进行类比。

对称类比：利用自然界许多事物都存在着对称性的关系进行类比。

象征类比：把表面看来不同而实际上有联系的要素结合起来进行类比。

结构类比：利用结构上的某些相似把已知事物和未知事物进行类比。

综合类比：把两件事物进行全面的、综合的类比。

值得注意的是，在对综摄法的应用过程中要根据实际情况选择其中的一种，或多种结合使用。在使用类比来激发创意解决问题时，一般遵循如下步骤：一是陈述问题；二是选择类比；三是使用类比来激发创意。

例如，设想某人在努力改进其组织内部的沟通状况。也许，用"旅途"来做类比可以为问题解决人员提供获得新创意的可能性思路，因此对其进行一番考察。当交通堵塞、延误时间及出现挫折的时候，经常会产生旅途"瓶颈"现象。这样的类比就给出了这样的启示：如果想要改善组织内部的沟通状况，就需要考虑加快信息流通速度，减少沟通"瓶颈"的出现，为了达到这样的效果，可以考虑将内部沟通的信息分解成独立可控的信息单元。

贝思·罗杰斯（Beth Rogers，1993）在其关于类比运用的论文中提出了一个关于类比的非常精彩的实例。首先她指出类比的运用价值就在于它可以被用来提升人的感知水平，从而可以使长期存在的常识占据上风，进入感觉领域。日常情境就是一种非常理想的思想创意资源。例如，将现金流类比为管道系统，将雇员的培训类比成园艺，这样往往能收到意想不到的效果，得到精彩的创意。

贝思·罗杰斯曾经运用市场战与军事战争之间的类比来解决产品市场萎缩的问题。她把负责产品生产的人员组成一个实习小组，这些小组成员负责的产品正在缓慢地失去它们的市场，而该产品的后续产品还处在研制阶段，整个公司正处于艰难的过渡时期。为了帮助员工面对这样的困境，并解决问题，贝思·罗杰斯把公司当时所处的状况类比成中期阶段的围攻战役。这样的类比有助于问题的解决者制定出回应产品市场衰退的战略举措。

小组的成员通过类比明确了当前的首要问题，要解决这一问题将产品在市场上推出，需要养成一种与消费者"休戚相关"的思想和态度，同时需要向消费者做出产品质量的承诺并使自己的承诺靠得住。与此同时，还需要确认与开发新产品相关的风险，为此需要做一定的市场调研，还需要同有能力影响消费者购买决定的第三方力量建立联盟。这一类比的现实基础就是：如果四面楚歌的城防司令缺乏智慧，不知道其军队的军事目标，也不能和同盟建立联系并寻求援助的话，他根本就无法对敌人的围攻予以反击，更谈不上取得最终的胜利。

三、心理状态

（一）异质同化和同质异化

综摄法本身是这样一个过程：小组成员通过一种奇怪的方式来分析和解决问题。这种方法突出的是思想中的非理性成分，也就是创造性思维，通过发挥创造性思维来获得具有独创性的构思和启发性的创意。综摄法通过类比思维的手段正好可以达到这一目的，有两种操作性技术：其一，使陌生者看似熟悉，并对其加以巧妙设计，以使使用者以新的方法观察审视问题，并获得深入的理解。其二，使熟悉者看似陌生。这样做的目的在于把问题的解决者从问题中拉离，使其不会深陷问题而不能自拔。而通过让其远离，反而可能获得对问题的更具创造性的解决方法。或者说这两种操作性技术就是异质同化和同质异化。

1. 异质同化

简单来说，异质同化是指把看不习惯的事物当成早已习惯的熟悉事物。在发明没有成功前或问题没有解决前，它们对我们来说都是陌生的，异质同化就是要求我们在碰到一个完全陌生的事物或问题时，要用所具有的全部经验、知识来分析、比较，并根据这些结果，做出很容易处理或很老练的态势，然后再去想用什么方法才能达到这一目的。

2. 同质异化

所谓同质异化就是指对某些早已熟悉的事物，根据人们的需要，从新的角度或运用新知识进行观察和研究，以摆脱陈旧、固定的看法的桎梏，产生出新的创造构想，即将熟悉的事物当成陌生的事物看待。

（二）五种心理状态

在进行异质同化和同质异化的思考过程中，戈登总结出使用综摄法构思创意所需要的五种心理状态（如图 8-1 所示）。

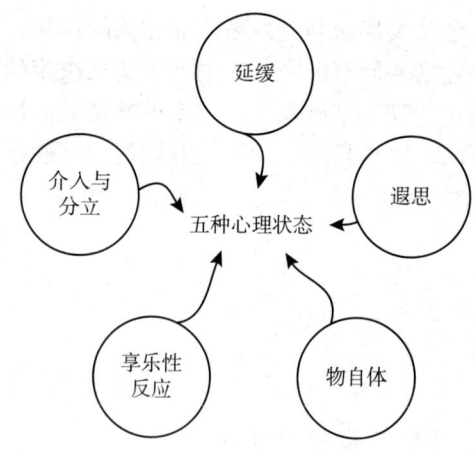

图 8-1 综摄法的心理状态

1. 介入与分立（involvement and detachment）

介入是这样的一种状态，在其中，你会感觉到被捆在一个问题上。这个问题牢牢地吸引着你，使你无法脱身、无法回避。这个时候你有一种想弄清问题的确切感受。分立则正好与此相反，如果你处于分立状态，那么你的感受是处身问题之外，是从外部的角度来观察。这两种心理状态对于创造性地解决问题都是必要的。

2. 延缓（deferment）

这种心理状态是避免提出不成熟的问题解决办法。那种显而易见的解决办法通常潜伏着危险。因为一旦采取这样的办法，就很容易忽视可能存在的更好的方案。因此，应该暂时把显而易见的解决方法搁置起来。

3. 遐思（speculation）

这是一种畅想的能力。它允许小组的成员尽其所能"想入非非"，充分调动其智慧，无边际地进行畅想。开发这样的意念旨在接受不可能的或几乎是不可能的想法。

4. 物自体（autonomy of object）

当问题解决者接近最终的解决方案时，要形成这样的感觉：问题是"外在"于问题解决者的。问题似乎是以独立的身份呈现的，它不再在问题解决者的控制之下。这一点需要多加鼓励。

5. 享乐性反应（hedonic response）

这是一种虽无有效证据支持，但仍然自得其乐、自以为在正确的轨道上畅行的感觉。

有文献论证过，只有进入这样的五种心理状态后，人的心智的无意识和非理性因素才能与意识和理性融为一体，从而获得更大的创造性效果。

四、机制

戈登认为,这种方法的机制就在于两个部分:一是使陌生的熟悉起来。二是使熟悉的陌生起来。

第一点是把自己初次接触到的事物或者新的发现应用到自己早已熟悉的事物中去的思维方式;第二点是指通过新的观念来寻求自己已经熟悉的事物中的创造点。一般说来,所谓创造性思维即创意通常是将看来毫无关系的事物组合成新的结构,创造出新的、更出色的事物来,要将事物构成新的组合需要从不同的视角进行观察,从而找出事物中蕴涵的创造点,这就是"使陌生的熟悉起来";观察新奇的事物时,必须了解事物如何由现存的性质、功能、结构搭配组成,这就是"使熟悉的陌生起来"。这一机制的本质就在于寻找"本质上相似的东西是什么,能不能作为创造点?"

"使陌生的熟悉起来"和"使熟悉的陌生起来"是综摄法的两类最基本的创造活动,它们都是通过使用类比来进行的,使用类比、发散创意可以令使用者进入"创造的心理状态",从而进行有效的创意开发。

五、特点

综摄法的基本特点是在提出创意时很随意,等到采用方案来进行实际问题的解决时又很严谨。"权且松散随便,直到当真要严谨缜密。"这正是综摄法的口号,它反映了这种方法的基本特点。

严谨、精确等属性是必要的,但是它们的价值只在其派上用场时才显现出来,而其本身却不构成创造性的成分或要素。如果我们希望充分自由地发挥想象力、创造力和开拓精神,我们需要努力把常规的、默认的智力评判标准暂时搁置在脑后,不要去管它,自觉地为思维留出一块创造的空间。

综摄法的特点之二是,不要企图去界定问题。把当事人对问题的陈述看成是讨论会的起点,由当事人对要解决的问题背景做简单的介绍和相应的解释说明,这一点要求当事人完全按照他们实际看到的情况来说明。接下来,小组成员与当事人一起以"如何"的语言对问题进行定义,也就是对问题进行再阐释。

这样得到的对问题的再次定义通常会像预期的那样,是充满幻想的、有些理想化的、一定程度上脱离现实的,但也可能是一厢情愿,总之得到的是有挑战性的定义。这样做是为了打开整个问题领域,给当事人一个重新审视原问题的机会,使他们能从新的视角看问题,跳出常规的思考套路，这样得到的问题再定义才能不落窠臼。

综摄法的第三个特点是，在人员组织上与头脑风暴法比较类似，但是氛围不如头脑风暴法，产生的创意数量不如头脑风暴法多。小组领导是促进者，同时也是资料的收集者，他在讨论进程中一般不承担其他积极的角色，主要任务就是要在不打击其他参与者士气的情况下防止过多的创意构思的产生，因为综摄法不必像头脑风暴法那样在同一时间内产生出很多观念或设想，只要产生两三个就足够了，因此使用综摄法的时候，场面的热闹程度通常是不如头脑风暴法的。

第三节 综摄法的实施

一、成员组成

要有效地利用综摄法这种创意开发技术，不仅需要密切注意问题解决的全过程，同时也要注意参与者在使用这种方法时所扮演的角色。相对来说，这种方法是一种结构化方法，它需要一位经过训练的领导者来指导并带领小组成员通过不同的阶段，并把对原问题难点的评论意见整合起来。寻求问题解决方案的整个过程中，除非这一过程经过精心组织策划，否则很难达到预先期望的心理状态，因此也就无法出现高质量的、有创造性的问题解决方案。

这种方法的创始人戈登专门制定了使用这种方法的小组成员资格及小组组成标准。他建议小组成员应该由那些经常运用、已经熟练类比思维方法的人组成，这些人应该具有互相帮助的品格，具有积极主动配合的团队意识，同时还要有必要的抽象概括能力。戈登认为他们还应该具有诸如"感情成熟""勇于承担风险""富有建设性"等特征。同时小组成员应该表现出对组织以及组织目标的忠诚，年龄最好在 25~40 岁之间。

相对而言，综摄法对组员的要求比头脑风暴法小组组员的要求高一些，因为小组成员的素质在很大程度上决定了这种方法能否获得成功。

一个综摄法小组成员以 5~8 名比较合适。其中一名担任主持人，与讨论问题相关的专家一名，再加上各种科学领域的专业人士 4~6 名，这样的人员组合是这种方法所要求的基本组合。

(一) 主持人

主持人的角色是相对于整个方法的实施过程而言的，主持人只是解决这一问题的过程的领导，作用仅仅是指导过程的展开和进展，也就是说主持人不应该以任何方式卷入有关内容的讨论之中。

主持人的作用在于把握讨论的方向，知道讨论过程，不需要他贡献意见、建议或者可行方案。主持人需要特别注意的是要让每一位成员的能力都得到充分的发挥，这样就需要他尽全力来对全体组员提出问题引入类比，最终激发创意，这一过程需要相当的技巧和策略。同时，如果当专家受到组员的意见启迪，显示出要积极思维的时候，主持人应该把握时机向专家交代清楚问题。

主持人应对以下事项负责，这就是他的具体作用：一是确保小组成员信守规则。二是鼓励深思。三是管理时间。四是记录所有创意。五是与专家一起检查会议进程，考察小组的讨论是否沿着正确的方向展开。

主持人的选择对方法的实施十分重要，因此选择的主持人应具有以下特点：一是从不卷入小组成员间的竞争。二是作为每一位小组成员的倾听者。三是不会让组织的任何人陷入防卫心理。四是使组织成员保持旺盛的精力。五是能调动其他人的积极性。六是不操纵小组，不企图霸占全场。

正是因为对小组的主持人的要求十分高，所以通常小组主持人必须经过培训。

(二) 专家

综摄法小组里面必须要有一位专家，他必须是会议讨论的问题方面的专家。虽然不同的文献中对于"专家"这个角色的叫法是不同的，但是不论称呼什么，其作用是一样的，只不过有时有多重身份而已。

综摄法不仅对主持人的要求很高，对专家的要求也很高。在讨论开始的时候，专家的任务是说明问题，让组员们了解问题的背景以及现状等关键。然后，他就要与主持人一起对应该达到的目标进行研究，同时要广泛听取其他组员的意见。在确定要达到的目标后，他又要在组员提出的设想中提取具有启示性的要素，激发自己的创意。尤其是应该注意在会议的前半程（也就是自由设想阶段）切不可因为自己是专家就对其他成员提出批评，那样很容易将别人的思路局限于自己的思想框架内，也就失去了集体创意构思的意义了。

因为通过综摄法得到的最终解决方案是为了解决实际问题，因此专家一定要保证具有一定的能力或权威让小组集思广益得到的方案付诸实施，这样才能让其他小组成员得到创意成真的满足感，才会有继续创意的动力。同时在实施过程中，专家应该明确自己期望的目标是什么，这样如果讨论进程出现偏离目标的情况时，自己不至于手足无措，这也要求他理解这一方法的实施过程。

（三）其他成员

参加小组的其他成员最好和会议主题没有多大的关系，可以邀请下列专业人员参加会议：心理学、市场学、人类学、社会学等方面的专家，以及熟悉物理、化学、生物学、通信和电子技术的人。这样各位成员既可以最大限度地应用自身拥有的专业知识，又可以互相激发创造性思维，突破各自专业的限制，以便萌发出广泛的创意。

如果小组成员中有几位思路开阔、善于提出荒诞不经的想法的成员，那么对整个综摄法的有效应用十分有益。

如果主持人记录的速度不如组员提出设想的速度快，组员应该自己把自己的想法记录下来，那些未成形的想法和奇思妙想都要记录下来。小组成员在讨论的时候应该互相鼓励、彼此提供支持，同时可以在适当的时候给予同伴无私的赞美，这将会进一步提升小组的工作成效。

二、实施过程

综摄法是一种程序化的方法，因此也就可以画成一个程序流程图（如图8-2所示），图中给出了一个小组成员逐步开展讨论构思的流程"指南"，可以说是综摄法的典型过程。这样的程序是最为简单的"工作路径"，小组的主持人需要灵活地运用这一"指南"，选择适当的路径，改善并提高综摄法工作流程的效率和效果。

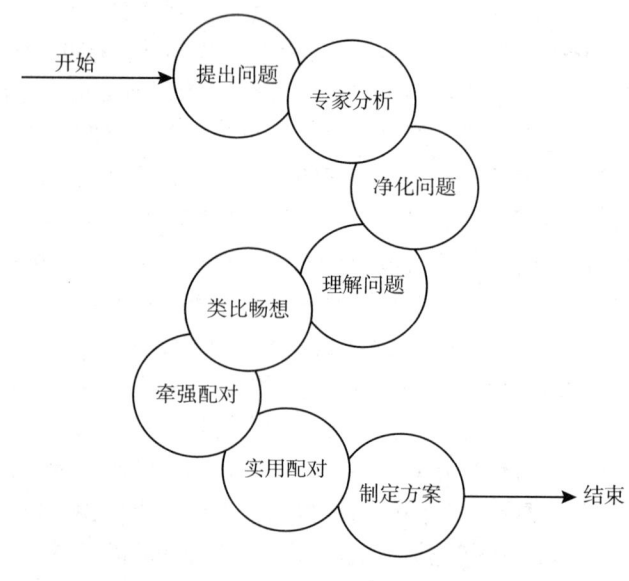

图8-2 综摄法的实施过程

综摄法有 8 个阶段，现介绍如下：

（一）提出问题

提出使用综摄法应该解决的问题，有的时候由小组成员提出，有的时候问题来自外界，通过主持人向小组全体宣读。

（二）分析问题

对给定的问题进行简短分析，可以在主持人提出问题之后，先由专家对该问题进行解释和概要分析，由于参加讨论的组员不是该问题的专家，因此无须进行详细说明，但是简明扼要的介绍分析还是必要的。这一步骤的目的在于"使陌生的熟悉起来"。

（三）净化问题

这一步用来进一步理清问题。当人们听到一个问题时，他们总会去构想解决方案，这一步正好为他们提供了验证自己见解的机会。在综摄法中，小组其他成员在这一阶段把他们的想法表述出来，提交专家进行评价。专家会尽力对这些观点做出判断和评论，通常他会解释为什么有的方法从他的角度看是不合适的，存在哪些问题。这样做的目的，是为了让问题对于各成员来说是极其切身的，并使成员从多个方面加以感受、观察，以达到"净化"问题的目的。

如果专家觉得哪些观点是十分新颖的、带有启发性的，就要把这些观点列在事前准备好的白纸上（会议室应备有若干大号的白纸），并做标记。

（四）理解问题

这一步从选择问题的某一个部分分析入手，为此每一个参与者都要尽可能地利用类比法中所包含的多种思维形式来描述他所感受到的问题，对问题进行再次定义。在这一过程中，主持人应该鼓励畅所欲言并记录下组员提出的各种观点，然后可以选择一位成员与专家一起再进行详细分析。

这一步的操作可以是这样进行的：先由小组的每一位成员都根据自己对问题的理解独自写下一种或多种见解，或者也可以鼓励成员以期望性的、理想化的语言来描述其问题定义。可以采用"如果……我们应该如何"这样的句式。主持人将小组成员提出的对问题的看法记录在备好的纸板上，以便在随后的工作中参阅。然后，主持人和专家选择其想要解决的问题，并要求成员根据安排进行下一步的操作。

（五）类比畅想

这一过程可以被视为一次远离问题的"假日"，也正是综摄法的关键所在。在本阶段，类比的操作技巧会派上用场，而使用类比来获得解决问题的方案正是综摄法的迷人之处。

首先主持人会提出一些需要或激发类比性答案的问题，小组成员则使用直接类比、拟人类比、因果类比、荒诞类比、对称类比、象征类比、结构类比、综合类比等操作技巧进行创意。随着一连串类比的提出，主持人会从各位成员提出的类比中，选择其中一种类比来进行详细分析或阐释，尽可能选择适当的类比是十分重要的。比较典型的做法是，领导依据其与问题的相关性，以及小组成员对使用的类比方法的熟悉程度和兴趣，以及与此相关的知识储备来进行遴选。

（六）牵强配对

这一步有两种做法，戈登的做法是把类比畅想（第五步）与被理解的问题（第四步）牵强地进行配对。在这种情况下激发创意，通常会产生极具创造性的效果。而另一种做法是把两种元素牵强地联系在一起，同时尽其幻想之能事，将两者联系起来。

不管采用哪种做法，小组成员均需要围绕问题与类比展开讨论和研究，直到发现看待问题的新途径。

（七）实用配对

在此阶段，要结合解决问题的目标，对之前开发出的类比进行深入研究，从类比的例子中彻底找出更详细的启示。

例如，为了寻找途径来吸引更多的消费者，特洛伊木马就是一种很好的类比资源。通过这个故事展开奇思妙想，会收到意想不到的效果。在此情况下，类比涉及为消费者提供某种独特的产品，因为他们对这样的产品有着强烈的需求，以致无法抵挡购买的诱惑。接下来，就是要抛开牵强的配对，转而开发更为实际的应用方案。

（八）制定方案

使用综摄法是要最终形成某种观点，也就是对问题的新的看法和解决方法。为了制定完整的解决方案，在这一阶段要尽可能发挥专家的作用，要求专家提供指导性意见，以便把创意构思转化为对问题的解决方案。

人们应该按照上述八个步骤进行操作，当然也不一定要完全照搬程式，在运用这种方法的时候，应注意三个要点：一是界定并分析问题；二是加深理解，"使陌生者熟悉化"或"使熟悉者陌生化"；三是对由使用操作技能所获得的问题进行整合，或进行牵强配对。

三、操作技巧

综摄法是以类比为灵魂的创意开发方法，它的"同质异化"和"异质同化"两种思考方式以及类比的几种类型本身就是实施综摄法的利器。除此之外，使用综摄法应该注意的相关技巧还包括以下几种：

（一）意见

首先是不应该让问题提出者描述问题情境的每一个复杂的细节。同时在目标的再定义阶段，小组成员应该尽可能从不同的角度来审视问题所处情境和背景，这样才可能沿最为适当的方向寻找解决方案。

我们在尽力寻求考察或界定问题的不同角度时，应该允许组员追求奇思妙想，哪怕是想入非非。这就要求小组成员不得评价他们自己的想法，因为越是离奇的想法就越容易激发其他成员的想象力和创造力。

（二）选择

问题提出者应有机会对问题的再定义进行反思，并且从中选择两到三个最能反映问题背景和内涵的定义。需要提醒他的是：不要只选择那些一眼看上去就很实用、像是答案的定义，相反最好选择那些看来有趣的、奇特的和具有新颖观念的定义。此外，还需要让他们阐述是什么因素引导他们做出选择的。

（三）遐想

在综摄法中，有各种类型的遐想。选择哪种遐想方式，要考虑解决问题所要求的新奇性，同时也要考虑预备冒多大的风险和所要解决问题的类型特点。希克斯（Hicks）对两种类型的离题畅想做了区分：一种是"幻想性的离题"，一种是"例证离题"。前者是最不正统的一种离题方式。它对那些思想保守的小组来说具有潜在的困难，但是它又常常会产生戏剧性的效果。尤其是当人们并未抱有什么希望，但它确实激发出最具创意的构思的时候，这种作用就更加明显了。

（四）转移

在综摄法应用过程中，假如开发出的设想不够，小组成员就应该暂时转移"目标"，从而激发出更多的新创意，并打破他们心理上的束缚。转移应该按照下列步骤进行操作：

（1）主持人要求专家选择他要取得的某个方向性的目标或愿望。

（2）主持人从这个目标或愿望中选择一个关键字"行动、观念"。

（3）主持人组织小组成员（包括专家在内）从与原有问题极不相关的领域里找出一个说明这两个字（行动、观念）的例子来。由主持人选定这个领域，并记录大家提出的例子。

（4）要求大家忘记原有问题和现在的目标或愿望，而集中精神于现已记录下的例子，思考这些例子引起的联想和形象。小组成员中要有人记录这些联想和形象。

（5）主持人要组员运用全部或者部分例子针对原来专家提出的目标或愿望产生一个独特的构思，并从这一构思中提取深层次的创意。

（6）主持人要从这些衍生出来的创意中选择出一个。

（7）回到原来的问题上。

（五）反应

不应该拒绝那些尚未完善的想法。建议是：仔细研究这些想法，并尽力将其转化成为更加切合实际的解决之道。也就是说，要采取一种温和的评价方式，这样的评价方式应该鼓励消除细节性的缺陷，但是反对因为细枝末节而否定整个创意。

综摄法已经开发出一项间接的技术"条目化反应"（itemized response, IR），利用 IR 技术，可以从任何一种观念中开发出一种可能的解决方案。这项技术始于这样的假设：所有的构想都具有一定的价值，因此在揭示提出的构想的缺陷和不足之前，首先应该把好的部分列举出来，这样可以强化和肯定该构想的价值。

（六）解决

小组成员着手解决问题，通常一次只是处理一种主要问题。随着程序的不断进行，小组距离可能的解决办法越来越近。最后得到的行动方案是使得面对问题的人在没有小组的进一步帮助下，也完全可以将其付诸实施。主持人要将这种解决方案记录下来。

四、参考实例

某个小组所面临的问题是职员不能处理分配给他们的工作。办公室里的工作无法顺利进行，安排的工作要么被拖延，要么无法被完成。小组尝试采用一些方法来解决这一问题，但是收效不大。小组主持人决定采用类比思维的方法使小组成员暂时丢开问题，因为他们已经连续几个星期深陷于问题中了。主持人觉得小组成员距离问题太近，反而影响了创意构思的效果，因为他们完全被已有的想法束缚住了。

一开始，对问题的界定是"如何改进办公室的工作效率"，随后他们对问题进行了重新定义："如何消除办公室组织管理中的缝隙？"

主持人从问题的再次定义中选出了关键词——缝隙，接着要求小组成员从自然界中寻找有关缝隙的想法（之所以选择自然界作为类比物，是因为它与办公室相去甚远）。经过类比思维，就产生了诸如断裂性大峡谷、自然断痕、杂交动物或巨兽，以及癌症细胞的繁殖等想法。

接着，为了使小组与问题之间保持距离，主持人提出如下问题："如果变成平原上的一个断层，将会有何种感受？"可能的反应是"丑陋、缺陷、不需要的东西、不必要但是很自然"。

然后，主持人抓住"很自然"这条线索，看它与所提问题具有什么可能的联系。接着他向小组成员提出问题："如果你是风景中的一道断痕，需要什么样的条件才能使你感到这不是一件自然之事？"也许可以得到下面的回答：

"展示你对环境造成的破坏。"

"指出你与环境多么不协调。"

向组员展现风景中的自然断痕究竟是什么，实际上它可能具有相当大的吸引力。

接下来，主持人要求小组成员把这些观念与最初的问题联系起来，"展示对环境的破坏"显然与原有问题相契合，如果把它转换成办公室中出现的问题，那就是由于办公效率不高而对公司的总体运营状况造成了消极的影响，比如销售额下降、成本提高、利润降低等。设计某种用于显示因效率低下而造成不良后果的装置就是下一步要考虑的问题。

最后，开发出一套监测系统，用来监测由办公室的关键失误或疏忽造成的影响。这套系统同时可以用来监测办公室工作对销售、利润及成本带来的影响。

【思考题】

1. 综摄法的思维基础和基本假定各是什么？
2. 综摄法的操作步骤是什么，在使用综摄法过程中会出现的典型心理状态是什么？
3. 综摄法有哪些相关操作技巧？
4. 请举出一个使用综摄法进行创意开发的例子。
5. 请查阅相关书目，尝试在一次会议中使用综摄法，并考察实际效果。

【延伸阅读】

1. William H Calvin. *How Brains Think：Evolving Intelligence，Then And Now*，Basic Books，2014.

2. Michael Michalko. *Cracking Creativity—The secrets of creativity genius*，The Speed Press，2011.

3. 周京、克里斯蒂娜·E. 莎莉：《组织创造力研究全书》，魏昕等译，北京大学出版社 2010 年版。

第九章
创意开发环境

【学习目标】
1. 了解创意开发环境的相关概念和理论。
2. 了解物理环境在创意激发过程的作用。
3. 了解文化环境对创意激发的影响。

【导入案例】
  长久以来，总部位于加州门洛帕克市的美国科技巨头 Facebook 因其丰厚的薪酬福利待遇和独具魅力的企业文化，一直被视为全球科技公司中最令人向往的工作场所之一，曾获得过包括 Business Insider 年度"最值得去工作的公司"、Glassdoor"最佳雇主"、LinkedIn"顶级雇主"在内的多项企业评选大奖。目前，Facebook 在全球拥有 66 个办公大楼和数据中心，作为 Facebook 工程、销售和人力资源管理团队的"老巢"，Facebook 在纽约曼哈顿的办公大楼在整体设计上采用了开放式的布局，能俯瞰纽约市全景。为了满足员工们团队合作和安静独处两种办公需求，Facebook 除了让每个人在自己的办公间里拥有自己的办公桌外，还在一些安静的小角落里设置了很多露天沙发和椅子，当然如果你想找个特别安静的地方"躲会儿"，Facebook 的办公图书馆可以为你提供你想要的一切。Facebook 几乎所有的办公室里都有一块可供员工和参观人员在上面书写自己想法的"思想墙"，当一面墙被写满以后，就会换一块新的。此外在装饰空间方面，员工可以在 Facebook 的模拟研究实验室自行设计和打印喜欢的海报来装饰他们办公室的墙面，在各个角落张贴的壁画和海报折射出了 Facebook 公司和员工的价值观。不同于一些公司直接购买现成的艺术品，Facebook 某些办公室的艺术装饰是由拜访过这里的艺术家和在这里工作的员工们创作出来的。多彩的工作环境、舒适的座椅以及随处可见的艺术品，在 Facebook 看来能很好地激发员工的创造力。
  Facebook 的工程主管杰夫·雷纳曾说过："整个旅途还只完成了

1%，我们期望 Facebook 的办公环境看起来就像是一件未完成的工事，我们才刚刚上路。"可以看出 Facebook 不仅为员工提供了一个舒适、有助于提高工作效率的工作环境，同时还鼓励员工想出一个个更好的创意来设计和利用办公空间。那么创意环境的设计会如何影响员工的工作效率与创意的激发呢？期望接下来这一章的学习能够帮助你对这一问题有所思考。

第一节　创意开发环境理论

一、创造力理论中的环境因素

当我们进行创意开发时，主体的努力固然重要，外在的环境也对主体创造能力的发挥有着重大的影响。为了最大限度地发挥主体的创造能力，我们需要对创意开发环境进行研究，去探索什么样的环境最有利于人发挥创造性。目前，与创造力相关的研究可以综合到三个方向：对个性特质、认知心理学和社会心理学的研究，其中，第三个方向"对社会心理学的研究"近年来日益受到重视，研究者尝试从外在环境的角度探讨个体与社会互动对创造力的影响，以识别特殊的环境条件对人的创造力发挥的积极和消极作用。在这一领域已经出现了一些比较有代表性的理论，如斯滕伯格（Sternberg）和鲁伯特（Lubart）的创造力投资理论，即智力、知识、思维风格、人格、动机、环境 6 个基本元素汇合形成创造力，阿玛拜尔（Amabile）的创造力组成理论，伍德曼（Woodman）与舍恩菲尔德（Schoenfeldt）的创造力交互理论以及福特（Ford）的多种社会领域理论等。

斯滕伯格和他的助手鲁伯特在分析以往创造力构成成分相关理论的基础上，提出了创造力的投资理论。该理论认为，与在股票市场进行投资，要想获得收益就必须遵循"低买高卖"的规则一样，创造就是要把自己的心理资源投入到那些高质量的、新颖的主意（ideas）上，作为存在于观念世界里的投资行为，也应当遵循这一"低买高卖"的原则。其中"低买"意味着专注于一些虽然被大多数人视为不合时宜但却有极大发展潜力的主意；而"高卖"则意味着要努力向社会推销自己的主意，并且在得到社会的普遍认可后急流勇退，及时转向新的研究领域，把后续填补细节的工作留给别人去做。斯滕伯格和鲁伯特认为，用于向创造力投资的心理资源包括智力、知识、思维风格、人格特征和动机，这五种心理资源与环境因素结合在一起，共同决定和影响着创造力（如图9-1所示）。

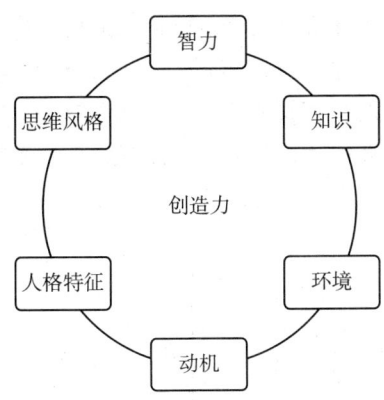

图9-1 创造力投资理论模型

在这一理论模型中，环境因素与创造力之间的关系可以这样理解：一直以来在创造力与环境的关系问题上存在着两种截然相反的观点。一部分人认为，创造力是非常脆弱的，需要精心照料和呵护才能产生和成长，因此他们认为创造力需要的是某种保护性的、支持性的环境；另一部分人却认为，只有在与环境阻力的抗争中，才能培养出真正的创造力并使之充分发挥出来，因而严苛的环境对于创造力来说是必需的。大部分创造力研究者都赞同前一种论点，只有部分通过知名创造性人物的传记资料来进行创造力研究的人认可后一种观点。创造力投资理论的观点是：对于创造力的培养和发挥，环境的鼓励与重视是必要的，但是毫无阻力、一帆风顺的环境却不利于创造力的发展。创造力投资理论承认创造行为是个体与环境相互作用的结果，并归纳出了影响创造力的一系列环境变量，如工作环境、任务限制、评价、竞争、合作、家庭氛围、角色模式、学校与公司的气氛以及整体社会环境等。

阿玛拜尔从"产品"的角度定义创造力，并提出创造力的成分模型作为社会心理领域研究创造力的理论基础。她认为创意产品的诞生至少必须仰赖三个基本成分：领域技能（domain-relevant skills）、创造技能（creativity-relevant skills）和工作动机（task motivation）。领域相关的技能用以构成创造的准备状态；创造力相关技能关系着对信息反映的搜寻；一个人工作动机的高低，则会影响其在领域相关技能和创造力相关技能上的学习与准备，以及在创造过程中对任务的认知与对信息的搜寻；而创造的结果也会反过来影响一个人的工作动机。这三个组成成分对于创造力的产生是充要条件，它们的共同作用决定了创造力水平的高低。

1996年，阿玛拜尔修正其成分模型并加入"社会环境"的成分，这里的"社会环境"是指组织环境。她强调支持性的社会环境会直接影响内在动机并进一步影响外在动机，进而影响创造历程。当个体富有专业能力并具有高度的动机时，将会有最高程度的创造力的发挥，而环境则会直接强烈地影响个体创造力的发挥程度及频率。这里的环境因素包括组织对创新的激励、资源、领导者的行为等（如图9-2所示）。

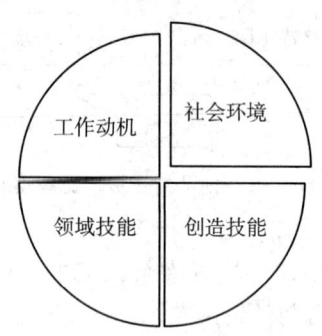

图9-2 阿玛拜尔的创造力成分模型

伍德曼、索耶尔和格里芬（Woodman, Sawyer and Griffin, 1993）将伍德曼和舍恩菲尔德（Woodman and Schoenfeldt, 1987）研究的个体创造力交互理论发展为组织层面的交互理论。该理论认为创造力是个体和环境互动的结果，群体创造力不只是个体创造力的简单相加。环境中的因素，例如组织的文化系统、奖惩制度、资源、人际互动、群体的特征、群体解决问题的方式等，更能影响创造力的发挥。交互理论强调了创造力行为的产生是处于一定环境中的个体、群体、组织不断交互作用的结果。

福特（Ford, 1996）提出了多元社会领域理论，强调社群的重要性，认为个体存在于组织当中，而组织存在于社会当中并与复杂的社会系统相互交流、影响和渗透，进而个体的创造力也会受到社群的影响。

此外，学者们在创造力的研究中也关注了情境因素对员工创造力的影响。组织情境的研究可以概括为对组织、团队和工作三个层次的研究。组织层面的主要情境因素大体可以归纳为组织的价值观和氛围、组织的结构、组织公平三个类别。创造力的团队层面情境因素研究主要包含两个方面：团队领导对员工创造力的作用，以及团队中的社会关系，即员工与团队成员关系对创造力的作用。最后，工作特征是影响个体激励和工作态度的重要因素，阿玛拜尔曾在其研究中提出工作特征是影响员工创造力的重要因素。

可以看到，上述创造力相关理论都认识到了环境因素对创造力激发的影响，并进行了相应研究，在这些理论基础上，本章从物理空间环境和企业文化环境两个角度讨论环境在创意开发过程中的影响和作用。

二、创意开发环境相关研究

创意开发环境是若干个集物质与意识、感性和理性于一体的小型创意场的相互作用，具有特定物理空间和文化共享空间的综合空间。由于时间和空间的不同，以及创意和创意者组合方式的不同，这些小创意场很可能风格迥异，但却彼此相互影响制约，最终形成具有一定倾向性的创意环境。

作为创意产生的客观背景，不论这一背景是表象的还是理念的，创意开发环境总能反映出一些规律性的东西，具有客观性和稳定性；同时，作为创意者活动的舞台，其上演的节目、舞台的布置等多方面都可以反映出创意开发环境在量上的丰富性和质上的可塑性。

从不同的角度可以将创意开发环境划分为不同的类别。从创意开发环境是否由人类社会主导的角度，可分为自然创意环境和社会创意环境。举例来说，人类最初是从森林大火中采集火种的，这就是在自然环境中产生的一个伟大的创意；而随着工业的发展，人们在改革交通运输的过程中，发明了火车来代替四轮马车，这则是在社会环境中的创意。人类利用自然最根本的目的是为了改造自然环境，利用社会环境是为了使社会更符合人类自身的需求，这是创意者的直接动机。

从对创意者和创意本身影响的程度来讲，创意开发环境可以分为一般创意开发环境和特殊创意开发环境。一般创意开发环境是一种对创意具有普遍影响力的、共享性的创意开发环境。特殊创意开发环境是一种由特定的时间、空间条件所组合成的对创意有影响力的环境。比如爱因斯坦对理科知识的挚爱与个人特定的心理素质相互结合才有了相对论的发现，这个创意开发环境是特殊的。但相对论发现后，各国对它进行研究，着手运用于研制原子弹，则使之成为一种共享性的一般创意开发环境。一般创意开发环境在进行着创意本身量的积累，而特殊创意开发环境则担负着创意本身质的突变。

从对创意是否有决定性影响的角度看，创意开发环境可以分为内部创意开发环境和外部创意开发环境。同一创意一般在内部创意开发环境和外部创意开发环境二者结合的环境中产生，二者是内容和形式的关系。内部创意开发环境是指对创意有决定性影响的因素，如个人的知识层次、思维模式、心理素质、世界观、人生观等。外部创意开发环境是指对创意不具有决定性，而只有辅助或推动性作用的环境。举例来说，广告对产品销售的作用是显著的，但它归根到底仍然只是一种辅助手段,起到决定作用的是产品本身的品质,如果广告名不副实,很可能起反作用。

国内外对创意开发环境的概念定义和相关研究大多是基于产业集群、区域创意开发环境这个层面的,它作为文化创意产业的重要外部条件受到关注。1982年,法国学者艾达洛(P. Aydalot)提出了构成创意开发环境的四个要素[①],即"人与人之间的信息传递、知识或信息的存储、活动之间的竞争以及创造力"。之后,美国学者佛罗里达(R. Florida)提出的创新型城市的3T理论,即"科技(technology)、人才(talent)和容忍(tolerance)",也常被用于创意开发环境构成要素的研究。安德森(A. E. Andersson)提出了创意开发环境形成所需要的6个关键条件[②]:一个健全且不受太多规制的金融基础;一定的知识基础和竞争力;经验需求和实际机会之间的不平衡;多样化的环境;个人出行和交流的充分可能性;结构性的不稳定或对未来的不确定性。

不难看出,这里与产业集群相关的创意开发环境指的是企业的外部环境,而本章中提到的创意开发环境概念则关注企业内部的创意开发环境,包括它的物理空间环境和文化环境。

第二节　创意开发的物理空间

一、物理空间在创意开发中的作用

我们可以将物理空间形象地比喻为一个温室。通常所说的温室是指一个有足够的热量、光照、湿度、养分的地方,在这里代指员工的工作场所,具体来说是指办公室以及和团队一起工作的环境。环顾一下你的工作空间,在设计中是否同时兼顾到员工对开放性和私密性的需求,能从他们的办公区域观察出他们的工作性质或者兴趣爱好吗?员工有开临时会议的地方吗?有方便查找资料和交流想法,对所有人开放的阅览室或讨论区吗?当员工疲劳的时候,有能够让他们适当放松的地方吗?能看到优美风景的窗户是属于领导层的办公室还是员工的餐厅呢?对诸如此类问题的思考也许能让你看到办公室的物理空间

---

① Landry Charles. The Creative City: A Toolkit for Urban Innovators [M]. London: Earthscan Publications.
② Andersson A E. Creativity and regional development. Papers of the Regional Science Association, 1985, 56: 5~20, 2000. 133.

对员工创造力的突出影响。

在知识管理领域，知识场相关理论涉及物理、空间因素对知识溢出和知识转移的影响研究。学者们研究发现，组织办公场所的建筑设计和设施布局、办公环境中的空间结构设置等会影响到组织内部员工之间的交流互动和交流类型；鼓励员工进行共享交流的物理设施环境能促进员工交流意愿的提高；组织的物理设施等形成的物理距离会影响组织成员个体间的交流，增加交流时间的耗费，提高交流难度。员工间主要的交流经验是来自于他们的面对面接触，而开放式的办公区域设施，以及休息区等非正式交流的场所和设施能够给予员工更多信息交流共享的机会，从而提高员工知识转移的意愿和效率。这种知识的交流和互换无疑有利于激发员工创意，并且在整个组织中营造一种有益于创意开发的氛围。

伊万·麦金托什一直致力于"科技进步对学习的影响及怎样让先进科技为学习服务"方面的研究。在马特洛克研究成果的基础上，伊万·麦金托什提出了七种能够左右我们认识和行为的空间或者环境因素[①]：

（1）私人空间：个人能够独处且不被打扰的空间。

（2）集体空间：小组成员或者家庭成员之间可以互相交流、彼此合作、共同解决问题的空间。

（3）自我表达空间：可以通过照片或视频等形式告诉其他人"我做了什么，我在哪里"的空间，这个空间可以是虚拟的，也可以是真实的，虚拟的比如Twitter、Facebook等网络社交平台，真实的则可以是现实中某处专门向来人展示的空间。

（4）才艺展示空间：可以随时搭建并且能够充分展示音乐、舞蹈、表演等艺术才能和学术能力的空间。

（5）参与空间：可以让每个人都参与集体活动的空间。

（6）资料空间：可获取有用信息的地方，比如图书馆或在线数据库。

（7）旁观者空间：人们有时并不想参与发言或者活动，这个空间可以作为被动的观察者和倾听者的空间。

在大多数的公司，空间往往是被考虑得最少也最容易被忽视的重要创新工具。这些公司在公司的组织结构、策略制定、运行系统、人才培训等方面都花费了大量的时间去思考和设计，然而当涉及空间时，它们关注的可能只是实用性。除了大门、大厅和会客室需要装潢得体面气派之外，其他的空间就停留在能用就行的状态。但是在了解

---

① 乔纳·莱勒：《想象：创造力的艺术与科学》，简学、邓雷群译，浙江人民出版社2014年版。

了 Google、Facebook、IDEO 等以创新文化在全球知名的企业在办公空间上的投入之后，相信你能够明白空间对于创意激发是很重要的一方面，毕竟在一个企业的成长过程中，不管它的业务电子化程度有多高，物理空间仍旧很重要，它会对公司文化产生潜移默化的影响。

可是，只有像 Facebook 或者 Google 这样的科技巨头才能够营造出良好的创意开发环境吗？它们的这种开放式办公环境是不是就一定是最理想的？并不一定，仍然有人质疑说，过于开放化的工作环境，固然有助于清扫官僚气息，创造出一个锐意进取、年轻开放的公司氛围，但不一定有利于个人隐私的保护和生产效率的提高。通过空间创造出某种开放式的工作气氛也许掩盖了工作效率本身不佳的事实，嘈杂纷扰的工作环境会影响职员的注意力、工作效率、创意型思考以及对工作的满意程度。更重要的是，隐私能增强员工独立完成工作的决心，而开放式空间则可能会给人以无助之感。

作为全球最大的传播集团 Omnicom 的子公司，TBWA 广告公司在业内以创意成名，其前身是 Chiat/Day 广告公司。Chiat/Day 一直以来因崇尚放荡不羁的创意，赢得了许多客户，但也失去了许多客户。1994 年，试图降低运营成本、提高工作效率的 Chiat/Day 公司做出惊人之举，公司把原来的办公室改成仓库，让员工拎着笔记本、手机回家，实行虚拟办公。但事与愿违，虚拟办公导致了工作效率更低、大批员工离职，它所倡导的"无疆域办公"最终只能宣告失败。因此，完全的开放或过度的开放，并不一定能够与期望实现的创造力和效率成正比。

怎样才能创造优越的创意开发环境也许是创新谜团中最难的一部分，仅靠租用或购买一流的大楼然后雇用前卫的建筑师来进行设计并不能解决问题，事实上，一些最优化的工作场所是没有建筑大师参与的。下面以谷歌和 IDEO 营造创意空间为例进行论述。

二、谷歌的创意开发空间构建

（一）谷歌公司简介

谷歌成立于 1998 年，是一家由拉里·佩奇和谢尔盖·布林共同创建的跨国科技企业。公司总部 Googleplex 位于美国加州圣克拉拉县的芒廷维尤。谷歌致力于互联网搜索、云计算、广告技术等多个领域，开发并提供大量基于互联网的产品与服务。2016 年 6 月，《2016 年 BrandZ 全球最具价值品牌百强榜》公布，谷歌品牌价值重新超越苹果成为百强第一，且在 2017 年蝉联该榜单第一。2017 年 2 月，在 Brand Finance 发布的 2017 年度全球 500 强品牌榜单中，谷歌也击败苹果，夺得领先地位，成为全球最具价值品牌。

（二）谷歌的创意办公环境

谷歌深谙"不会休息，就不会工作"之道，极富创意和极具人性化的办公环境设计让它成为了无数"码农"心目中的理想公司。谷歌在世界各地的办公室经常是很多其他公司员工羡慕的对象——它在全球各地的办公室中融入当地文化，打破常规办公室的形式，以人性化为导向，尽力满足员工的工作、饮食、睡眠、休闲、娱乐等多种需求。在这样的环境中，谷歌不断创造出让人惊讶的产品，它的办公环境成为了激发员工创造力的一个重要影响因素。

2011年，谷歌出资9 990万欧元购买了都柏林最高的蒙德维特罗大楼，作为其中东、欧洲和非洲地区的总部。都柏林的谷歌办公室风格狂野，色彩明丽。其中的Google Docks是四栋办公建筑中最高的一栋，并且是唯一一栋全新的建筑，一共14层，每层建筑使用不同建筑材料，呈现出不同色调和独特的主题风格，体现着谷歌向世人与员工宣扬的公司精神与价值，比如"搜索精神""乐于学习"等。值得一提的是，其开放式的室内空间设计使得办公空间的利用得以最大化，每层除了都有的创意办公空间外，还设有嵌入式一对一会议厅、迷你口袋会议室等特色的非正式会议室、配备泳池的健身房、咖啡馆、厨房、音乐房、游戏室、阅读室等，用以拉近员工之间的距离、建立员工之间良好的社交关系，更好地促进工作的开展与完成。此外，办公室里面也充满了各种奇怪、好玩的创意玩意儿，给员工带来娱乐和新鲜感，以帮助激发灵感。

谷歌上海的办公室位于环球金融中心，这个办公室融合了很多中国元素，准确来说是海派风格。在这里，公司鼓励和倡导员工进行创新实践，在办公环境设计上公司只是提供经费，由员工自己决定办公区域风格，每个会议室的名字都是员工投票决定的。这里没有一间独立的办公室，所有人都在开放的、围绕在落地玻璃窗旁的工位办公，他们可以在工作时充分享受到窗外的阳光和眺望黄浦江的风光。谷歌上海办公室为员工营造了一种开放、自由、健康的环境与文化，提供了获取灵感的可能。

此外，悉尼办公室提供吊床，让员工在大脑工作的同时放松自己的身体；苏黎世办公室有很多海洋主题的小亭子，员工可以在里面打电话、放松心情，甚至在里面工作；慕尼黑办公室的设计则是谷歌办公室设计无视任何规则的一个典型例子——在这里我们可以看到颜色丰富的房间，墙面上有半个汽车的身体，员工还可以坐在按摩椅上放松；伦敦办公室中有舒适度堪比露营地点的阅读室……谷歌在全球各地的办公室既保留了一定的当地文化民俗，又无一不体现了谷歌开放、自由、创新的企业文化,通过办公环境的特色设计,为员工提供了极其独特的工作环境,以促进员工的创新和创造性思维。

三、IDEO 的创意开发环境设计

(一) IDEO 公司简介

IDEO 公司成立于 1991 年,由大卫·凯利设计室、ID TWO 设计公司、Matrix 产品设计公司三家设计公司合并而成。这三家公司分别由大卫·凯利、比尔·莫格里奇、麦克·纳托创立。这三位创始人中,大卫·凯利是斯坦福大学的教授,一手创立了斯坦福大学的设计学院,他同时也是美国工程院院士;比尔·莫格里奇是世界上第一台笔记本电脑 Grid Compass 的设计师,也是率先将交互设计发展为独立学科的人之一。从只有 20 名设计师的小公司起步,一路成长到拥有 500 多名员工的超人气企业,IDEO 今天已经成为以产品发展和创新见长的全球顶尖的设计咨询公司。

IDEO 公司专注于商业咨询、工业设计、交互设计、品牌沟通和结构设计等不同业务领域,其客户群分布在消费类电子、通信、金融业、工程机械、媒体、食品饮料、教育、医疗器械、家具、汽车等多个行业以及各国政府部门。其早期最著名的设计作品有苹果的第一只鼠标、世界上第一台笔记本电脑和 Palm 的个人掌上电脑。其客户包括联想集团、美的集团、TCL 集团、中国移动、华为、李宁公司、三一重工、方太厨具、韩国三星和微软等。

(二) IDEO 的设计思维

IDEO 早期致力于产品设计开发,无论何种产品的设计,IDEO 都是从了解终端用户开始,专注聆听终端用户的个人体验和故事,细心观察他们的行为,从而揭示用户隐藏的需求,并以此为灵感踏上设计之旅。后来 IDEO 发现这样的方式同样可运用于产品之外其他领域的创新,无论是服务、界面、体验、空间还是企业转型。无论是何种创新,都是来自三个方面的最佳结合点:用户的需求性、商业的延续性以及技术上的可行性。

IDEO 理解和始终践行的创新的关键所在是:在设计思维的引导下,始终将用户放在首位,深入理解他们的感受,探索他们的潜在需求。其中设计思维是指像设计师那样思考并实践的一种以人为本的创新方式,它具备以下要素:一是换位思考:充分了解设计所服务对象的感受和需求。二是实验主义:动手实现创意,启发思考。三是擅于合作:跨职能的通力合作。四是乐观主义:无论问题多难,至少有一个潜在的解决方案优于现行方法。

四、IDEO 的创意开发空间设计

在 IDEO，每一处空间从概念到设计无不贯彻体现出上述的设计思维。IDEO 认为，在涉及办公场所时，规则越少越好，公司在建造有效又美观的办公场所方面做得很出色。公司总经理汤姆·凯利在他的著作《创新的艺术》中提到他们已经找到了一些有助于把工作场所建设得更有利于创新的基本原则[①]："首先应该创造和谐的环境，并且从项目出发考虑问题。制作模块，以便给你的员工提供灵活有趣的工作基础。在整个过程中，谨记制作模型的精神。空间应该随着团队和计划一起发展，正如你的计划随着产品的创新而发展一样。鼓励优秀的团队去发现或创造一个团队标志。最后，别忘了你的空间应当能够讲述关于你的员工和你的公司的故事。"IDEO 在帕洛阿尔托的办公室是距离斯坦福大学只有几个街区的一处小办公室，没有气派的办公大楼，却将办公室与周围环境、街区和社区巧妙地融合在一起。员工可以在较小的办公室内更好地留下映射其参与项目的私人印记，可以在办公室外的路边上吃东西、自然地交流讨论，它更像一个微缩版的大学校园。IDEO 在布置室内空间时力求吸引和鼓励员工进行相互交流，当员工坐在自己的办公桌前时，他可以很容易看到周围的其他同事，但是在需要沉思或者安静的环境工作时，也可以用一种半透明的挡光门来创造私密的空间，这种增加的隔断设施给予员工一种公开性和私密性的奇妙结合。IDEO 的办公场所充满了员工自己动手的创意作品，工作室的领导在进行空间整体风格的设计之后会把角落和缝隙留给他的团队成员们，成员就可以按自己喜爱的风格进行设计，用自己制作的模型、玩具、艺术品等个人物品来装饰自己的专属空间，充分体现了工作环境的个性化特征。

IDEO 通过不断理解空间设计对人和创新过程的影响，会定期调整其空间设计以提高创新效率。IDEO 之前在芝加哥的办公室是完全开放的，办公空间用大的泡沫板分割成不同的盒子，但是效果非常差，这样的环境让员工可以听到每一个人的对话，非常嘈杂，不能让团队保持专注和集中注意力。在经过空间重新设计后，没有了项目区原本的杂乱，在这个明确的空间中通过使用更大的桌子来支持创造性互动。团队项目区围绕在开放式办公区附近，方便设计师、商业策略师、工程师等在此跨领域交流。绝大多数的团队工作都在项目空间内进行，当团队分配到项目时，他们就会移动到这些空间，展开配合与

[①] 汤姆·凯利：《创新的艺术》，李煜萍、谢荣华译，中信出版社 2013 年版。

协作。在项目的空档期内，员工们可以回到开放的工作室里找到一个相对舒服的地方，当然为了在下一个项目任务来临时能够迅速进入状态，这个位置不能太过舒适。

团队成员们非常重视简单性和用低科技的工具来帮助快速获得想法，而不会将宝贵的时间浪费在如何使用工具、空间或复杂的程序上。将概念、想法、刺激、信息和洞察通过板书或者便利贴等形式展示在墙上让人们看到，这是创意过程的关键部分。在公司位于帕洛阿尔托的设计工作室大厅，有一个显眼的顶部为锥形、直径大约 12 英尺的圆筒状纯白色的"数字蒙古包"，这是一个可供员工开会、进行非正式会谈的半私密空间，在它的内部设置了一张放着白纸和彩色铅笔的白色圆桌，你可以随意地在白纸上写写画画，写满或画满后将纸撕下来，方便你冲破思维限制，记录下你的灵感。"蒙古包"环境传达出一种明确的非语言信号，告诉你在这里可以抛开老规矩，画些新东西，激发你的创意。

IDEO 的工作流程奖励并激励人们使创意想法快速鲜活起来并实现有形化，以方便沟通、测试和构建。这种态度也被有意识地应用于公司的工作环境。公司的空间设计会随着公司的业务、产品、合作的不同类型的组织而不断改变。IDEO 始终在寻找优化工作空间的新方法来支持团队的创新活动。在与摇滚乐界的一个美国经典品牌合作开发一种可以让乐迷长年保存的收藏品的项目中，设计师从清风房车公司寻找灵感，他们找到一辆 1969 年清风房车公司生产的"流线型王子"的老式房车作为项目工作室，并对它重新进行装饰。在这个特殊的空间里，设计师感到前所未有的振奋，精神饱满，注意力高度集中，充分激发出团队的热情和创造力，特殊的工作环境成为了灵感的源泉。

五、物理空间设计的基本原则

毫无疑问，空间确实可以影响我们的工作，开放的环境设施可以提高透明度，促进相互交流。不同部门的员工在宽敞的楼梯上相遇并聊上几句，在办公室各处安放的白板引导你自发地讨论和记录想法，专用的项目空间容易让团队有凝聚力，适当的工作环境能够调动你潜在的创意才能。但是注意在创造或者改进空间时，要避免将更好的空间奖励给绩效更突出的人这种倾向，它传达的是公司等级制的信号，而空间过度等级化的制度无疑会造成公司风格僵化，无形中拒绝了发展各种可能性，会影响一些人的创新积极性。

从上述的案例中，我们可以看出一些创意开发的物理环境设计的基本原则，正如在斯科特多勒和斯科特·维特霍夫特合著的《营造空间》一书中提到的①：
（1）拉近人们的距离，但不要太近。
（2）要考虑隔音，增加私密性。
（3）增加灵活性，但要适得其所。
（4）营造不同体验的空间，适用于不同的工作模式。
（5）营造一个允许人们做实验的氛围，鼓励亲自动手实践。
（6）别怕制作大尺寸的空间原型。
（7）运用外交技巧，比如开一瓶香槟等象征性的庆祝活动。

值得注意的是，办公环境的空间设计或许不应该单纯地从物理对象——家具或房间开始，而更应该关注人的体验——我们想要空间中做什么，而不仅仅是我们想要空间变成什么样。思考的重点在于我们想要创造的活动和体验，以及我们如何能实现。

第三节　激发创意的组织文化

一、创造力激发的组织因素

（一）企业的创新文化

从意大利文艺复兴时期开始，人们就在有意或无意地营造一种能够自然而然地捕捉机遇、发挥创造性的氛围，不论是罗棱佐·美第奇将画家、雕刻家、哲学家、建筑师、工匠、科学家、作家集聚在一起，打造了一个新创意的孵化器，还是弗洛伊德和他的追随者在星期三学会上讨论而产生的心理学思潮，抑或是在18世纪晚期和19世纪早期，咖啡厅成为创新和实验热土，保险、股份制公司等领域的新商业模式以及科学领域的新发现多在咖啡厅诞生的现象。直至今日，仍然存在一种基本认知，即恰如其分的文化氛围可以激发创意的产生。

《创新的科学与文化：一段苏格拉底式的旅行》一书中提出创新文化有六个基本构成模块[2]，其中资源、流程、价值观和行为四个模块属于投入，而成功和氛围两个模块是产出（如图9-3所示）。

---

[1] 汤姆·凯利、戴维·凯利：《创新自信力》（Creative Confidence），赖丽薇译，中信出版社2014年版。
[2] 杰·饶·弗兰·川：《创新的科学与文化：一段苏格拉底式的旅行》，林涛、孙建国译，北京大学出版社2017年版。

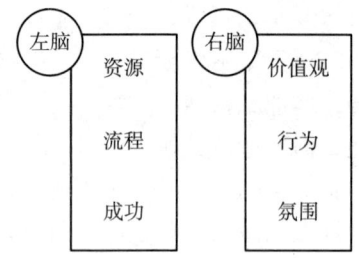

图 9－3　企业创新文化构成

1. 价值观

企业是倾向于团队协作、开放共享还是倾向于标新立异，在未经分析前就行动？这些行为的背后就是价值观的无形作用，价值观代表着企业的追求、偏好和基本信念，同时也是企业道德层面的指南针，可以从观察一个企业如何消耗时间和金钱两个关键资源推测。

2. 资源

资源是指企业用什么来支持创新，至少包含如下 7 个维度：

（1）高管：是指了解企业创新重要性并愿意提供时间、空间、金钱来支持内部创新的高级管理人员。

（2）天才：可能是科学家、发明创造者或创意的开发者。

（3）专家：专家知道如何将一个创意转化为机会，再将机会转换成市场，可以指导天才员工的工作。

（4）系统：是将企业内部的天才、专家、财务、流程和外部生态系统中的供应商、渠道、市场整合到一起的资源。

（5）时间：相比其他，对于可能反复、漫长的创新活动而言，时间往往是一个企业内部最为稀缺的资源。

（6）金钱：企业没有金钱的投入进行创新基本上是不现实的，但要注意既不能吝啬在创新活动上投入资金，也不能投入得过多。

（7）空间：作为创意和机会的开发场所最好要与企业的日常经营活动分离。

3. 行为

行为是指我们要如何思考、切入和行动以培育创新。企业从高层到员工的每个人的创新行为包括积极捕捉机会、在不明确的情况下大胆决策以及处理模糊性，这些行为并不需要预算或许可，可以自主学习、练习和传授。领导需要做的是激励、承诺和授权。

4. 流程

流程是指如何让创新落地，建立一个漏斗来捕捉创意，筛选机会。在发现机会之后可以开始试验，试验的规模可以较小。在试验中经历快速制作模型以及快速的发展过程、低成本的失败，可以从中汲取经验，在看到成功的迹象后可迅速扩大规模。

5. 氛围

通过询问员工"是否对每天都来上班感到兴奋"，可以看出在这家企业工作的感觉如何，要了解一家企业的氛围是否有助于创新活动的发生，可以观察在企业内是否充满生机，员工是否干劲十足。领导是否有措施可以激励员工把握机会，帮助其学习和反思，并且不压制员工的独立思考。

6. 成功

成功是指企业如何衡量其创新成果，如何定义和衡量成功，如何奖赏成功，是否能容忍失败，是否鼓励学习、试验、失败和反馈。对成功的衡量会影响、决定一个企业的行为、流程、环境和价值观，并在多次的成功中不断强化这些要素，这些要素最终会随着时间的推移形成一个整体，甚至有时会固化成为企业的文化。

每一次当一个企业取得成功时，模块中的每一个要素都会得到强化，经过多次重复，最终，它们紧密地交织在一起形成了企业的创新文化。

然后聚焦到激励创新的文化影响因素上，可以发现有一些因素是与提高企业的创造力相关的。

（二）促进创新的因素

查尔斯·奥莱利（Charles O'Reilly，1989）在对 3M、英特尔、惠普等公司进行研究时发现，这些公司在创新方面成就斐然的关键在于企业文化。对医药类、消费品类、计算机类、半导体类和制造企业的 500 多位管理者进行调查后，查尔斯·奥莱利总结出了能够促进创新的因素，其中前三项鼓励冒险、奖励变革、开放性为提高创造力方面；后三项共同的目标、自治权、行动中的信念为提高执行力方面。与提高创造力相关的三个因素展开如下：

1. 鼓励冒险

（1）拥有尝试新事物的自由，允许失败。
（2）接受错误的产生。
（3）允许对于"愚蠢的"思想进行讨论。
（4）不惩罚失败。
（5）对现状的挑战。
（6）忘记过去。
（7）自动自发地不要集中于短期行为。
（8）希望创新成为工作的一部分。
（9）对变革的积极态度。
（10）发展和提高的动力。

2. 奖励变革

（1）新思想是有价值的。
（2）尊重初始思想。
（3）建立构架、预算、机会、资源、工具、时间、提升。
（4）高层管理者的关注和支持。
（5）对取得的成就进行庆祝。
（6）建议得到执行和实施。
（7）鼓励。

3. 开放性

（1）交流渠道开放、信息共享。
（2）仔细倾听别人的意见。
（3）广泛的思考。
（4）允许人员走来走去。
（5）鼓励横向思考。
（6）适应顾客的需求。
（7）接受批评，不要太理性。
（8）持续培训。
（9）期望和接受辩论。
（10）自愿的请教别人。

阿玛拜尔（Teresa M. Amabile，1997）使用评价创造性环境的工具"Keys"对高创新环境和低创新环境的不同之处进行了研究，得出了有利于创新工作环境的8级共78条目的因素，其中6级集中于激励创造力的因素，包括组织制度激励、高层支持和参与、团队工作的支持、资源充分、积极挑战、自由性。具体如表9-1所示。

表9-1　　　　　　　　　激励创造力的因素

因素	具体内容
组织制度激励	组织文化通过以下规范来鼓励创造性：公平性；对创新思想的结构性评价；对创造性的认知和奖励；发展创新思想的机制；创新思想的活跃流动；组织共同的愿景
高层支持和参与	高层管理者成为创新模范；恰当地设立目标；支持小组工作；支持个体价值的贡献；对团队工作的信心
团队工作的支持	多技能的工作团队中良好的沟通；开放的思想交流；工作的挑战性；互相信任和帮助；对工作的承诺
资源充分	拥有足够的资源支持（资金、原料、设备、信息）
积极挑战	提供具有挑战性和重要性的工作
自由性	工作的自治权

还有许多学者对组织层面的情境因素进行了很多研究。艾萨克森、劳尔、爱克瓦尔和布里茨（Isaksen, Lauer, Ekvall & Britz, 2001）提出组织价值观、组织信仰、组织历史和组织传统会影响员工的创造性；赖斯（Rice, 2006）验证了埃及组织中个体价值观和组织情境对员工创造力的作用，发现了支持性的领导和注重人性化关怀的工作环境有利于产生创造力，控制的、层级化环境的阻碍作用并没有得到验证。

从以上内容我们可以看到企业的创新文化形成所包含的要素，以及这些要素是如何激励创造力的产生的。在理论的基础上，下面通过3M公司的案例介绍创新文化是如何在企业落地的，以及它的具体实践和应用形式。

二、3M 公司的创新文化

（一）3M 公司简介

3M 公司创建于 1902 年，总部设立在美国明尼苏达州的圣保罗市，全称 Minnesota Mining and Manufacturing，即明尼苏达矿务及制造业公司。3M 是全球性的多元化科技企业，以勇于创新和产品繁多而闻名于世，100 多年来，已开发出近 7 万种创新产品，在医疗产品、高速公路安全、办公文教产品、光学产品等核心市场占据领导地位。从家庭用品、医疗用品到运输、建筑到商业、教育以及电子、通信等各个领域，3M 公司为全球 200 多个国家的客户提供产品及服务，其产品深入人们生活的各个方面，极大地改变了人们的生活和工作方式。

从 1902 年至今，3M 公司始终以"成为最具创意的企业，并在所服务的市场里成为备受推崇的供应商"这一目标为其企业使命，这一使命推动着它逐步成为今天以多元化科技著称的跨国企业。2017 年发布的《财富》美国 500 强排行榜中，3M 公司排名第 94 位。

（二）3M 创新历程

自 1914 年推出了第一个独家产品 Three–M-ite™ 研磨砂布，3M 公司便开始了它长久的创新历程。世界上首张防水研磨砂纸 Wetor-dry™ 于 1921 年在 3M 诞生并注册专利，开创了工业研磨的一个全新的时代。1924 年，3M 开始正式进行产品研发。1939 年发明了世界上第一块交通反光标识，以及世界上第一盘录音磁带，美国宇航员阿姆斯特朗踏上月球用的合成橡胶鞋底也出自 3M。

此后，Scotch™ 品牌系列下的遮蔽胶带、玻璃纸胶带、乙烯基电子绝缘胶带、可重复粘贴的尿片胶带等创新产品相继问世。尤其是诞生于1980年的Post-it™报事贴，让办公环境信息的交流发生了革命性的变化。层出不穷的创新产品的出现见证着3M的每一次进步。Post-it™、Scotchgard™、Scotch™、Thinsulate™、Filtrete™、Scotch – Brite™、Nomad™、Dyneon™、Nexcare™······在3M涌现出一个又一个知名品牌及其下属的各种产品，并被推广至世界，影响并改变着人们的生活方式及习惯。

（三）践行创新文化

3M公司在一个世纪以来每年平均有500多种针对客户不同需求的、涉及人们生活各个领域的新产品问世，之所以能让创新产品保持如此高数量、质量和多样性，其始终践行的独特的企业创新文化功不可没。作为一家曾多次名列全球最具创新精神企业排行榜前列的公司，3M公司独具特色的创新文化值得当代企业学习和借鉴。

1. 鼓励冒险，允许失败

3M公司的五位创始人合作开矿采掘金刚砂失败，在危机中发现矿砂可以用于制造砂纸，从而开始了他们的产品创新之路，鼓励并支持员工主动实践自己的构思和创意，同时又能够宽容其失败的企业文化就在3M扎根和成长。3M希望公司的每一位员工都可以成为创新斗士，管理人员在员工入职培训和日常工作中都会提供创新方面的指导和自由，并通过其著名的"15%原则"和"酿私酒"制度为员工们提供培育创新的土壤。15%原则允许员工在工作时间内，用15%的时间去从事个人感兴趣的工作或进行自己的研究，不论它是否直接有利于公司。它并不是要求员工每天严格地把8小时工作时间中的1小时12分用来进行自己的项目或研究工作，而是说员工有权花时间来研究自己的某个好主意，即使这可能会违抗上级的命令，同时3M的管理人员也有义务对此视而不见，只要员工按时完成本职工作即可。通俗一点说，就是"酿私酒"或者干私活。这一原则和制度让创新成为每一个人的责任，倡导一种创新与日常工作的互动关系，员工都拥有自由时间来进行与现有核心业务不相关的创新思考，而新的创意也常常来源于此，例如对办公室信息交流有重大影响的"报事贴"发明就是在15%原则下产生的，这自酿的私酒在给予员工创新的乐趣和奖励的同时，也给3M公司带来了可观的收益。

创新的成果固然美好，但是过程中的失败也往往是不可避免的。3M公司的精神之父威廉·麦克奈特曾说："我认为在发生错误时，如果管理者独断专行，过于苛责，只会扼杀人们的积极性。只有容忍错误，才能够进行革新。"因此在鼓励员工进行创新的尝试与冒险的同时，3M公司的管理人员绝不随便扼杀员工的新构想，而是"把嘴巴闭起来，把手放在口袋里"，充分相信员工，营造出容忍失败的工作环境。在 3M，创新人员的尝试失败后，一般情况下他们的薪金、待遇甚至晋升都不会受到影响，这让员工可以没有后顾之忧，勇敢为创新而冒险。公司的核心产品之一——隔离胶带的研发正是经历多次失败，反复试验，在公司的鼓励和支持下才成功问世的。当然，3M 公司允许失败，并不代表允许重复同样的失败。容忍失败是指要重视"失败"的价值，创新人员必须认真深入地挖掘、总结失败背后的经验教训，为自己和公司其他人员的再次尝试提供借鉴。

2. 知识共享、团队合作

有效的创新离不开组织内知识、信息、经验教训等诸多资源的共享。3M 公司在 1951 年成立了"3M 技术论坛"，该论坛作为一个重要的知识信息交流与共享的平台，让每个研究人员能够了解到其他人的研究项目，鼓励灵感、创意的相互碰撞和激荡，许多公司的重大发明正是来源于此。同时，3M 在公司内部建立了大型的数据库系统，将产品的市场行情、技术的现状和发展趋势等有助于创新的信息及时分类存储，以便员工随时调阅。此外，管理人员常在周五下午与员工边喝咖啡边交流研究体会，公司内部的"经验共享""问题共享"等专题共享网络，以及对全体开放的公司核心技术平台等，这些都有助于营造组织内部自由讨论、思想交锋、共享知识和信息的文化氛围，让创新人员站在"巨人的肩膀上"，少走弯路，提高创新效率。

在这种充分交流和共享环境下，3M 除了尊重员工个性价值、鼓励员工发挥个人的主观能动性和创造性、培养特立独行的"创新斗士"之外，也提倡公司各部门之间可以通力合作，以"创新小组"的形式进行团队创新。员工可以跨部门自由组建创新产品小组，这种项目小组一般至少包括技术、生产制造、行销、财务人员在内的多种专门人才全力共同参与，这些成员都是自愿者且具有高度的自主权，公司会提供资源支持他们将项目坚持到底。

3. 完善的创新激励机制

3M 公司致力于"尊重每一位员工的价值，并鼓励员工创新，为员工提供具有挑战性的工作环境及平等的发展机会"，创立了 12 种奖励制度，形成了独特而又多样化的创新激励机制，为员工创新提供了有力保障。

首先是物质支持，包括技术和资金的支持。3M 公司的所有技术平台都是向全公司范围开放的。3M 每年会将销售收入的 7% 左右作为相关技术和产品的研发投入，并发放每项价值 5 万美元的 90 多项"吉尼斯专款"以支持那些开发新产品的项目。至于已经被正常申报程序否决的创意或构思还可以选择申请"起源基金"或"开拓基金","起源基金"奖金金额高达10万美元,由同事决定用于那些和公司现行发展重点不符或者所有讲求实际、思想传统的人都不会投资的项目。"α计划"则主要是为新技术提供"种子基金"以走向市场。这些举措使得员工每一项合理的创意和尝试基本都能获得公司的资金支持,创新活动在每一阶段都能得以推进。

  其次是精神激励。3M公司设立了许多荣誉称号以奖励对公司发展做出创新贡献的员工个人和项目团队。如3M"诺贝尔奖"——设立于20世纪60年代的卡尔顿奖,奖励在科学上获得重大突破或做出杰出贡献的科学家,"金色步伐奖"奖励销售额超过1 000万美元的技术创新项目,3M"奥斯卡奖"——全球技术卓越和创新奖,获奖者可以和家人一起在公司高层陪同下乘坐3M专机去度假,此外还有"金靴奖""寻径奖""商业奖""精英奖"等。在3M公司,任何个人和团队的创新成果都有机会获得认可与奖励。

  最后是职位激励。3M在业绩考核上,除了传统的投资报酬率等财务定量指标外,还重视对创新人员的学习能力、品质、协作精神等要素的考核。创新成功的员工,其职称和薪金会随着他创造的产品的销售额增长而提升,从基础工程师、产品工程师、项目经理,直至独立产品部门的分部经理。如果员工成功开发出新产品、新市场并创办一个新企业,还有机会成为这个企业的总裁或副总裁,享受股票认购权与红利等福利。

  以上多元化的创新激励方式在保障了激励效果的同时也为3M的持续创新提供了不竭的动力。

  可以看到,3M公司时刻都贯彻着成为"世界上最富有创新精神的企业"这一愿景,创新已经是它成长的支柱,公司的目标明确规定,每年销售额的30%要来自近四年内研制的产品,后又进一步提出,销售额的10%应当来自1年内上市的产品,坚持设立如此有紧迫感的目标,以市场价值作为主要尺度来衡量创新的成效,说明创新产品正是3M生存和发展的基础。3M要求管理层耐心倾听每一个员工的原始创意,不论它一开始听起来有多么的荒诞,在员工创意产品开发的初始阶段支持并保护其研究计划;采用扁平化的组织结构,分为中心、高级与部门实验室三层,方便创新项目小组的组建和活动;设置双梯晋升制度,研发人员可以自选担任研发还是管理部门的职务……从最高管理层到基层,从组织结构、人力资源配置、薪酬设计体系到激励制度,3M通过由上至下的开放来鼓励和支持一切创新想法和活动,使得创新实践不只在产品、技术层面,还在流程、服务、管理等多方面产生。激发员工创意、形成自由创造的企业环境的目的被以各种各样的方式渗透进企业文化中,成为全公司上下各级的共识,最终形成了其独特而富有魅力的创新文化。

【思考题】

1. 物理空间中哪些因素会怎样影响人们的创意开发活动？
2. 组织文化环境中哪些因素会怎样影响人们的创意开发活动？
3. 除了本章提到的案例，请分别再举出几个创意的物理空间和文化建设案例。
4. 请联系自身，思考物理和文化环境如何影响创意开发过程。

【延伸阅读】

1. 杰·饶、弗兰·川：《创新的科学与文化：一段苏格拉底式的旅行》，林涛、孙建国译，北京大学出版社2017年版。
2. 汤姆·凯利、乔纳森·利特曼：《创新的艺术》，李煜萍、谢荣华译，中信出版社2017年版。
3. 汤姆·凯利、戴维·凯利：《创新自信力》，赖丽薇译，中信出版社2014年版。